문화예술후원론
: 메디치에서 아미까지

김진각

박영사

머리말

　문화예술에 내재한 가치는 미학적 가치라는 매우 기본적 가치를 논외로 치더라도 경제적 가치, 사회적 가치 같은 다양한 가치를 함유하면서 그 위력을 뻗어나가고 있다. 문화예술의 가치는 순수예술과 대중예술 등 예술의 영역을 굳이 구분하는 게 무의미할 정도로 전방위적이다. 특히 4차 산업혁명 등 기술의 발달이 빠른 속도로 진행되고 있는 21세기 이후엔 문화예술 분야가 우리 삶의 든든한 버팀목으로 작용하는 단순한 가치재를 넘어 경제적 이익을 창출하고, 국가의 경쟁력을 결정하는 주요 지렛대로 영향 지어지는 현상을 목도하는 것은 어렵지 않은 일이 돼 버렸다.

　사회의 주요한 영역으로서 소프트파워적 영향력을 키워가고 있는 문화예술이지만, 그것의 원동력을 간과하고 넘어가기는 어려울 것 같다. 국가와 지방자치단체의 공적 지원, 기업과 개인의 후원 및 기부 등 사적 지원은 문화예술 분야 논의에서 빼놓을 수 없는 키워드다.

　아주 오래전 고대 로마 시대 때부터 문화예술, 특히 순수예술은 권력자와 교회 등 종교 후원의 범주에 포함된 이후 지금까지 외부 후원의 울타리에서 벗어난 적이 없다. 정치 분야의 권력자들은 뛰어난 재능을 지닌 화가와 음악가, 시인 등 예술가들을 집중적으로 후원했고, 예술가들은 당시 권력을 찬양하는 작품을 남기는 식으로 보은했다. 어떻게 보면 권력과 예술의 부정적인 공생의 관계라고 파악할 수 있으나, 예술가 입장에선 창작 활동을 보장받는 것에 대한 자연스러운 대가로 볼 여지 또한 상존한다.

　특히 르네상스 시대 이탈리아 메디치 가문의 예술 후원은 음악, 미술, 건축 등 다양한 장르에 걸쳐 있는 특징을 나타냈으며, 16세기 말 바로크 사조를 기점으로 후원자들은 단순한 예술가 후원이 아닌 예술의 형식과 내용을 규정하는 적극적 주문자로 기능하기도 했다. 서구를 중심으로 나타난 문화예술 후원의 양상은 17세기 이후부터 크게 달라지기도 했으나 '예술 후원'이라는 본질은 지속성을 띠고 있다.

　20세기 이후에는 국가와 권력층 등의 후원이 집중된 순수예술 외에

1

기술 발달로 대중음악, 방송, 영화 같은 대중예술이 급성장하면서 대중음악 아티스트 등에 대한 팬덤의 후원을 발견하는 건 어렵지 않다. 우리나라를 대표하는 글로벌 아티스트로 우뚝 선 BTS(방탄소년단)를 향한 팬클럽 '아미'의 열광적인 후원은 그것의 일단으로 이해할 수 있을 것이다. 어쩌면 팬덤이야말로 지금 이 시대의 대중예술 후원을 규정하는 단어일 수도 있겠다. 결국 문화예술과 후원은 윈윈 단계를 넘어 서로의 지속 가능성을 담보하는 데 필수 불가결한, 말하자면 바늘과 실의 관계로 규정할 수 있지 않을까. 문화예술의 성장과 발전은 든든한 외부 후원이 뒷받침될 때 더욱 빛을 발하면서 그 가치를 고양하는 데 이를 수 있다.

<문화예술후원론: 메디치에서 아미까지> 제목의 이 책은 일차적으로 문화예술 분야에서 후원이라는 키워드가 함유한 의미를 이론적으로, 역사적으로, 실제 사례를 통해 탐색하는 담론서의 성격을 지닌다. 동시에 단순한 학술적 담론에 머물지 않고 정부 차원의 예술지원 정책을 수립하여 시행한 지 50년이 훨씬 지났지만, 후원과 관련한 관심과 인식은 저조한 우리나라의 문화예술 후원 실태를 분석한 뒤 활성화 방안을 제시하는 실천적 전략서의 성격을 함께 내포하고 있다.

민간 등 외부 후원 비중이 절대적인 미국 등의 예술단체와 달리 우리나라는 국가와 지방자치단체 등 공공지원에 여전히 의존하고 있는 현상은 역설적으로 민간 후원 및 기부 등의 필요성을 강조하기에 부족하지 않다. 문화예술 분야는 공공재라는 인식이 여전히 지배하고 있으나, 그렇다고 이것이 이른바 '묻지 마 공공지원'을 공식화한다고 보기에도 무리가 따른다고 한다면, 문화예술의 후원 패러다임 변화는 필수적일 수밖에 없다는 생각이다.

이 책은 이와 같은 맥락을 충실히 반영하여 구성되었음을 밝혀둔다. 제1부는 문화예술과 후원을 둘러싼 주요 담론을, 제2부에서는 문화예술 후원의 이론적 논의에 집중하고 있다. 문화예술 후원의 효시라고 할 수 있는 메디치 가문의 예술 후원이 21세기에는 BTS 팬덤 아미까지 확장되었음을 확인할 수 있다.

또한 기업의 문화예술 분야 후원을 일컫는 개념인 메세나를 짚어보고,

우리나라에서 일명 메세나법으로 불리는 문화예술 후원 활성화에 관한 법률의 의미와 한계, 과제를 서술하고 있다. 제3부와 제4부는 다양한 후원 방식을 중심으로 하는 문화예술 재원조성과 관련한 내용을 국내·외 예술기관과 단체의 사례를 통해 살펴보았다. 제5부는 지지부진한 우리나라 문화예술 분야 후원을 활성화하기 위한 전략을 제시하는 것으로 마무리하였다.

이 책은 문화예술 후원과 관련한 주요 담론을 체계적이고 종합적으로 다룬 첫 번째 이론서이자 후원 활성화 도모에 필요한 세부 전략을 소개함으로써 가독성을 대폭 넓혔다.

먼저 순수예술이든 대중예술이든 상관없이 문화예술에 관심이 있는 일반 독자들은 이 책을 통해 문화예술 후원의 중요성을 인식하는 계기가 마련될 수 있으리라 본다. 소정의 후원이라도 그것이 쌓여 우수한 예술작품을 만들 수 있는 토대가 된다는 사실을 발견하게 될 것이다.

문화예술 분야를 전공하고 있는 학부생과 대학원생을 비롯하여 연구기관의 연구자들에게는 문화예술 후원의 주요 이론과 담론을 충실히 제공할 것으로 기대한다. 기업 문화재단을 비롯하여 기업체의 사회 공헌 관계자들은 문화예술에 대한 후원이 기업에 미치는 영향을 파악하고, 향후 메세나 활동의 방향성을 정립하는 데 일조하리라 믿는다. 이 밖에 국회의원과 정부 관계자, 지방의원과 지방자치단체 관계자들의 정책 추진에도 힘을 실을 수 있다. 문화예술 후원이 정책적으로 활성화되려면 이들의 역할이 지대할 수밖에 없다는 점을 이 책을 통해서 확인할 수 있기 때문이다.

이 책이 문화 선진국 대열에 진입한 우리나라에서 실질적인 문화예술 후원 활성화로 결과 지어지는 데 밀알 같은 존재가 되기를 희망한다.

2024년 11월
서울 강북 연구실에서
저자 김진각

차 례

제1부 서론

제2부 문화예술 후원의 이론적 탐색

제3부 문화예술 재원조성

제8장 문화예술 재원조성의 이해

제5부 결론

제12장 문화예술 후원 활성화 전략

제 **1** 부

서 론

제1장   문화예술과 후원

I. 후원의 개념과 의미

'뒤에서 도와준다'라는 사전적 의미를 내포한 후원(Patronage)은 일반적으로 반대급부에 대한 기대 없이 금전이나 현물을 제공하는 개념으로 이해할 수 있다. 전통적 의미에서 보자면, 후원은 '조건 없는 지원'으로 요약할 수 있으며, 이것은 지금의 협찬(Sponsorship) 개념으로 확장된 측면이 있다.

20세기 이후 후원과 관련한 학계의 논의는 보다 구체적으로 확장되는 흐름을 보인다.

첫째, 후원이란 지원의 목적성에 중점을 두는 인적·물적 지원의 형태로, 특정 사업에 대하여 자선적 의미의 지원이 아니라 사업에 대한 대가를 전제로 한다는 주장이 있다. 이는 앞에서 언급한 후원의 전통적 의미, 즉 '조건 없는 지원' 개념을 뛰어넘는다.

둘째, 기업의 정상적인 활동과 직접 관련이 없는 이벤트나 활동에 재정적·인적·물적 지원을 함으로써 상업적인 이익을 얻기 위한 행위라는 시각이다. 이러한 관점은 후원을 일종의 비즈니스 영역으로 파악하는 데 무리가 없다.

셋째, 후원의 주체는 특정한 성과를 얻기 위해 자원을 제공하는 개인과 기업, 단체로 볼 수 있으며, 쌍방이 서로 제안과 수락을 통해 합의한 상업적 거래로서 현금 또는 현물을 제공한다.

전술한 논의를 정리하자면, 일반적인 후원이란 사전적 의미와 전통적 의미 외에 비즈니스 측면에서도 이해할 필요가 있는 양가적 특성을 보이고 있음을 감지할 수 있다.

특히 후원의 주체의 하나인 개인은 대가와는 일정 정도 거리를 두고 있는 반면, 기업은 후원에 따른 반대급부를 매개로 하여 직접적으로 현금이나 물품을 지원하는 경향이 나타난다.

II. 후원의 방식

후원의 방식은 여러 가지로 분류할 수 있다. 협찬과 기부는 대표적인 후원 방식으로 정의가 가능하다.

후원이 금전을 매개로 하지 않는 도움의 의미가 크다고 한다면, 협찬은 대가성이 있는 거래의 형태로서 기업을 중심으로 반대급부를 매개로 하여 이루어지는 구체적이고 직접적인 현금 및 물품의 지원을 의미한다.

통상적으로 기업은 광고 활동과 홍보, 판매촉진활동 등 마케팅 프로그램의 하나로 협찬을 활용하는 측면이 강하다. 협찬은 또한 제공자와 수혜자 사이에 동반자 관계를 형성한다.

협찬과 함께 후원의 또 다른 주요한 방식인 기부(Donation)는 '자선 사업이나 공공사업을 돕기 위하여 돈이나 물건 따위를 대가 없이 내놓는 행위'라는 사전적 의미를 지닌다. 이와 같은 사전적 의미를 고려하면 기부는 어떠한 수혜를 기대하거나 고려하지 않고 조건 없이 베푸는 행위로 이해할 수 있다. 다시 말해, 어떤 숭고한 뜻이나 기대되는 성과에 공감하여 아무런 대가 없이 돈이나 물건 등을 지원하는 것으로 파악할 수 있다.

그러나 이에 대한 반론도 상존한다. 기부가 그에 상응하는 직접적인 반대급부를 전제로 이루어지는 것은 아니지만, 기부자에게도 어떤 형태로든 대가가 주어져야 한다는 논의다. 물론 그 대가가 돈이나 물질일 필요는 없으며, 대개 필요한 것은 기부자가 정서적으로 만족감을 느낄 수 있도록 해주는 무형의 혜택이다. 적극적인 후원 정책을 펼치고 있는 유명 미술관 등에서 기부자에 대해 예약 없이 전시 입장이 가능하거나, 오픈 이전 시간에 전시 관람을 할 수 있도록 하거나, 멤버십 전용 공간을 제공하거나, 기념품숍 할인 혜택 제공 같은 혜택을 부여하는 사례가 여기에 해당한다고 볼 수 있다.

이러한 맥락에서 협찬과 기부는 상호 간에 혜택을 주고받는 거래 관계라는 점을 부인하기 어렵다.[1]

---

1) 용호성, 『예술경영』, 김영사, 2014.

III. 문화예술 후원의 정의와 의미

　　문화예술 분야의 후원은 문화예술기관과 예술단체, 예술가 등 문화예술의 주된 행위자들이 예술 활동에만 전념할 수 있도록 재정적이고 정신적인 도움을 주는 것을 지칭한다.

　　문화예술 분야에 외부 후원이 필수적으로 수반되어야 하는 이유는 문화예술이 지니는 시장실패[2]의 한계 등에 기인하는 측면이 있다. 문화예술 분야에 대한 정부의 관심과 지원, 기업의 지원 등은 다양한 문화예술 인프라를 구축하고 양질의 콘텐츠 제작에 적지 않은 기여를 한다. 하지만 이러한 지원은 지속적이지 못한 문제점을 지니고 있다. 특히 기업 지원은 경제적 상황에 따라 변동의 폭이 크기 때문에 문화예술 분야에 대한 일관된 후원을 기대하는 것은 쉽지 않다. 기업의 경영 실적이 매년 성장세를 보인다면 예술단체와 예술가 등 문화예술 분야 후원도 지속해서 이어질 가능성이 높지만, 경기 침체로 기업 경영이 악화하면 후원 중단은 필연적으로 나타날 수밖에 없다.

　　문화예술 후원을 둘러싼 이 같은 경제·환경적 변수에도 불구하고 예술기관과 예술단체, 예술가들은 정부의 공적 지원 외에도 기업이나 개인 등 외부의 후원을 받기 위해 각각의 특성에 맞는 후원 제도[3]를 운영하고 있다.

---

2) 시장실패는 외부 지원이 불가피한 문화예술의 공공재적 특성을 반영하는 개념이다. 문화예술 분야에 수익 창출의 경제적 논리를 적용하면 생존이 어렵고 도태될 가능성을 제기한다. 이는 산업화가 안 돼 시장형성이 어려운 순수예술의 현실을 보여준다. 그러나 2010년 이후 기술의 발전 등 문화예술 환경 변화로 클래식 음악, 연극, 오페라 등 순수예술 분야에서도 산업화 시도가 본격화하고 있음은 주목할 필요가 있다.
3) 이에 관해선 제10장에 구체적으로 서술되어 있다.

재원 조성 방안으로서의 후원

문화예술 후원을 논의할 때 빼놓을 수 없는 개념이 재원 조성이다. 문화예술 분야의 재원 조성이란 문화예술기관이나 예술단체가 자체 수입만으로 충분하지 못할 때 자신의 정책사업을 널리 알리면서 이의 수행을 위한 재원을 공공기관이나 민간에서 모금하는 행위 전반을 포함한다.[4] 부언하자면, 특정한 예술조직이 설립 목적 달성을 위해 수행하는 예술 프로그램 운영과는 직접 연계되지 않은 별개의 노력과 활동을 통해 외부로부터 조직 운영에 필요한 재원을 마련하는 모든 활동을 지칭한다. 문화예술조직이 정부와 공공기관을 비롯하여 기업과 문화재단, 개인 등으로부터 지원금을 받기 위해 벌이는 모든 활동을 포함하는 것으로 이해할 수 있다.

문화예술기관이나 예술단체 같은 문화예술 조직을 유지하기 위해선 티켓 판매와 교육 프로그램 운영 등 다양한 사업을 통한 수입뿐만 아니라 별도의 활동을 통한 재원 조성이 필수적이다.

대표적인 재원 조성 방안으로는 후원의 주요한 방식인 기부금 모금이 선호되고 있지만, 이를 적극적으로 실천에 옮겨 목표를 달성하는 문화예술기관과 예술단체는 그렇게 많지 않은 편이다.

기본적으로 문화예술기관과 예술단체가 후원 제도를 주요한 재원 조성 방안으로 설정해 추진할 수밖에 없는 이유는 문화예술 재정 부족에 기인한다. 예컨대 국가 문화예술지원의 시드머니라고 할 수 있는 문화예술진흥기금은 재원 고갈 위기에 직면해 있으며,[5] 경기문화재단과

---

4) 김경욱, 『문화정책과 재원 조성』, 논형, 2011.
5) 문화예술진흥기금 고갈 관련 논의는 제4장에 상세하게 서술되어 있다.

함께 광역자치단체 중 가장 큰 규모의 문화예술예산을 운용하고 있는 서울문화재단도 서울시 재원이 줄고 있는데다 기본재산 운영 수익금 확보가 여의찮은 상황이 이어지고 있다.

재원 조성 방안으로서의 기부

문화예술 분야에서 재원 조성을 위한 구체적인 실행 방안으로 다뤄지고 있는 개념은 기부이다.

문화예술 재원 조성의 핵심적인 방법이 기부금 모금이라는 인식에는 크게 동의가 필요하지 않다. 하지만 문화예술 재원 조성에 가장 큰 기여를 하는 기부금 모금이 당연한 조치로 이해된 것은 그렇게 오래되지 않았다는 사실을 주목할 필요가 있다.

일반적인 수준에서 사회적으로 기부가 활성화되어 있다면 문화예술 분야 역시 정책의 혜택을 누릴 수 있다. 그러나 문화예술의 기부는 그것이 갖는 독특한 특징으로 인해 사회복지 분야나 장학 교육 연구 분야 등처럼 보편적 기부의 영역으로 여전히 인식되지 못하는 경향이 크다. 문화예술 분야가 독특하고 추가적인 활성화 방안이 요구되는 이유가 여기에 있다.

문화예술 분야는 개인 기부자가 그들의 기부금이 사용되기를 원하는 분야에서 커다란 주목을 받지 못하는 영역으로 간주한다.

기업 중심의 기부는 개인 기부의 그것과 다소 다른 측면이 있지만 기업도 자선적 동기와 결합한 사회복지 영역과 장학사업이 포함된 광의의 교육 연구 분야에 대한 기부를 여전히 선호하고 있다.[6] 이와 같은

---

6) 황창순, '문화적 양극화 해소를 위한 기부문화 활성화 정책', 문화정책논총 제23집, 한국문화관광연구원, 2010.

흐름은 관련 법령의 추이를 통해서도 확인할 수 있다.

우리나라는 한국전쟁을 전후해 기부금품을 모금하는 행위 자체를 법으로 금지해야 한다고 여길 만큼 기부금품 모금에 관해 부정적인 인식이 팽배했다. 이러한 논의의 연장선에서 정치적으로 기부금품 모금을 강제함에 따라 기부금품이 준조세화하는 폐해를 막고 국민의 재산권 보장 및 생활 안정에 기여하기 위해 1951년 11월 '기부금품모집금지법'이 제정되었다.

이후 무려 44년 뒤인 1995년 12월이 되어서야 '기부금품모집금지법'은 '기부금품모집규제법'으로 명칭이 변경되면서 기부금 모금 행위에 관한 규제 조항이 다소 완화되었다. 그러나 이때까지도 우리 사회는 기부금 모금에 대해선 여전히 반신반의하는 분위기가 이어진 것은 사실이다.

2000년대에 접어들면서 터닝포인트가 형성되기 시작했다. 사회적으로 기부문화 조성의 필요성이 대두되었고, 건전한 기부금품 모집과 관련한 제도를 정착시켜야 한다는 목소리가 커지면서 기부금 모집 관련 법령은 2006년 9월 현행 '기부금품의 모집 및 사용에 관한 법률'로 바뀌게 되었다.

| 표 1-1 | 기업의 예술 후원 관련 용어

용어	개념
메세나	문화·예술·과학에 대한 두터운 보호와 원조. 현대에는 문화예술지원 활동을 통해 조직의 이미지를 좋게 하기 위한 기업 활동을 의미
패트로니지	넓은 의미에서 보호자 또는 옹호자를 의미. 고대 로마제국 대신 마이케나스에서 유래
필랜스로피	인도주의적 정신에 근거하여 관대하게 베푸는 헌납 또는 인도주의적 목적을 위한 자금 지원. 박애주의와 공리주의에 입각한

	자선 행위
스폰서십	고대 로마의 법률 용어 스폰서에서 유래. 타인의 채무변상을 책임지는 사람을 지칭
파트너십	상호주의와 상호이익의 개념. 현대 기업과 예술의 관계는 수직적 지원을 벗어나 동등한 관계를 통해 상호이익을 추구하는 파트너 관계

출처: 한국메세나협회, 『문화예술 기부금 세액공제 제도 도입 방안 2차 연구』, 2011을 참조하여 재구성.

일반적으로 문화예술기관과 예술단체를 포함하는 비영리 조직이 모금하는 기부금은 크게 목적기부금과 일반후원금으로 분류할 수 있다.

목적기부금은 기부자가 특정 사업에 자신의 기부금이 쓰이는 것을 조건으로 기부한 기부금을 의미하고, 일반후원금은 기부자가 비영리단체의 일반적인 활동을 후원하는 기부금을 말한다. 교육 수준이 높고 젊은 기부자일수록 목적기부금을 선호하는 경향이 있으며, 기부자에게 기부금에 대한 권한(donor control)을 높여줄수록 청년층의 기부를 유도할 수 있다.

전문예술법인 및 전문예술단체의 기부금 모금

우리나라의 문화예술 조직이 기부금 모집을 통해 재원 조성 활동을 할 수 있는 근거는 문화예술진흥법에서 찾을 수 있다. 2011년 1월 개정된 문화예술진흥법 제7조 6항은 '전문예술법인·단체는 기부금품의 모집 및 사용에 관한 법률에도 불구하고 기부금품을 모집할 수 있다'라고 규정하고 있다.[7]

---

7) 개정된 문화예술진흥법은 전문예술법인 및 전문예술단체의 지정 대상을 비영리 법인

　　문화예술진흥법상의 이와 같은 조항은 전문예술법인·단체의 기부
금 모금 활동이 합법적이라는 것을 의미하는 것으로, 법률 조항에 따라
규제적 성격을 지닌 '기부금품의 모집 및 사용에 관한 법률'과는 상반되
는 측면이 있다.

　　여기서 전문예술법인 및 전문예술단체를 구체적으로 살펴볼 필요가
있다. 전문예술법인·단체가 전술한 바와 같이 '기부금품 모집 및 사용에
관한 법률'의 적용을 받지 않고 문화예술진흥법에 따라 기부금품 공개모
집이 허용된 예술조직이라는 점에서 세부적인 논의가 요구된다.[8]

　　전문예술법인·단체 지정 제도는 2000년 1월 문화예술진흥법 개정
에서 비롯되었다. 이 제도는 국가와 지방자치단체가 문화예술 진흥을
위해 공연장과 공연단체, 국가·지방자치단체 설립 문화재단 등을 전문
예술법인 또는 전문예술단체로 지정하는 개념적 특성을 띠고 있다. 다
시 말해, 문화예술 법인 및 단체의 전문성을 인정하여 국가 또는 지방
자치단체가 민간 직업 예술법인·단체, 국·공립 예술단체, 공연장, 전시
시설 등을 전문예술법인 또는 전문예술단체로 지정하여 지원 육성하는
제도로 이해할 수 있다. 이는 문화예술 분야의 대표적인 간접지원제도
로, 지정된 전문예술법인·단체에 기부금 모집 및 세제 혜택 등의 제도
적 지원을 통해 경쟁력 있는 문화예술기관·단체로 육성하기 위한 목적
을 지니고 있다.

　　전문예술법인·단체 지정 제도를 도입한 1차적 배경에는 해당 조
직의 자생력 제고가 자리한다. 전문예술법인·단체 제도 도입 직전인

　　또는 단체로 한정했으며, 기부금품을 모집할 수 있는 범위를 전문예술법인에서 전문
예술법인 및 전문예술단체로 확대한 것이 특징이다.
8) 국내 전문예술법인·단체의 기부금 수입 관련 내용은 9장에 구체적으로 서술되어 있다.

1999년 공연예술정책에 큰 변화가 있었는데, 규제 위주의 기본 틀을 유지해 온 '공연법'이 육성 위주의 법령으로 개편되거나 공공 공연장 민간 위탁 및 지원제 등이 도입되었다. 이때 강조된 정책 방향이 문화예술 단체들의 자생력 및 운영 체계화였다. 이러한 흐름 속에서 2000년 1월 국립중앙극장이 책임운영기관이 되었고, 국립중앙극장 7개 전속 단체 중 국립발레단, 국립합창단, 국립오페라단이 민법상의 재단법인으로 전환하는 식으로 국립예술단체에 대한 대폭적인 구조조정 및 민간 이양이 이뤄지게 되었다.[9]

또한 자생력 확보를 위한 간접 지원 방식이 도입되었다. 보조금 등을 지급하는 직접 지원에서 벗어나 예술단체들이 자생력을 갖출 수 있도록 간접 지원 방식의 하나로 전문예술법인·단체 지정 제도를 선보였다.

이 제도가 탄생한 2차적 배경은 운영 체계화에서 찾을 수 있다. 문화예술 단체들이 자생력을 갖추기 위해선 공공 및 민간 부문의 다양한 지원을 유도하는 것이 필수적이었으며, 이때 단체 운영의 체계성과 투명성 등이 핵심적인 요소로 받아들여졌다.

일반적으로 조직을 합리적이고 체계적으로 운영하려면 법인화가 필요하다는 논의는 설득력이 있다. 하지만 소규모 문화예술 단체는 법인격 취득이 쉽지 않은 현실에서 임의 단체를 비영리 법인으로 유도할 수 있는 정책이 함께 요구되었다.

결국 임의 단체 형태가 상당수였던 문화예술 분야에서 법인화를

---

9) 재단법인으로 체제가 바뀐 국립발레단, 국립합창단, 국립오페라단은 국립중앙극장 전속 단체가 아닌 예술의 전당 상주단체로 변경되었다. 국립중앙극장의 나머지 4개 전속 단체 중 국립극단도 2010년 재단법인으로 체제 변경 후 독립하면서 현재 국립창극단, 국립무용단, 국립국악관현악단 등 3개의 전속 단체만 남아 있다.

유도하거나 법인에 준하는 활동 기반을 조성하기 위해 전문예술법인·단체 지정 제도를 도입하게 됐다.[10]

전문예술법인·단체의 지정 혜택은 몇 가지로 나누어 볼 수 있다.

우선 전문예술단체에 기부한 개인이나 법인은 일정 한도 안에서 세금 공제 혜택을 받을 수 있다. 2015년부터 적용되고 있는 세법 개정에 따라 개인 기부자는 1,000만 원 이하 기부자 소득금액의 30% 한도에서 15%를 세액공제 받을 수 있고, 1,000만 원 초과분에 대해서는 30% 세액공제가 적용된다.[11] 법인의 경우 법인 소득의 10% 등 일정 한도 내에서 손금으로 인정된다.[12]

2018년 개정 시행된 법인세법에 따라 전문예술법인은 세제 적격단체로 인정을 받기 위해서는 별도의 공익법인 신청을 해야 하며, 전문예술단체는 기획재정부 고시에 따라 지금처럼 공익법인 자격이 유지된다.

또한 비영리 국내 법인이 고유목적사업이나 지정기부금에 지출하기 위해 일정한 한도 내에서 손금으로 계상한 준비를 뜻하는 고유목적사업준비금 손금산입이 가능하다. 예를 들어 비영리 전문예술법인의 경우 당해 사업연도 소득금액의 50%를 고유목적사업준비금으로 손금산입할 수 있다.[13] 예술의 전당 및 기획재정부 장관이 문화체육관광부 장관과 협의하여 고시하는 전문예술법인 및 전문예술단체는 당해 사업연도 소득금액의 100%를 고유목적사업준비금으로 손금산입할 수 있다.[14]

이 밖에 전문예술단체와 공익법인으로 지정된 전문예술법인은 상

10) 용호성·이진아, '한국에서의 전문예술법인·단체 제도의 성과와 과제', 한국비영리학회 학술대회 발표 자료, 2004.
11) 소득세법 제34조 및 동법시행령 제80조.
12) 법인세법 제24조 및 동법시행령 제36조.
13) 법인세법 제29조, 동법시행령 제56조.
14) 조세특례제한법 제74조, 동법시행령 제70조, 동법시행규칙 제29조의2.

속세 및 증여세가 면제되며,15) 지방자치단체별로 차이가 있으나 각 시
도별 조례에 근거하여 예산 범위 내 경비 보조와 공공지원금 우선, 공
공시설 대관 등 기타 행정적인 지원을 받을 수 있다.

| 표 1-2 | 국내 전문예술법인·단체 유형별 현황(2022년 기준)

지정유형별	전문예술법인	전문예술단체		
	568개(34.0%)	1,101개(66.0%)		
활동 유형별	공연단체	공연장 운영단체	전시기획 및 전시장 운영단체	지원기관 및 기타 단체
	1,196개 (71.7%)	32개(2.3%)	129개(7.7%)	312개(18.7%)
법정 유형별	임의 단체	사단법인	재단법인	사회적협동조합
	1,100개 (65.9%)	412개 (24.7%)	147개 (8.8%)	10개(0.6%)

출처: 예술경영지원센터 홈페이지(https://www.gokams.or.kr/main/main.aspx)를 참
조하여 재구성.

---

15) 상속세 및 증여세법 제16조, 동법시행령 제12조.

제2장

문화예술 후원 담론

I. 문화예술과 후원의 관계

역사적으로 문화예술과 후원의 관계는 로마 시대부터 시작됐다고
보는 관점이 일반적이다. 당시 정치 분야의 권력자 등 로마의 지도층은
탁월한 재능을 갖춘 예술가를 예우하고 보호하는 데 주저하지 않았다.

로마 건국 시조의 후손이라는 의미를 지닌 '파트리시우스'는 일반
인의 '파트로누스'(후원자 혹은 보호자)를 자처하였고, 이들로부터 충성
을 제공받는 대가로 경제적·정치적 보호를 제공한 것으로 알려져 있다.

이와 같은 후원자가 문화예술 후원자로 바뀌게 된 데에는 로마 초
대 황제 아우구스투스가 되는 옥타비아누스의 정치적 조언자이자 문화
예술 애호가였던 가이우스 마이케나스(BC 70~BC 8)의 기여가 자리한
다. 당시 마이케나스는 훗날 불멸의 시인으로 불렸던 평민 출신 베르길

리우스와 호라티우스를 비롯하여 수많은 시인들을 후원하고 창작 활동
을 적극적으로 장려하였다.16) 마이케나스의 집중적인 후원을 받은 베르
길리우스와 호라티우스는 이에 대한 보답이라도 하듯 로마제국을 찬양
하고 아우구스투스를 칭송하는 시를 남기게 되었다.

문화예술과 후원의 관계는 달리 보면 권력과 예술의 공생을 의미
한다. 이러한 흐름은 로마 외 유럽의 다른 지역에서도 나타났으며, 특히
중세 이후 가톨릭교회는 문화예술의 중요한 후원자 역할을 해왔다. 이
와 같은 배경에는 오랫동안 중세 유럽의 정신과 문화를 지배해 온 교회
가 신앙심을 고취하는 수단으로 예술을 적극적으로 활용한 측면이 크
다. 예컨대 교회 전체에 울려 퍼지는 장엄하고 성스러운 음악은 신도들
의 마음을 사로잡고 신과 교회에 대한 충성심을 자아내기 위한 장치로
이해할 수 있다.

메디치 가문과 예술 후원

문화예술 후원은 르네상스 시대에 두드러지는 양상을 보였다. 이
러한 후원을 주도한 부류는 이탈리아 주요 도시의 상인들이었다. 14세
기 이후 동방무역으로 큰돈을 벌게 된 이탈리아 상인들은 가문의 번영
을 기원하고 부를 과시하기 위해 미술, 음악, 건축 등에 막대한 돈을 후
원하였다.

예술 후원의 시발점이었던 이탈리아의 정치적 지배계층은 르네상
스 시기에도 예술가들의 후원에 속도를 붙였는데, 특히 주목할 만한 인
물은 피렌체의 메디치 가문이었다. 이 집안의 이름은 바로 데 메디치

---

16) 기업의 문화예술 분야 후원 활동을 일컫는 '메세나'는 마이케나스의 이 같은 예술 후
원 활동에서 기인한 용어이다. '메세나'에 대한 구체적인 논의는 후술되어 있다.

(Dei Medici)였다. 수 대에 걸쳐 상업과 금융업으로 엄청난 부를 쌓은 뒤 정치권력까지 거머쥔 메디치 가문은 3세기 동안 예술을 사랑하고 예술적 안목을 지닌 후손들이 계속 배출되면서 피렌체뿐 아니라 예술에 관심을 가진 세계 전체에 지대한 공헌을 하였다.

르네상스 시대 메디치 가문의 예술 후원은 음악, 미술, 건축 등 다양한 장르에 걸쳐 있는 특징을 보인다. 메디치 가문은 피렌체의 교회와 수도원 예배당의 가수들과 음악가들을 고용하는 데 적극적이었고, 이들을 후원하는 데 지원을 아끼지 않았다. 르네상스 음악가 이삭과 피렌체 대성당의 오르가니스트 스카르치아루피 등이 메디치 가문의 주요 후원 대상이었다. 이들은 피렌체 대성당과 수도원에서 받는 보수 이외에 메디치 가문의 지원을 받음으로써 경제적으로 여유가 있는 상태에서 음악 활동을 지속할 수 있었다.

메디치 가문은 피렌체 성당과 수도원의 음악적 성장을 위해 피렌체 밖의 유능한 음악가들을 영입하는 데에도 재정적 지원을 이어 갔다. 메디치 은행의 브뤼헤 지점은 재능 있는 북부 플랑드르, 프랑스, 네덜란드 출신의 르네상스 작곡가들을 채용하는 장소 역할을 톡톡히 했다.

메디치 가문의 르네상스 작곡가 후원은 대를 이어 지속되는 흐름을 보이기도 했다. 피렌체 대성당 돔 봉헌식을 위한 음악을 만든 프랑스 출신 작곡가 기욤 뒤파이는 1434년부터 3년간 피렌체에 머물면서 당시 메디치 가문의 수장이었던 코지모 메디치의 후원으로 음악 활동을 하였다. 두 사람의 후원 관계는 뒤파이가 피렌체를 떠난 이후에도 이어져 코지모의 아들인 피에로 메디치와 지오반니 메디치까지 계속되었다.[17]

---

17) 코지모 메디치의 후원을 받은 뒤파이는 1456년 메디치 가문에게 음악 헌정과 함께 편지 서신을 보내 감사를 표했다. 뒤파이는 서신에서 "위대하고 고결한 경들께, 모든 겸손한 찬사를 다하여! 경들께서 노래를 사랑하시는 것을 잘 알기 때문에, 또한 경들

메디치 가문의 예술 후원은 미술에서도 빛을 발했다. 르네상스의 대표적 화가 보티첼리와 리피는 당시 신플라톤주의에 매료된 작가들로, 코지모 메디치의 손자이자 예술 후원에 열정적이었던 로렌초 메디치[18] (1449~1492)의 후원으로 작품을 만들었다. 보티첼리의 작품 '비너스의 탄생'은 지금은 피렌체의 우피치 미술관에 소장되어 있지만 이전엔 메디치 가문의 별장인 빌라디 카스텔로에 전시된 배경은 이와 같은 후원의 관계에서 엿볼 수 있을 것이다.

미켈란젤로와 레오나르도 다 빈치 역시 메디치 가문 후원을 받았다. 예술가 후원을 넘어서 스스로 미술아카데미를 설립할 정도로 예술 마니아였던 로렌초 메디치와 미켈란젤로와의 특별한 후원 관계는 로렌초가 미켈란젤로를 양자로 입양시켜 자기 집에서 생활하도록 한 일화에서도 알 수 있다. 일찌감치 어린 미켈란젤로의 재능을 간파한 로렌초의 적극적 후원은 미켈란젤로가 '피에타', '다비드상'과 같은 르네상스 최고의 조각 작품들을 세상에 내놓게 된 든든한 기반이 되었다.

레오나르도 다 빈치 또한 메디치 가문에서 생활하면서 수많은 문인과 인문학자들을 만나 예술적 사고를 키울 수 있었으며, 이를 바탕으로 훗날 '모나리자', '최후의 만찬' 등의 불멸의 작품을 일구어냈다.

로렌초 메디치의 아들 지오반니 드 메디치, 즉 교황 레오 10세는 라파엘로를 후원하면서 그에게 바티칸을 위한 많은 작품들을 의뢰했고,

---

의 취향이 변하지 않았으리라 믿고, 최근 사부아공(Monseigneur de Savoye)과 함께 프랑스에 머물 때 왕궁의 한 신사의 요청에 의해 작곡한 곡을 바칩니다. (중략). 위대하고 고결한 경들께 이곳에서 제가 무엇인가를 해드릴 수 있다면 제게 말씀해 주십시오. 장수 무강하시고 천국으로 가시기를 기원하는 경들께 제가 주님의 도우심을 입어 충심으로 행하겠습니다. 작곡한 다른 곡들은 다음 기회에 보내드리겠습니다" 라고 적었다.
18) 이탈리아의 정치가이자 피렌체 공화국의 사실상의 통치자. 막강한 권력을 보유했던 그는 르네상스의 열렬한 후원자였다.

이것은 '헬리오도르의 방', '보르고 화재의 방' 등의 작품 완성으로 이어졌다.

예술 후원의 변화

이처럼 르네상스 시대 메디치 가문이 주도했던 문화예술 후원은 16세기 말 바로크 사조를 기점으로 큰 변화에 직면하였다. 로마 시대와 르네상스를 거치면서 나타난 예술에 대한 후원이 예술을 소비하는 소극적 입장에서 이루어졌다면 바로크 시대부터 후원자들은 예술의 형식과 내용을 규정하는, 일종의 적극적 주문자로 바뀌게 되었다.[19][20]

바로크 시대는 경제적으로 봉건 체제가 붕괴하고 자본주의 체제가 본격화된 시기로, 특히 북유럽의 금융업이 만개하면서 부르주아 계층의 성장이 가속화하였다. 이러한 분위기에서 부를 축적한 새로운 계급은 왕실이나 교회와 함께 강력한 예술 후원자로 나서게 되었다.

프랑스에서는 절대군주로 군림하면서 '태양왕'으로 불렸던 루이 14세(1638~1715)가 문화예술 후원자 역할을 톡톡히 했던 사실을 주목할 필요가 있다. 특히 루이 14세는 연극을 대폭 지원하였는데, 그가 적극적으로 후원한 예술가 중에는 극작가이자 배우, 비평가였던 몰리에르(1622~1673)가 있다. 당시 파리의 대주교는 몰리에르의 작품 '타르튀프'의 공연을 1년 반이나 금지했으나 루이 14세의 지시로 무대에 올리게 됐다. 파리 시민들은 루이 14세 덕분에 위선의 중죄를 교묘하게 공격하는 몰리에르의 작품을 실컷 즐길 수 있었으며, 몰리에르의 다음 작

---

19) 나주리 · 신정환 외, 『메세나와 상상력』, 서울대학교 출판문화원, 2017.
20) 이러한 논의는 K팝을 중심으로 형성된 팬덤의 유명 아티스트 후원 등 문화적 실천과 연결 지을 수 있다. 이에 관해선 제4장에 서술되어 있다.

품 '돌의 향연' 역시 같은 운명에 처했을 때도 루이 14세는 몰리에르의 극단을 정식 왕립극단으로 승격하고 연금을 지급하여 빚더미에서 구해 주었다. 예술가가 많은 국민에게 충격을 줄 만한 새로운 것을 말하고자 할 때 현명한 전제 군주의 도움이 지대한 역할을 한 셈이다. 결과적으로 프랑스 당대를 대표했던 연극인이었던 몰리에르는 루이 14세의 후원과 보호 아래 끝까지 작품 활동을 할 수 있었다.

17세기 이후부터 문화예술 후원의 양상은 대폭 달라졌다. 군주와 교회의 독점물로 여겨졌던 문화예술을 일반인도 향유할 수 있는 대상이 된 것이다. 이는 시민계급의 확대가 주요한 원인으로 볼 수 있다. 일반 대중도 자본주의의 발달로 영향력 있는 문화예술의 고객으로 자리하게 되면서 이들이 후원하는 예술가들은 대중의 취향을 만족시켜야 하는 과제를 안게 된 것이다.

이와 같은 현상은 이른바 '식민지 무역'을 통해 유럽 경제가 호황을 맞던 18세기에 들어 가시화했다. 예술세계의 주도권이 예술작품 소비의 주 고객인 시민계층으로 넘어가면서 예술가들은 궁정과 소수 귀족 사회에 의존하고 봉사하는 존재로부터 탈피하게 되었다. 하지만 귀족사회가 여전히 지배했던 프랑스를 비롯하여 자본주의의 발달이 지연되거나 부르주아 층이 넓지 않았던 스페인과 독일 일부 지역은 이러한 변화를 늦게 경험할 수밖에 없었다.

유럽 국가에서 문화예술 시장이 확고하게 자리 잡게 된 19세기 이후부터는 예술 후원의 개념이 수정되었다. 산업혁명을 경험한 유럽 사회가 자본주의 체제로 전환하면서 예술가들도 자신들의 작품을 팔거나 공개 연주회 등을 통해 생계를 유지할 수 있게 되었다. 외형적으로는 예술가들이 스스로 자신들의 작품 판매나 공연 등의 방법으로 자립할 수 있는 여건이 마련된 셈이다.

그러나 예술가들의 완전한 경제적 자립이 가능해졌다고 보기엔 무리가 따른다. 그것은 예술시장의 확대가 급격하게 이루어지지 않은 것을 일차적 이유로 파악할 수 있으며, 프랑스처럼 귀족사회 분위기가 여전히 팽배하거나 자본주의의 발전이 상대적으로 늦었던 유럽 주요 국가에서도 원인을 찾을 수 있다.

20세기 이후엔 전술한 순수예술 분야 외에 기술의 발달로 영화, 대중음악, 방송 분야 등 대중예술 산업이 크게 발전하면서 문화예술 후원과 그 의미에 근본적 변화를 목도할 수 있다. 국가와 공공기관, 기업, 개인 등의 문화예술 후원은 여전히 필요성이 인정되고 있으나, 그것의 양상은 크게 달라졌다. 예를 들어 정부와 지방자치단체는 예술단체와 예술가 등 문화예술 행위자들에 대한 경제적 지원에 국한하지 않고 미술관이나 박물관, 지역문화센터, 공공극장 등의 하드웨어적 인프라 시설을 확충해 나가는 경향이 두드러진다. 직접 지원에서 간접 지원 형태로의 변화가 뚜렷하다.

주요 각 나라는 이러한 상황에서도 순수예술 분야는 후원을 놓지 않는다는 일관된 원칙을 고수하고 있다. 다만 예술단체와 예술가를 금전적으로 직접 지원하는 후원 형태에서 문화예술 인프라 조성과 청년 인재 양성 등 간접 후원 형태로 이동하는 모습을 발견할 수 있다.

| 표 2-1 | 시대별 문화예술 후원 주요 내용

시대	예술 후원 주요 특징
14세기 이후 르네상스 시대	• 이탈리아 주요 도시 상인들과 정치 지배층을 중심으로 음악과 미술 등에 집중 후원 • 로렌초 메디치의 미술 아카데미 설립
16세기 말 바로크 시대	• 예술 후원자들, 예술의 형식과 내용을 예술가들에게 규정. 적극적 주문자 양상 • 가톨릭교회의 유력한 예술 후원 담당 • 부를 축적한 새로운 계급, 왕실과 교회와 함께 강력한 예술 후원자로 등장
18세기	• 예술 세계의 주도권, 예술작품 주 고객인 시민계층으로 이동 • 예술 후원의 형태가 사적 후원에서 공공 후원으로 변화 • 예술가들, 궁정과 소수 귀족사회에 의존하고 봉사하는 존재에서 탈피
19세기 이후	• 프랑스 혁명과 산업혁명 영향으로 유럽에서 예술시장 확고한 자리매김 • 20세기부터 대중예술 시장의 확대로 예술가들의 경제 사정 완화
20세기 이후	• 순수예술 분야에 대한 국가와 민간의 후원 지속 • 예술의 보호와 진흥을 위한 기본 인프라 확충 주력

II. 문화예술 지원 논의

예술단체와 예술가가 외부로부터 문화예술 후원을 이끌어내려면 문화예술에 대한 지원이 필요한 이유를 설명할 수 있어야 한다. "왜 문화예술에 대한 지원이 필요한가"라는 질문에 답해야 하는 것이다.

문화예술 후원은 문화예술 지원의 정당성이 입증될 때 비로소 그 효과를 발휘할 수 있다. 이러한 측면에서 문화예술 지원, 특히 국가와 지방자치단체를 중심으로 이루어지는 공공지원과 관련한 논의는 매우 중요한 의미를 지닌다.

공공지원의 긍정적 관점

문화예술에 공공재원이 투입되는 현상을 논의하는 예술지원 정책에서 공공지원의 불가피성은 문화예술이 지니는 가치재 · 공공재로서의 접근에 가깝다.

문화예술이 지니는 가치는 예술의 창작성을 넘어 국가와 개인의 경쟁력으로까지 확대되고 있다. 경제적 측면에서 GDP(국내총생산)와 고용 창출에 기여함과 동시에 생산적 여가 활동을 제공하고 인간의 심리적, 사회적 후생에 긍정적으로 기여하는 식으로 직접적인 효과를 발휘한다. 이 외에도 환경 가치를 제고하고 여타 산업에 파생될 수 있는 아이디어와 콘텐츠를 제공하며 차세대를 위한 창의적이고 지적인 아이디어 저장소의 역할을 하는 간접적 효과도 무시하기 힘들다.[21]

문화예술에 대한 공공지원이 정당하다는 견해를 구체적으로 살펴볼 필요가 있다.

우선 클로펠터(Clofelter)는 "문화예술 분야는 시장기능에 의한 효율적인 재화의 분배가 이루어질 수 없기 때문에 정부 개입이 불가피하다"고 설명한다. 보몰(Baumol)과 보웬(Bowen)은 '비용질병'론을 언급하면서 연극, 클래식 음악, 무용 등 공연예술은 숙달된 인간의 기예 그

---

21) 산업연구원, '문화예술의 경제적 효과분석과 활성화 방안', 2006.

자체로서 상품이 완성되는 것이기 때문에 대량 생산이나 생산 표준화가 불가능하다는 입장을 내놓는다.[22] 보몰의 이러한 판단은 여러 예술의 영역 중 공연예술은 공공재원 지원이 불가피하다는 사실을 강조한다고 볼 수 있다.

프레이(Frey)는 예술적 가치 관점에서 문화예술은 공공지원이 뒤따라야 한다고 파악하면서 "문화예술은 다양한 사회적 가치를 기대할 수 있기 때문에 공공지원의 논거가 된다"는 입장을 내놓았다.

이처럼 문화예술 지원을 긍정적으로 판단하는 견해는 대체로 세 가지로 요약할 수 있다.

첫째, 문화예술은 경제 활성화 기능을 하며, 나아가 관광을 촉진하고 그로 인해 지역경제에 긍정적인 파급효과가 발생한다. 따라서 이러한 역할을 하는 예술가에 대한 공공지원이 있어야 한다는 논리다.

둘째, 예술지원의 외부성으로, 지역에 설치되는 문화예술회관 등 문화예술 관련 시설로 많은 사회적 편익이 유발된다는 것이다.

셋째, 가치재적 성격으로, 문화예술의 근본적 가치는 인간에게 감동과 기쁨을 주고 정신적 만족감을 제공함으로써 행복한 삶을 누리는 데 일조한다. 문화예술은 이처럼 특별한 가치가 있으므로 공공지원이 필요하다.

공공지원에 대한 부정적 시각

문화예술에 투입되는 재원의 핵심이라고 할 수 있는 공공재원은 국민의 세금으로 마련되는 특성이 있다. 이 같은 공공재원의 지출과 관

---

22) 비용질병은 공연예술단체가 필연적으로 적자에 직면할 수밖에 없다는 것을 설명하는 개념으로, 이는 시장형성이 어려운 공연예술 산업의 특성에 기인한다.

련하여 앞에서 살펴본 문화예술에 대한 공공지원이 정당하다는 학자들의 논의가 있는 반면, 부정적인 시각도 여전히 존재한다.

예컨대 헤이브런(Heibrun)과 그레이(Grey)는 예술가들도 다른 직업인과 마찬가지로 자립해야 하고, 정부가 대중의 미적 요구까지 충족시켜 줄 책임이 없으며, 예술의 공공지원에 대한 사회적 효용 역시 증명이 불가능하다는 점을 내세워 예술의 공공지원 투입을 반대하는 입장이다.

문화예술의 공공지원을 부정적으로 보는 논거는 크게 두 가지로 설명할 수 있다.

첫 번째는 정부가 문화예술 분야의 질적인 부분을 판단할 수 있는 전문가 집단이 아니어서 공공지원이 이루어지면 자유로운 표현과 창의력에 기반한 예술가의 문화예술 활동에 큰 제약을 줄 것이고, 동시에 문화예술이 정치적 도구로 사용될 우려가 있다고 보는 입장이다. 이는 공공지원이 초래할 수 있는 규제와 간섭의 문제로 이해할 수 있다.

이와 같은 입장을 피력한 학자로는 헤이그(Hagg)를 들 수 있다. 헤이그는 정부가 바람직하지 못한 예술과 올바르거나 바람직한 예술을 구별할 능력이 없고, 더욱이 검증 안 된 가짜예술가들이 공공지원 사업에 끼어들게 되어 결과적으로 정부의 적지 않은 예산이 '가짜 금' 생산에 낭비된다고 판단했다.[23]

두 번째 논거는 분배적 형평성의 문제다. 이것은 정부가 문화예술 시장에 개입하여 문화예술자원의 효율적 분배에 접근한다고 하더라도 이러한 분배가 형평성을 증진한다고 보장할 수 없고 오히려 역차별을

23) 양혜원 외, 『예술의 가치와 영향 연구: 국내외 담론과 주요 연구 결과 분석』, 한국문화관광연구원, 2019.

부추기는 결과를 낳을 수 있다는 관점이다.

이밖에 문화예술 공공지원이 자본주의의 이념과 배치된다는 주장도 있다. 자본주의의 기본은 기업 활동의 자유, 개인주의, 경쟁, 사유재산권, 작은 정부 지향 등인데, 국가가 문화예술을 지원하는 것은 큰 정부를 이루는 결과로 나타나기 때문에 자본주의 이념에 위반된다는 시각이다.

이처럼 문화예술 공공지원의 정당성을 둘러싼 논쟁이 치열하지만, 프랑스와 독일 등 유럽을 중심으로 상당수 국가에서는 예술 분야 지원을 국가의 책무이자 역할의 한 영역으로 인식하는 흐름이 이어지고 있다. 다만 미국은 연방정부에 의한 공공지원은 미미한 수준인 데 비해 민간 지원을 통한 문화예술 후원이 보편적 현상으로 자리 잡고 있다.

| 표 2-2 | 문화예술 분야 공공지원에 관한 논의

정당성 여부	연구자	입장
문화예술 분야의 공공지원은 정당하다	Clofelter(1992)	• 문화예술 분야는 시장기능에 의한 효율적 재화의 분배가 이루어질 수 없기 때문에 정부 개입 불가피
	Baumol(1996)	• 공연예술은 숙달된 인간의 기예 그 자체로서 상품이 완성되는 것이기 때문에 대량 생산이나 생산 표준화 불가능 • 문화예술은 비용질병론 적용 분야
	Heiburn(2003)	• 문화예술 분야의 생산성 지연 현상으로 경제적으로 어려운 예술단체는 공공지원 통해 보전 필요
	Frey(2003)	• 예술작품의 공공재적 속성으로 시장을 통해서는 예술가들이 수익 전체를 온전히 향유할 수 없음

		• 공공지원 없이는 예술계의 공급 축소 불가피
	Mulcahy & Swaim(1982)	• 예술적 기회의 재분배 통한 사회적 형평성 확보
	Cwi(1982)	• 최소한의 문화예술 활동을 향유하지 못하는 저소득층에게 보편적 문화 향유의 기회를 제공해야 함
	Abbing(2004)	• 의료, 공교육 및 사회보장과 마찬가지로 예술도 '사회적 권리'라는 인식 필요
문화예술 분야 공공지원은 정당하지 않다	Heiburn & Grey(1993)	• 예술가들도 다른 직업인들과 마찬가지로 자립 필요 • 정부가 대중의 미적 요구까지 충족시켜 줄 책임 없음 • 예술의 공공지원에 대한 사회적 효용 증명 불가능
	Hagg(1979)	• 정부는 바람직한 예술을 구분할 능력이 없어 지원 자체가 예술가들에게 독이 될 수 있음 • 정부가 선택한 예술지원에 대한 부담은 납세자들에게 정당화될 수 없음
	Lingle(2005)	• 문화예술에 대한 공공지원의 정책 의도와 결과가 여러 제도적 한계와 정치적 의도 때문에 달성되지 않을 수 있음

출처: 선우 영, '지방자치단체의 예술지원에 관한 고찰', 지방정부연구 제14권 3호, 한국지방정부학회, 2010을 참조하여 재구성.

정부 지원의 유형

정부의 문화예술 지원은 크게 직접 지원과 간접 지원으로 구분할 수 있다.

직접 지원은 주로 예술단체와 예술가의 창작 활동에 들어가는 지원금을 제공하는 형태로, 현금성 지원으로 이해할 수 있다. 창작의 과정에 현금을 지원하는 한국문화예술위원회의 공연예술창작산실 사업 등이 대표적인 직접 지원으로 볼 수 있다.

간접 지원은 보통 세 가지로 분류할 수 있다. 정책개발, 연구 사업, 창작 환경 조성 같은 기반 조성과 관련한 활동 지원과 문화예술 관련 행사 개최 지원, 시설 복원 관련 지원 등이 있다. 한국문화예술위원회가 예술 분야 기부 프로그램 운영과 기부문화 활성화를 통한 민간 영역의 기부 공감대 형성 등을 위해 시행하는 예술 가치의 사회적 확산 사업이 간접 지원에 해당한다.

또 문화예술 관련 사업을 진행하는 기관이나 시설의 운영 등을 지원함으로써 이들 기관 등이 예술단체에 창작 관련 지원금을 제공하도록 하거나 예술가와 예술단체를 고용한 사업을 개최하게 하는 효과를 낳기도 한다.

이렇게 본다면 정부의 예술가와 예술단체 지원은 직접 지원이 하나의 축을 형성하고, 또 다른 하나는 예술 활동 기반 조성과 예술 활성화 관련 다양한 사업 진행을 통한 고용 창출 등으로 예술가와 예술단체가 활동할 기회를 제공하는 간접 지원이 자리한다고 볼 수 있다.[24]

---

24) 박신의, '정부 문화예술 예산의 지원 유형 분류와 간접 지원의 개념·양상 분석', 문화정책논총 제20집, 한국문화관광연구원, 2008.

국가의 예술지원에서 간접 지원이 직접 지원 못지않게 중요하게 받아들여지는 이유는 직접 지원의 경우 창작 활동 수혜 대상이 한정되는 한계가 있지만, 간접 지원은 창작 활동에 필요한 여건을 개선해 장기적으로 더 많은 혜택이 발생하는 장점 때문이다.[25]

---

25) 문화체육관광부, 『순수예술 육성을 위한 토론회』 자료집, 문화체육관광부, 2008.

제2부

문화예술 후원의
이론적 탐색

제3장

문화예술 후원의 본질적 접근

I. 예술가와 후원자

아리스토텔레스의 논의

문화예술 후원의 본질에 관한 최초의 이론적 고찰은 고대 그리스의 철학자 아리스토텔레스(BC 384~BC 322)에 의해 이루어졌다는 것이 정설로 알려져 있다.

아리스토텔레스 철학에 따르면 모든 물체, 즉 존재는 질료(재료)와 형상으로 이루어져 있다고 파악한다. 아리스토텔레스는 이러한 맥락에서 세계를 구성하는 네 가지 원인으로 질료인, 형상인, 작용인(동력인), 목적인을 들고 있다.

아리스토텔레스는 생겨나는 것은 모두 어떤 것의 작용에 의해 (hypo tinos) 어떤 것으로부터(ek tinos) 어떤 것(ti)이 된다고 설명한다. 이는 세계란 결국 작용인에 의해 질료인으로부터 생성의 종결점인 목적인으로 나아간다고 보는 시각이다.

아리스토텔레스가 파악하는 이와 같은 네 가지 원인 중에서 형상인과 목적인은 작용인에 속한다고 이야기되거나, 형상인과 목적인과 작용인은 같다고 본다. 지향과 목적이 분명한 세계의 생성에서 질료 없는 형상은 그 자체로는 생성에 참여할 수 없고, 작용인에 속해야만 한다는 것으로 논의를 확대할 수 있다.[1]

아리스토텔레스는 이를 예술 활동에 적용하여 예술가를 작용인(efficient cause), 예술의 대상을 형상인(formal cause), 후원자를 목적인(final cause)으로 각각 분류하였다.

이러한 분류는 후원자야말로 예술 창조의 동기이자 최종 목표임을 의미하는 것으로, 문화예술 분야에서 예술 후원이 차지하는 중요성을 단적으로 언급했다고 볼 수 있다. 부언하자면, 예술 후원자는 단순한 예술 주문자나 예술 소비자의 위치를 훌쩍 뛰어넘어 궁극적으로 예술이 존재하는 목적으로 받아들여졌다.

이와 관련하여 예술가와 후원자의 개념, 관계 등을 살피는 것은 매우 유의미하다고 할 것이다.

예술가와 후원자

예술가에 대한 정의는 국내·외를 막론하고 하나로 규정할 수 없을 만큼 다양하지만, 대체로 관련 법령을 통해 의미 파악에 다가설 수 있다.

우선 우리나라는 여러 법령에서 예술인을 정의하고 있다. '문화예

---

[1] 조대호, 『형이상학』, 길, 2017.

술진흥법', '저작권법', '예술인복지법' 등이 각각의 목적에 따라 예술인을 개별적으로 규정하고 있다. 이러한 법령은 순수예술과 대중예술 분야에 종사하는 예술인을 두루 지원하거나 권리를 보호하는 성격을 지니고 있는 것이 특징이다. 이를 세부적으로 살펴보자.

첫째, '문화예술진흥법'은 문화예술을 위한 사업과 활동을 지원하는 목적이 있으며, 이에 따라 문화예술, 문화산업, 문화시설에 관한 정의를 포함하고 있지만 예술인을 정의하는 내용은 찾아볼 수 없다. 그러나 같은 법률 제2조 1항의 문화예술의 정의에 포함되는 15개의 예술 장르[2]는 국내법상 예술인의 활동 범주를 정하는 기준이라고 할 수 있다. 다시 말해 15개의 예술 장르에 종사하고 있다면 예술인으로 정의하기에 무리가 없다는 뜻이다.

둘째, '저작권법'은 '문화예술진흥법'과는 달리 저작물에 관여하는 방식에 따라 예술인(실연자)의 범주를 명확히 구분함으로써 저작물에 관한 예술인의 권리와 재산권 행사의 근거가 되고 있다. 저작권법 제2조 4항 '실연자'는 "저작물을 연기·무용·연주·가창·구연·낭독 그 밖의 예능적 방법으로 표현하거나 저작물이 아닌 것을 이와 유사한 방법으로 표현하는 실연을 하는 자를 말하며, 실연을 지휘, 연출 또는 감독하는 자를 포함한다"라고 정의하고 있다.

이와 같은 저작권법을 통해 예술인은 창작물에서 발생하는 재산권적 가치를 보장받을 수 있다. 그러나 창작자와 실연자 이외의 예술 관

---

2) 2022년 개정된 문화예술진흥법은 문화예술을 이렇게 정의하고 있다. '문화예술이란 문학, 미술(응용미술을 포함한다), 음악, 무용, 연극, 영화, 연예(演藝), 국악, 사진, 건축, 어문(語文), 출판, 만화, 게임, 애니메이션 및 뮤지컬 등 지적, 정신적, 심미적 감상과 의미의 소통을 목적으로 개인이나 집단이 자신 또는 타인의 인상(印象), 견문, 경험 등을 바탕으로 수행한 창의적 표현활동과 그 결과물을 말한다.'

련 종사자에 대한 정의는 보이지 않는 것은 한계로 남는다.

셋째, 2011년 제정된 '예술인복지법'은 국내법상 최초로 예술인에 대한 한정적 정의를 설정해 놓고 있다. 이 법령은 예술인의 직업적 지위와 권리를 보호하며 예술인 복지 지원을 통해 창작 활동의 증진 및 예술계 발전을 목적으로 한다. 예술인복지법의 예술인 관련 정의는 제2조에 규정되어 있다. 여기서 예술인은 "예술 활동을 업으로 하여 국가를 문화적, 사회적, 경제적, 정치적으로 풍요롭게 만드는 데 공헌하는 자로서 '문화예술진흥법' 제1조 제1항 제1호에 따른 문화예술 분야에서 대통령령으로 정하는 바에 따라 창작, 실연, 기술지원 등의 활동을 증명할 수 있는 자를 말한다"라고 정의하고 있다. 창작, 실연, 기술지원 등 인력을 예술인으로 총칭하는 '예술인복지법'과 다르게 '문화예술진흥법' 과 '저작권법'이 정의하는 예술인은 창작에 직접 관여하는 경우로 그 개념이 한정적으로 적용될 여지가 있다. 따라서 창작자 외 예술작품의 유통 등 매개자 역할을 하는 예술경영 인력을 포함하는 예술인 개념 재정립이 필요하다는 시각도 있다.[3]

| 표 3-1 | 예술인에 대한 세 가지 학술적 정의

정의	내용
시장적 정의	• 예술인으로서 생계를 이어 나간다 • 예술인으로서 수입의 일부를 조달한다 • 예술인으로서 생활비를 벌고자 한다
교육과 협회적 정의	• 예술인 조합에 속해 있다 • 순수예술 분야에서 정규 교육을 받았다

---

3) 나은, '예술인의 법적 지위와 사회보장제도-국내외 예술인 정책 사례를 중심으로', 서울 대학교 대학원 석사학위 논문, 2012.

자신과 동료에 의한 정의	• 동료에 의해 예술인으로서 인정받는다 • 자신을 스스로 예술인이라고 여긴다 • 예술을 창조하는 데 상당한 시간을 사용한다 • 특별한 재능이 있다 • 예술을 하려는 내적인 동기가 있다

출처: Jeffri, Joan and Robert Greenbaltt, 'Between Extremities: The Artist Described', Journal of Arts Management and Law, 1989.

이처럼 우리나라는 '문화예술진흥법' 등 다수 법률에서 예술인을 정의하고 있는 데 비해 예술인 사회보험제도를 실시하는 유럽 국가들은 고용 상태에 따라 예술인을 세부적으로 분류하는 차이점을 보인다. 즉 예술인을 자영 예술가, 고용 예술가, 자유계약 예술가, 유한기간 계약자 혹은 앙떼르미땅으로 구분하여 정책에 적용한다. 이는 예술인 정의의 세분화라는 측면 외에도 고용 상태를 고려한 예술인 사회보험제도 운영을 통해 예술인 복지를 강화하려는 시도로 이해할 수 있다.

호주에 본부를 두고 있는 '국제 예술위원회·문화기구 연합'[4] (IFACCA)은 세금이나 수당과 연관 지어 예술인을 정의한다. IFACCA는 각 나라의 세금 및 예술인을 위한 특례 사항에 따라 예술인을 다섯 가지로 정의하는데, 실용적 측면이 강하다.

첫째 공인된 예술인 단체의 구성원을 예술인으로 인정하기, 둘째 전문가가 동료 예술인으로 구성된 위원회에서 예술인 지위를 결정하기, 셋째 과세 당국이 예술인 여부를 결정하기, 넷째 예술작품과 저작물 등 창작 활동 결과물로 예술인 정의하기, 다섯째 창작 활동의 본질로 예술

4) 각 나라의 문화예술 관련 기구들이 정책 정보 교환을 통한 정책적 발전을 도모하기 위해 2001년 12월 발족한 연합기구이다. 우리나라는 국가 문화예술지원기관인 한국 문화예술위원회가 가입해 있다.

인 정의하기 등이다.

이와 같은 다섯 가지의 예술인 정의 기준은 세분화의 특징을 지니고 있어 효율적 적용이 가능하지만, 논란의 여지 또한 내재한다. 개인을 예술인으로 인정하는 권한을 특정 집단에 부여하게 되면 객관성이 떨어지고, 권한의 정당성 등에 대한 의문이 제기될 수 있다. 이런 우려에도 불구하고 유럽 국가들이 다양한 사회보장제도와 세금 제도에 의한 예술인 정책 시행으로 균형적인 혜택을 적용하고 있는 것은 고무적이라는 시각이 있다.

| 표 3-2 | 유네스코와 IFACCA의 예술인 정의

기구	유네스코	IFACCA
예술인 정의	• 예술 작품 창조, 창조적 표현 제공, 재창조 • 예술적 창조를 삶의 본질적 부분으로 여기는 사람 • 개인이든 단체 소속이든 관계없이 예술인으로 인정받고 있거나 인정받기를 원하는 모든 사람	• 공인 예술인 단체의 구성원 • 전문가나 동료 예술인으로 구성된 위원회에서 지위를 결정한 예술인 • 과세 당국의 결정 • 창작 활동 결과물 통한 예술인 정의 • 창작 활동의 본질로 예술인 정의

출처: 유네스코와 IFACCA 홈페이지를 참조하여 재구성.

후원자(Patron)는 예술작품의 경제적 물질적 담당자일 뿐만 아니라 예술가를 이해하고 작품을 평가하고 예술가를 지원하는 사람들을 지칭하는 개념이다.

예술가와 후원자의 사회적 관계 형성은 예술가들이 작품 활동을 통해 경제적 문제를 해결할 수 없는 사회 구조 속에서 이해해야 한다.

후원자의 예술가 지원은 이들의 창작 활동을 지탱해 준 가장 효율적인 방법으로 작용해 왔다. 메디치가가 미켈란젤로[5] 같은 거장들을 지원했던 르네상스 시대 후원자는 기본적으로 예술가의 작품제작과 유통 과정에 주도적인 역할을 담당했다. 이와 함께 자신의 목적에 맞는 예술작품들을 예술가들에게 의뢰했다는 점에서 후원자이자 동시에 주문자의 성격을 지닌다.

근·현대의 후원자는 '컬렉터'의 등장과 연결 지어 논의할 수 있다. 컬렉터는 개인의 부와 경제력을 최대한 활용해 예술에 대한 심미적인 안목과 애정으로 예술가를 발굴하고 예술작품을 수집하는 특징을 지닌다. 하지만 컬렉터는 이러한 예술작품의 미학적 가치뿐만 아니라 금전적 가치 또한 고려한다. 이러한 배경에는 산업혁명 이후 예술의 자본적 가치가 주목받기 시작하면서 예술 후원이 돈을 벌기 위한 투자의 한 방법으로 인식되었다는 점이 작용한다고 볼 수 있다.

이와 같은 논의는 근·현대에서 문화예술 후원의 목적이 변화했음을 시사한다. 예컨대 영국의 대표적인 컬렉터로 꼽히는 찰스 사치(Charles Saatchi)는 예술작품에 대한 남다른 애정과 심미안으로 젊은 무명작가와 저평가된 중견 작가들을 후원한 것은 맞지만, 예술작품을 저가에 대량으로 구입한 후 적정 시기에 되팔아 큰 이익을 남기는 식으로 투자에 가까운 작품 구매를 통해 재산을 모으고 영국 현대미술계를 독점했다는 평가도 있다.[6]

---

5) 이탈리아 출신의 위대한 예술가 미켈란젤로(1475~1564)는 메디치 집안이 세운 예술 아카데미에 들어가면서 본격적으로 예술가의 삶을 살기 시작했다. 자신을 적극적으로 후원한 로렌초 데 메디치를 위한 '로렌초 데 메디치의 묘비'를 만든 것을 비롯하여 '다비드', '천지창조', '최후의 심판' 등 수많은 작품을 남겼다.

시각예술 후원과 관련하여 20세기부터는 화상을 주목할 필요가 있다. 화상은 예술가를 미술관, 공공기관, 기업, 일반 수집가 등 소장가들과 연결해 주는 중개자 역할을 맡았다. 전통적인 후원자가 예술가의 경제적 안정을 책임지는 대신 자신의 목적에 맞는 작품들을 요청한 반면 화상은 예술가의 작품 제작에 일절 간여하지 않음으로써 최대한의 자율성을 보장해 주고 완성된 작품에 대한 판매 권리만을 가졌다.[7]

이렇게 본다면 근·현대의 예술가와 후원자의 관계는 종전 주문자 개념에서 예술가의 자율적인 작품세계를 보호하는 지원적 관계로 전환된 측면이 강하다.

21세기 이후 문화예술 후원자는 매우 다양한 형태로 나타나고 있다. 개인 외에 기업과 국가가 예술가의 주요 후원자로 부각되었고, 예술가의 창작 여건에도 큰 영향을 미치기 시작했다. 기업의 메세나와 문화예술을 통한 사회문제 해결에 적극적인 정부의 다양한 프로젝트가 늘어남에 따라 예술가들의 활동 영역이 확장되는 모습도 본격화하고 있다.

6) 정영숙, '찰스 사치의 현대미술 콜렉션 특성에 관한 연구', 예술경영연구 제12집, 한국예술경영학회, 2007.
7) 송남실, '19세기 미술에 있어서 후원자에 관한 도상학적 이미지: 쿠르베의 작품을 중심으로', 서양미술사학회 논문집 제6집, 1994.

미켈란젤로가 만든 '로렌초 데 메디치의 묘비'. 이탈리아 피렌체 산 로렌초 교회에 있다. 대리석 조각 및 건축 복합물로 제작됐으며, 피렌체 뉴 새크리스티 장식의 일부를 형성하고 있다.

II. 문화예술의 가치와 후원의 상관성

문화예술 분야 후원을 본격적으로 논의하기 위해선 문화예술이 개인과 사회에 미치는 다양한 가치와 영향의 양태들을 파악할 필요가 있다. 문화예술 후원이 정당성을 확보하려면 예술의 가치를 둘러싼 담론에 대한 이해가 무엇보다 요구된다는 점에서 예술 후원은 예술적 가치 인정이 담보되어야 함을 알 수 있다.

예술의 가치란 무엇이며 어떻게 결정되는가 등의 질문은 예술이 인간의 독특성을 담지하는 최정점의 활동인 한 끊임없이 지속될 것이다. 예술에 대한 정의가 연구자마다 다른 것만큼이나 예술의 가치와 관련한 논쟁 역시 다양한 이유이기도 하다.

예술의 사회적 가치

예술은 크게 본원적 가치인 문화적 가치와 사회적 가치 등 두 가지로 나눌 수 있다. 본원적 가치는 예술이 지닌 그 자체로서의 가치라고 할 수 있고, 사회적 가치는 상징적이고 소통적인 문화예술의 잠재력과 관련하여 문화적 매개자 확산에 따라 갖게 되는 가치를 의미한다.

먼저 예술의 본원적 가치에 대한 논의는 다음과 같은 두 가지 차원에서 살필 수 있다.

첫째, 예술의 본원적 가치는 예술의 본원적 목적과 맥락이 닿아 있다. 쉽게 설명하자면, 미의 추구와 자아의 인식 및 표출이라고 보는 시각이다. 이는 예술 행위를 통해 자기 내면의 세계를 표현하고 창작의 과정에서 상상력과 본능을 자극하며 감정을 일깨우는 것이다. 아름다움을 체험하고 그 체험을 표현하는 근본적인 성격은 인간의 공통된 특성이라고 할 수 있으므로, 인간이 예술을 향유하는 것은 예술 그 자체에 대한 이해라기보다는 인간의 일반적인 이해와 자기 성취와 관련된 예술을 이해하는 것이라고 본다.

치첵(Cizek)은 이와 관련하여 예술, 특히 시각예술이란 인간 발전의 자연스러운 일부로 문화예술의 부재는 정신적 성장과 사회적 건강성을 약하게 만든다고 주장한다.

둘째, 예술의 문화적 가치는 내재적 가치로 치환할 수 있다. 예술의 가치 중 실증이 어려운 영역을 내재적 가치 또는 문화적 가치라고 할 수 있는데, 예술의 내재적 가치는 존재 자체의 가치를 의미하며 이러한 가치가 실증되지 않는다고 해서 무시할 수 없는 중요한 가치 영역이다.

이를 주창한 대표적인 연구자는 오스트리아의 경제학자 데이비드 스로스비(David Throsby)로, 그는 문화적 가치를 미적 가치(Aesthetic value), 영적 가치(Spiritual value), 사회적 가치(Social value), 역사적 가치(Historical value), 상징적 가치(Symbolic value), 정통적 가치(Authenticity value) 등 크게 여섯 가지 요소로 구분했다.

이 가운데 사회적 가치는 소통 매개로서의 예술을 의미한다. 사람들은 공통된 문화를 경험하고 같은 예술을 체험하면서 공감 능력과 소통 능력을 배양하는데, 이러한 소통은 공통된 문화를 공유하는 데서 생기는 것이기도 하지만 서로 다른 다양한 예술에 대한 이해에서 비롯되기도 한다.

전술한 논의를 보다 확장하자면, 문화예술의 사회적 가치는 소통 플랫폼의 기능을 의미하는 것으로 파악할 수 있다. 특정 문화예술 작품(특정 예술가일 수도 있다)이 인간의 사회적 소통을 매개하는 주요 기제로 작동함으로써 예술이 지닌 가치의 발현으로 나타나는 것이다.

예술의 매개적 역할

예술은 문화 생산자와 향유자 간의 매개 역할을 함으로써 둘 사이에 소통이 이루어지도록 하며, 생산자 간 혹은 향유자 간에 교류의 기회를 제공해 주기도 한다는 점에서 사회적 가치와 연결된다.

이들을 세분하여 논의하자면 역사적·경제적 가치들과 연계되어 있다.

첫째, 역사적 가치는 예술의 역사성을 지칭한다. 예술이란 현재뿐 아니라 과거에 형성된 것을 학습을 통해서 전하고 공유하고 향유하며, 이렇게 축적된 결과로 구현되는 것이 바로 문화라는 점에서 문화를 역사적 산물로도 여기는 것이다. 둘째, 경제적 가치는 종종 사물의 가격 또는 그것의 교환가치를 지칭하며, 이는 교환의 계기에 초점을 두기 때문에 가치평가의 매우 특별한 유형이라고 할 수 있다.[8] 이러한 경제적 가치의 측면에서 예술은 경제적 부흥 및 일자리 창출을 가능하게 하며, 이는 동시에 국가 발전에의 직·간접적 경제적 기여를 함축하고 있다.

이처럼 문화적 가치와 관련한 문화적 소비의 관점에서 해석은 더욱 다층적으로 전개되고 있다.

스로스비는 문화적 가치의 구성 요소들이 문화 재화에 대한 개인의 경제적 가치에 영향을 줄 수 있으며, 문화 재화는 해당 재화를 직접적으로 경험하지 않은 이들에게도 경제적 가치를 창출할 수 있다고 지적한다.

예술의 영향

예술의 영향과 관련해서는 맥카시(McCarthy)의 논의가 비교적 유용할 수 있다.

맥카시는 문화예술의 세 가지 편익을 설명한다. 그것은 도구적 편

---

8) 양현미 외, 앞의 보고서.

익, 내재적 편익, 전이 편익 등으로 구분할 수 있다.

첫째, 도구적 편익이란 대상의 경험 영역이 아닌 영역에서 나타나는 편익을 의미한다. 보통 도구적 편익은 예술뿐 아니라 다른 수단을 통해서도 달성된다. 둘째, 내재적 편익은 예술 경험을 통해서만 발생하는 효과로 정의된다. 셋째, 전이 편익은 개인적－공공적 편익, 내재적－도구적 편익 각각의 중간 영역에서 새롭게 구성되어 있다. 즉 내재적이고 개인적인 편익이 전이를 통해 모든 영역의 편익에 영향을 주는 것으로 개념화했다.9)

예술의 사회적 영향에 대한 정의는 크게 두 가지로 나눌 수 있다. '유물이나 공연 자체를 넘어서서 사람들의 삶에 지속해서 영향을 주는 결과'와 '사람들과 그들이 관계 맺는 방식에 대한 영향'으로 정의된다.10) 이러한 예술의 사회적 효과는 건강, 교육, 사회통합, 범죄예방에 미치는 효과 등 몇 가지 세부 효과로 범주화된다.

---

9) McCarthy, K. F., Ondaatje, E. H., Zakaras, L. & Brooks, A., 『Gifts of the Muse: Reframing the Debate about the Benefits of the Arts』, RAND Corporation, 2004.
10) 양현미 외, 『문화의 사회적 가치- 행복연구의 정책적 함의를 중심으로』, 한국문화관광연구원, 2008.

| 표 3-3 | 예술의 사회적 효과

효과 구분	세부 내용
사회통합 효과	• 사회적 자본을 강화함으로써 사회통합 기여 • 문화예술은 타인과의 협동 및 소통 능력 향상, 타인에 대한 포용력 향상, 개인의 사회적 네트워크 형성 등에 기여한다는 점에서 사회적 자본 형성의 토대 마련 일조
건강 효과	• (환자의 스트레스 감소) 스트레스, 우울, 긴장 감소. 특히 음악은 임산부의 혈압 감소, 수술 환자의 통증 감소에 기여 • (정신건강) 예술 치료는 환자의 자기표현, 커뮤니케이션, 사회적 기술을 향상함으로써 정신과 치료에 기여 • (의료진 양성) 시각예술은 삼차원적인 인식 능력을 필요로 하는 신경외과를 비롯한 외과 일반 교육에 기여 • (일반시민의 건강향상) 문화예술 행사에 참여한 그룹은 그렇지 않은 그룹보다 혈압 안정, 호르몬 균형, 면역력 향상, 장수
교육 효과	• 자부심과 자신감 향상 • 커뮤니케이션과 사회적 기술 향상 • 창의성 향상 • 공간적 인식 능력 향상(모차르트 효과) • 성적 향상 • 학습동기 및 학교에 대한 소속감이 촉진되는 학교문화 형성
전이 편익	• (재범률 감소) 예술 프로그램 참여 재소자는 출소 후 전체 평균에 비해 재범률 낮아(참여자 재범률 31%, 평균 58%) • (청소년 범죄예방) 청소년 범죄예방 예술 프로그램 도입 지역은 그렇지 않은 지역보다 범죄율 약 5.2% 감소

출처: Joshua Guelkowl, 『How the arts impact communities: An introduction to the literature on arts impact studies』, Princeton University, 2002.

III. 문화예술 공공지원의 효과

문화예술 분야의 후원과 관련한 중요한 논의 중의 하나가 공공지원임은 이미 살펴본 바 있다. 비영리적 특성을 보이는 예술조직이 민간기부 등의 형태로 후원을 유도하려면 공공지원 수혜 여부가 중요하게 작용하기 마련이다. 이것은 공공지원이 비영리 예술조직의 민간 재원확보에 미치는 영향에 관한 논의로 이해할 수 있다.

이와 관련하여 구축효과(crowding−out effect)와 구인효과(crowding−in effect) 등 두 가지 이론을 제시할 수 있다.

구축효과 이론과 구인효과 이론

경제학에서 주로 논의되고 있는 구축효과는 정부 지출을 늘리면 이자율이 상승하여 민간투자가 감소하는 현상을 의미한다. 구축효과 이론은 정부가 재정정책을 통해 시장에 적극적으로 개입할 것을 요구하는 케인스학파에 반대하여 고전학파 경제학자들이 내세운 것으로, 시장에 대한 정부의 정책적 개입이 원래 의도하지 않은 결과를 가져와 결국 실패로 이어진다고 파악한다.

이러한 논의는 문화예술 공공지원에 적용하기에 크게 무리가 없다. 비영리 예술조직에 대한 공공의 재정지원 규모가 늘어날수록 민간의 자발적 기부는 감소하게 된다고 본다.

그러나 구인효과 이론은 정반대 논리를 제시한다. 정부 보조금 증가가 민간의 자발적 기부를 더욱 늘리는 효과로 나타난다는 견해다. 이에 대해선 두 가지 측면의 논의로 정리할 수 있다.

첫째, 일정한 정부 지원은 비영리 예술조직의 사업에 대한 매칭펀드로 작용한다. 특히 기업 등 민간 지원에 대한 정부의 추가적 지원은 기부자와 수혜자 모두에 더 큰 이익을 안겨주는데, 이를 '지렛대 효과'(leverage effect)로 부르기도 한다.

둘째, 인지도가 낮은 비영리 예술조직에 공공지원 형태의 정부 보조금은 해당 조직을 홍보하는 효과로 나타난다. 공공지원이 없었다면 존재감이 드러나지 않았을 비영리 예술조직은 '정부 보조금을 받는 조직'으로 민간의 주목을 받기에 충분하다. 이러한 현상은 일종의 '신호효과'(signal effect)로 불린다.

셋째, 공공지원금은 비영리 예술조직의 성실성에 대한 보증으로 이해할 수 있다. 그것은 일반적으로 보조금은 지원받는 조직에 대해 일정 수준의 책임성을 요구하는 성격을 띠고 있기 때문이다.11)

이처럼 비영리 예술조직을 중심으로 문화예술 분야의 공공지원이 민간 재원 확보로 이어지는 부수 효과와 관련하여 두 가지 이론이 제시되어 있으나, 상반된 이론만큼 논쟁이 치열하다. 비영리 예술조직에 대한 공공지원이 민간의 기부 등 후원을 감소시키는 구축효과로 나타나는지, 아니면 반대로 민간의 기부를 증가시키는 구인 효과가 더 크게 나타나는지에 대한 논쟁이 계속되고 있다.

매칭지원

문화예술 공공지원이 민간 지원을 늘리는 데 기여하는 것과 관련

---

11) 박경래·이민창, '비영리조직에 대한 정부 보조금 효과의 실증적 분석', 지방행정연구 제5권 제3호, 한국지방행정연구원, 2001.

한 효과성 논쟁은, 뒤집어 해석하자면 예술 분야가 공공지원에만 의존할 수 없다는 점을 강조한다. 즉 공공지원과 민간 지원의 균형을 요구한다고 볼 수 있다.

공공지원과 민간 지원의 혼합으로서 지원의 형태를 일컫는 개념으로는 매칭지원(matching grants)을 들 수 있다.

매칭지원은 정부의 재원 분배에 있어서 보편적인 방식으로, 선진국 중에서도 민간 지원이 크게 활성화된 미국은 세 가지 형태를 유지하고 있다. 미국은 우리나라로 치면 한국문화예술위원회 같은 문화예술지원 국가기관인 연방예술진흥기금(National Endowment of Arts: NEA)을 비롯하여 주 정부 등에서 매칭지원에 나서고 있다.

연방예술진흥기금의 매칭지원 세 가지 형태 중 첫째는 공동 지원(co-financing)으로, 이것은 모든 사업 프로젝트에 대해 총사업비의 50%만 지원한다는 규정이다.

두 번째 형태는 도전 지원(challenge grants)으로, 예술기관이나 예술조직 등 수혜 기관이 민간으로부터 지원을 받으면 지원금 3달러 또는 4달러당 1달러를 연방예술진흥기금이 매칭해 지원하는 방식이다. 도전 지원은 연방예술진흥기금의 가장 성공적인 지원 방식의 하나로 받아들여진다. 이와 같은 도전 지원 방식의 매칭으로 대형 예술기관의 재정 수입이 확대되고 재원이 다양화하는 순기능으로 나타났다.

세 번째는 역매칭지원(reverse matching grants)이다. 이것은 기업의 지원을 늘리기 위해 만들어진 것으로 기업이 재원 배분의 주도권을 갖는 방식이다. 역매칭지원은 민간 지원이 예술지원을 이끄는 측면이 강하게 배어 있으며, 주로 연방예술진흥기금보다 주 정부 차원에서 사용한다.

이와 같은 여러 형태의 매칭지원은 민간 재원을 끌어들이기 위한 목적이 가장 크다고 볼 수 있다. 또한 공공과 민간이 상호 보증을 통해 지원에 대한 신뢰성을 높이고 재원을 다양화함으로써 공공재원의 효과를 극대화할 수 있는 장점도 있다. 정부와 지방자치단체의 공공지원을 받은 예술조직이나 예술가는 해당 조직과 예술가의 우수성이 입증됐다고 볼 수 있으며, 이는 민간 지원을 불러오는 동력으로 작용하게 되는 것이다.

우리나라도 한국문화예술위원회의 대표적인 예술 후원 캠페인인 '예술나무 운동'[12])의 매칭지원 제도를 통한 예술 후원 사례를 살펴볼 수 있다.

먼저 '크라우드펀딩 매칭지원사업'을 들 수 있다. 이 사업은 텀블럭과 카카오같이가치 등 크라우드펀딩 플랫폼을 이용하여 예술 활동에 필요한 자금을 모금하는 창작자에게 펀딩에 성공할 수 있도록 목표 금액 일부를 지원한다. 텀블럭 연계 크라우드 펀딩의 경우 지난 2022년 한 해 동안 112건의 펀딩에 성공해 총 8억 1,299만 원을 모금했으며, 이 가운데 1억 3,275만 원을 지원한 바 있다. 카카오같이가치 연계 크라우드펀딩 역시 지난 2022년 14건의 펀딩 프로젝트 성공으로 1,762만 원을 예술가들에게 지원할 수 있었다.

---

12) 예술나무는 예술을 우리가 함께 키워야 할 나무로 형상화하여 문화예술의 가치를 확산하고 문화예술 후원 활성화를 목적으로 운영하는 한국문화예술위원회의 대표 문화예술 후원 브랜드이다. 예술나무는 캠페인을 통해 후원의 필요성을 알리고, 기부금 사업 등을 통해 투명하게 후원금을 관리하고 있다. 한국문화예술위원회, 『2023 예술나무 연말자료집』, 2023.

| 표 3-4 | 텀블벅 연계 크라우드펀딩 현황(2018~2022년)

연도	2018년	2019년	2020년	2021년	2022년
성공 프로젝트(건)	35	50	106	80	112
지원 총액(천원)	70,500	72,140	276,917	109,630	132,750
총모금액(천원)	자료 없음	429,062	1,393,852	808,229	812,999
총후원 인원(명)	4,900	6,101	16,529	13,742	13,402

출처: 문화체육관광부 홈페이지, '2022년도 예술나무 운동'.

| 표 3-5 | 카카오같이가치 연계 크라우드펀딩 현황(2020~2022년)

연도	2020년	2021년	2022년
성공 프로젝트(건)	24	11	14
지원 총액(천원)	31,675	13,088	17,621
총후원 인원(명)	76,555	39,011	35,207

출처: 문화체육관광부 홈페이지, '2022년 예술나무 운동'.

또한 '기업과 예술의 만남' 사업도 주요한 매칭지원 제도로 분류할 수 있다. 이 사업은 예술단체의 안정적인 예술 활동 기반을 마련하는 데 근본적인 목적이 있다. 기업과 예술단체가 1대 1 결연을 하고 예술지원 매칭펀드를 신청하면 기업이 후원한 금액에 비례하여 문화예술진흥기금을 통해 추가 지원금을 지원하고 있다. 예술단체에 대해 민간 후원이 성사되면 여기에 맞춰 국고지원을 하는 방식이다.[13]

2006년 이후 민간 기업과 예술단체 상호 간 306건의 결연이 이루어졌으며, 매년 기업의 후원금과 매칭하여 국고를 지원하고 있다.

---

13) 한국문화예술위원회, 앞의 책.

| 표 3-6 | 기업과 예술의 만남 매칭지원 규모(2018~2022년)

연도	2018년	2019년	2020년	2021년	2022년
기금(억 원)	19	19	39	39	35.1
기업(억 원)	63	62	57	67	67

출처: 한국문화예술위원회 내부 자료.

제4장   문화예술 재원과 후원

I. 문화예술 재원의 의미

재원(財源)의 사전적 의미는 '재화나 자금이 나올 원천'으로 정의
할 수 있다. 우리 사회의 모든 영역이 그렇듯 문화예술 분야도 재원이
갖는 무게감은 클 수밖에 없다. 특히 수요와 공급이 일치하지 않는, 시
장원리가 적용되기 어려운 문화예술 분야의 특성은 재원 확보의 중요성
을 더욱 부각시키기 마련이다. 또한 문화예술의 가치재·공공재적 성격
이 더해지면서 대부분의 문화예술기관과 예술단체들에 재원 확보는 최
대 과제가 되고 있다.

예술조직 입장에서 후원이란 재원을 확보하기 위한 주요한 수단의
하나로 수용될 수 있다. 국공립 문화예술기관을 비롯한 비영리 예술조
직에서 기부금 모집이나 협찬 등 후원 활동을 통해 재원 확보에 나서는

모습은 일반적이다.

예술조직의 재원 구조

문화예술기관과 예술단체의 재원은 크게 내부 수입과 외부 지원금으로 나눌 수 있다.

첫째, 내부 수입은 사업 운영 수입으로 공연이나 전시 티켓 판매, 주차료 수입, 각종 교육 프로그램 수강료 등이 포함된다. 자체 건물을 소유하고 있으면 레스토랑이나 카페 임대료와 운영 수익금, 음반 및 기념품을 판매하는 숍 등에서 나오는 수입도 내부 수입을 형성한다.

둘째, 외부 지원금은 공공지원금과 민간 지원금으로 분류할 수 있다. 공공지원금, 즉 공공재원은 직접 지원금과 간접 지원금으로 구분할 수 있다. 문화체육관광부와 한국문화예술위원회 등 국가와 국가기관을 비롯하여 서울시 등 지방자치단체로부터 예술지원금을 받는 직접적인 공공지원이 있으며 세제 혜택을 통한 간접 지원도 있다. 지역문화재단의 지원 역시 공공재원의 영역으로 파악할 수 있다.

일반적으로 국공립 문화예술기관은 국가와 지방자치단체의 공공지원금에 크게 의존하는 구조를 보인다. 이와 관련하여 국립 문화예술기관인 예술의 전당에 상주하는 예술단체인 국립심포니오케스트라의 운영 상황을 살펴볼 필요가 있다.

국립심포니오케스트라는 전체 수입 중 국고보조금에 대한 의존도가 매우 높다. 2022년 기준 국립심포니오케스트라의 전체 예산은 총 86억 5,390만 원으로, 이 중 77.5%에 해당하는 67억 원이 국고보조금 수입이다. 이에 반해 자체 수입은 공연을 통한 수입 18억 2,300만 원에 불

과하고, 협찬 및 후원을 통한 기타 수입은 1억 3,000만 원에 머무르는
것으로 나타났다.

외부 지원금 중 민간 재원은 기업과 민간 문화재단, 개인의 후원과
기부를 통한 지원을 들 수 있다. 민간 재원은 관객이나 프로그램 참가
자가 아니라 조직의 설립 목적이나 사업 취지에 공감하는 외부 기관 및
단체 또는 개인들로부터 얻게 된다.

예술조직의 수입은 사업 운영을 통한 내부 수입이 기본이 되지만
현실적으로 뮤지컬 등 상업적 성격이 강한 일부 장르를 제외하면 사업
운영 수입만으로 조직을 운영하는 것은 불가능에 가깝다. 따라서 예술
조직은 불가피하게 외부 민간 재원에 운영의 상당 부분을 의지할 수밖
에 없는 현실적 이유가 존재한다.

| 표 4-1 | 국립심포니오케스트라 재원 현황(단위: 1,000원)

구분		2022년
수입	·국고보조금	6,700,000
	·자체 수입(공연 수입)	1,823,900
	·기타 수입(협찬, 후원)	130,000
예산 규모		8,653,900

출처: 국립심포니오케스트라 내부 자료를 참조하여 재구성.

II. 문화예술진흥기금 논의

문화예술 재원과 후원은 동전의 양면과 같은 관계를 지닌다고 볼
수 있다. 문화예술 기관이나 예술단체, 예술인의 활동이 가능해지려면

일정한 재원이 반드시 확보되어야 하고, 이때 후원은 하나의 재원으로서 기능하는 것이다.

이러한 문화예술 분야 재원을 논의하는 데 있어 빠뜨려서는 안 될 키워드는 문화예술진흥기금(문예기금)이다.

한국문화예술위원회가 운영하는 문예기금은 일차적으로 문화예술 분야, 특히 순수예술의 공공지원을 대표하는 핵심적인 재원이라는 의미를 지닌다. 문화예술단체와 예술인의 창작 활동을 지원하는 기본적 재원인 문예기금은 동시에 정부의 문화예술 후원의 성격을 띠고 있다. 문예기금은 이처럼 문화예술 분야에 대한 다양한 지원의 맏형 같은 역할을 하고 있지만 재원 부족 현상이 심화하고 있고, 이는 정부 후원 기능의 약화로 이어질 우려가 커지고 있음을 주목해야 한다.

예술재원으로서의 문예기금

문예기금의 정체성은 순수예술 진흥을 위한 공공재원으로 이해할 수 있다.

주요한 예술 재원으로서 문예기금의 근거는 문화예술진흥법에서 찾을 수 있다. 우리나라는 1972년 문화예술진흥법이 제정되면서 예술 분야 지원의 계기가 마련되었고, 이듬해 문예기금을 설치하여 시장 진입이 어려운 문화예술인들의 창작 활동 지원과 함께 국민의 문화예술 향유 기회 제공을 위한 기초적 재원 역할을 담당하였다.

문예기금은 시행 초기 극장과 공연장, 전시장과 고적, 사적지 등 입장료에 2.0~8.5%를 부가(subcharge)하는 방식으로 기금을 조성했다.

문화예술 분야의 기본적 재원으로 자리 잡은 문예기금은 1980년대에 그 규모를 크게 확장했다. 그것은 기존에 공익자금이라 불린 '방송발전기금'이 문예기금 안으로 대규모로 편입되었으며, 이와 함께 국고 일반회계와 기업의 기부금이 더해지면서 문예기금 재원이 폭발적으로 늘어났다. 이렇게 조성된 재원은 '문화의 국가 발전 동력화'라는 정책 기조 아래 민족문화의 주체성 강화와 문화시설 확충 분야 등에 집중적으로 투자됐다.

문예기금은 2003년 말까지 4,185억 원을 공연장과 영화관 등을 통해 모금하였으나, 뜻하지 않은 암초를 만나게 된다. 2003년 헌법재판소 위헌 판결로 모금 제도가 폐지되면서 문화예술 핵심 재원이자 후원 기능에 최대 위기를 맞게 되었다.

2003년 말 모금 제도 폐지 이후 매년 기금 고갈과 관련하여 문화예술계와 정부 기관, 국회 등의 우려가 되풀이되었지만, 기금 적립금을 인출하여 사업비의 부족분을 충당하는 구조가 이어지면서 문예기금 규모는 계속 축소되었다.

2005년 이후 수입보다 지출이 많은 문예기금의 구조적 문제 속에서 적립금 인출은 지속됐으며, 이러한 흐름으로 인해 적립금은 계속 줄어 2004년 5,273억 원 수준이던 기금 적립금은 2017년에는 545억 원으로 2004년에 비해 거의 10분의 1 수준으로 격감했다.

한국문화예술위원회 주변에선 2018년엔 문예기금 예산 편성이 불가능한 상황까지 예상할 만큼 절박한 순간이 현실화하자 정부가 나서 일반회계와 체육 기금, 복권 기금, 관광 기금 등을 핵심으로 하는 공적 자금을 확보하여 겨우 급한 불은 끌 수 있었다.[14] 그러나 이러한 조치

---

14) 정부는 2018년 문예기금 재원으로 일반회계와 체육 기금, 관광 기금에서 각 500억 원씩 총 1,500억 원을, 복권 기금에서 821억 원을 합쳐 모두 2,312억 원을 확보하여 한국문화예술위원회에 문예기금으로 긴급 수혈하였다. 김진각, 『문화예술지원론:

는 임시봉합일 뿐 안정적 재원 유입 대책이 마련되지 않는다면 문예기
금의 고갈 이슈는 언제든지 다시 불거질 수 있다.

| 표 4-2 | 문화예술진흥기금 기말 적립금 현황(단위: 억 원)

연도	2004	2017	2019	2020	2021	2022	2023
적립금	5,273	545	1,604	1,673	1,153	753	654

출처: 한국문화예술위원회 내부 자료를 참조하여 재구성.

문예기금 재원

　　문예기금의 재원은 자체 수입과 정부 내부 수입, 여유자금 회수 등
크게 세 가지로 분류할 수 있다.

　　이를 세부적으로 구분하면 자체 수입은 기부금 등 민간 출연금과
융자 원금 회수, 보조사업 집행잔액 반납금 등이 중심을 이루고 있다.
정부 내부 수입이란 일반회계 전입금과 복권 기금을 비롯하여 체육 기
금, 관광기금 등 외부 기금 전입금을 포함하는 개념이다.

　　문예기금 수입은 2024년 기준 총 5,798억 원에 달하며, 이 가운데
정부 내부 수입이 3,788억 원 규모로 전체 수입의 65%에 달한다. 정부
내부 수입 중 일반회계 전입금 300억 원, 복권 기금 전입금 2,488억 원,
체육 기금 전입금 1,000억 원 등으로, 이와 같은 수치는 문예기금 재원
은 국고보조금에 절대적으로 의존하고 있음을 의미한다.

　　문예기금 조성 내용을 담고 있는 문화예술진흥법 제17조 제1항은
'정부의 출연금, 개인 또는 법인으로부터의 기부금품, 문화예술진흥기금

체계와 쟁점』, 박영사, 2021.

의 운용으로 생기는 수익금, 건축주의 출연금, 그 밖에 대통령령으로 정하는 수입금'을 문예기금 재원으로 조성하도록 규정하고 있다. 이러한 조항은 문예기금 재원 구성의 다양화를 주문하고 있는 것으로 파악할 수 있으나, 실제로는 정부 출연금과 복권 기금 등 다른 기금이 문예기금의 주요한 재원으로 기능하고 있음을 확인할 수 있다.

| 표 4-3 | 문화예술진흥기금 수입 세부 내역(단위: 100만 원)

구분		2024년
수입	·자체 수입	114,737
	-건물대여료	1,210
	-기타 민간 이자 수입	980
	-적립금 이자 수입	4,635
	-민간 출연금	29,311
	-기금 집행잔액 반납금	50,296
	-입장료 및 기타 잡수입	7,945
	-융자 원금 회수	15,220
	·정부내부수입	378,786
	-일반회계 전입금	30,000
	-기금 전입금	348,786
	여유자금 회수	86,298
합계		579,821

출처: 한국문화예술위원회 내부 자료를 참조하여 재구성.

문예기금 재원의 순기능

문화예술 분야 지원의 핵심적인 기능을 하면서 동시에 예술 후원의 성격을 내포한 문예기금은 주요 예술지원 재원으로서 순기능적인 역할을 해왔다고 볼 수 있다.

문예기금은 지난 50년 동안 총 4조 3,232억 원을 문화예술 분야에 투입한 것으로 집계되고 있다. 특히 지난 10년 동안 2조 5,603억 원의 재원이 지원됐는데, 이는 전체 문예기금 투입 규모의 절반이 넘는다. 이러한 결과는 2010년 이후부터 문예기금 재원을 통한 문화예술 분야 지원이 두드러졌음을 보여준다.

분야별로는 문화복지에 가장 많은 1조 9,148억 원이 지원된 것을 비롯하여 예술진흥 9,169억 원, 지역문화 7,722억 원 등이 투입됐다.

이처럼 문화예술 분야에 대한 문예기금 재원의 집중 지원은 가시적인 성과를 내기도 하였다.

가장 많은 문예기금이 투입된 문화복지 분야의 경우 통합문화이용권(문화누리카드) 사업을 비롯하여 문화소외계층에 대한 다양한 지원이 이뤄져 문화예술 향유 저변이 확대되고 문화양극화 해소 노력으로 이어진 것은 고무적이다. 지역문화 인프라 확충에 소요된 문예기금으로 지역의 문화예술 복합공간으로 활용되고 있는 전국 곳곳의 문화예술회관 건립이 가시화되었다는 것도 순기능으로 볼 수 있다.

또한 문예기금 지원으로 등단했던 신진 문인들과 예술가들이 지금은 한국을 대표하는 중진 및 원로 예술인으로 자리 잡고 있으며, 기금 지원을 받았던 전국연극제와 전국무용제는 지역 문화예술인들의 창작

역량을 고취하는 대표적 예술축제로 정착되었다는 평가를 받는다.

국제교류 분야 등에서도 베니스비엔날레 한국관이 2014년 이탈리아에서 열렸던 제14회 베니스비엔날레 국제 건축전에서 최고 영예인 황금사자상을 수상하는 등 일정 성과를 거두었다. 이러한 결과는 베니스비엔날레 한국관 전시에 다년간 문예기금이 안정적으로 지원된 데 기인한다고 볼 수 있다.

| 표 4-4 | 문화예술진흥기금 지원 현황(1973~2023년)

지원 분야	지원 금액(단위: 100만 원)	비중(%)
예술진흥	916,897	21.2
국제교류	156,093	3.6
문화복지	1,914,837	44.3
지역문화	772,257	17.9
가치확산	284,323	6.6
기타	278,787	6.4
합계	4,323,200	100

출처: 한국문화예술위원회 내부 자료를 참조하여 재구성.

문예기금 재원의 악화

문화예술진흥기금은 2003년 말 헌법재판소가 영화관·공연장·고궁 등의 입장료 수익 일정 비율을 기금으로 조성하도록 한 것은 위헌이라는 결정을 내리기 전까진 재원에 대한 우려 없이 문화예술진흥의 든든한 종잣돈 역할을 해왔음은 부인하기 어렵다. 그러나 헌법재판소가 모금 제도 위헌 결정을 내린 이후 모금 자체가 폐지되면서 위기가 몰아닥쳤다.

이의 여파로 문예기금을 운용하는 한국문화예술위원회는 대체 재원이 제대로 확보되지 않은 상황에서 재원의 고갈 가능성이라는 대형 위기에 처하면서 적립금을 인출할 수밖에 없는 처지로 내몰리게 되었다.

문예기금 재원이 악화하게 된 이유는 몇 가지 측면에서 논의할 수 있다.

첫째, 문예기금 조성 방식에 대한 헌법재판소의 위헌 판단이 기금의 재원 안정성에 크게 영향을 미쳤다. 문예기금은 문화예술진흥법에 근거하여 공연장과 영화관, 전시장, 사적지 등의 입장료에서 평균 6%를 기금 재원으로 확보해 왔다. 이러한 방식으로 조성된 기금은 연간 400억 원에 달했다. 그러나 헌법재판소는 이와 같은 문예기금 모금 방식이 헌법에 위배된다고 판단하면서 기금 모금에 급제동이 걸렸다.

둘째, 입장권 수익을 통한 기금 모금이 중단되면서 최대 수입원이 사라지게 됐다면 대체 재원 발굴을 통해 재원 확충에 적극 나서야 했으나 결과는 신통치 않았다. 2004년부터 복권 기금이 대체 재원 명목으로 문예기금에 신규 전입됐지만 복권 사업의 특성상 소외계층 대상의 정책에만 사용해야 한다는 단서 조항에 따라 복권 기금 전입금 사용은 문화예술 향유 부문에 집중되었다. 결과적으로 복권 기금의 문예기금 전용이 불가능해졌으며, 이에 따라 순수예술 분야의 지속적인 지원을 위해선 기금 적립금을 사용해야 하는 단계에 이르게 됐다.[15]

또한 경륜·경정 수익금 일부도 체육 기금 이름으로 전입되고 있지만 창작지원을 위한 문화예술 수요에 비해 부족한 실정이다.

셋째, 기금 운용의 방향이 적립 위주로 진행되면서 신규재원 확보

---

15) 정광렬, 『예술 분야 사후 지원 방식 평가·관리 방안 연구』, 한국문화관광연구원, 2008.

제약을 초래한 측면이 있다. 2005년 한국문화예술위원회 출범 이후 민
간 부문의 문화예술진흥 사업은 기금으로 지원한다는 방침이 정해졌고,
이에 따라 예전에 정부 일반회계를 통해 수행되었던 예술창작 기반 조
성지원 및 전통예술 활성화 지원 등의 사업이 기금 사업으로 변경되었
다. 하지만 이 경우 재원은 일반회계 방식을 유지했어야 했으나, 결과는
정반대였다. 기금의 적립금이 많다는 이유로 사업만 이관되고 재원은
기금으로 충당하도록 함으로써 궁극적으론 기금 운용의 재정적 제약을
초래했다고 볼 수 있다.[16]

　　문예기금은 국내 유일의 순수예술 진흥을 위한 재원이자 최대 후
원자로 기능하는 긍정적 역할이 부여되어 있다. 문예기금은 문화체육관
광부 소관 6개 기금[17] 중 하나로, 이 가운데 국민체육진흥 기금과 관광
진흥개발기금이 규모가 가장 크다.

　　문예기금 재원을 활용한 예술창작 지원사업 등 각종 사업비는 국
민체육진흥기금과 관광진흥개발기금 규모에 비해 매우 낮은 수준이며,
특히 앞에서 논의한 바와 같이 재원 조달 체계가 불안정하여 재원 규모
확대 및 안정적 재원 조달 방안 마련이 시급한 과제로 부각되어 있다.

---

16) 권해수 · 한인섭 · 박석희, '정부기금의 수익사업 타당성 분석과 재원 대책-문화예술진
　　흥기금을 중심으로', 한국행정학회 학술발표 논문집, 한국행정학회, 2010.
17) 문화체육관광부 소관 6개 기금은 문화예술진흥기금을 비롯하여 관광진흥개발기금,
　　국민체육진흥기금, 영화발전기금, 언론진흥기금, 지역신문발전기금 등이 있다. 2023
　　년 기준 이들 6개 기금의 전체 수입 대비 자체 수입 비율은 문예기금 11.41%, 관광
　　진흥개발기금 36.03%, 국민체육진흥기금 63%, 영화발전기금 26.36%, 언론진흥기
　　금 62%, 지역신문발전기금 1.63% 등이다. 자체 수입 비율이 낮다는 것은 외부 재원
　　의존율이 높다는 것을 의미한다.

III. 팬덤과 후원

문화예술 후원 관련 논의에서 빼놓을 수 없는 키워드는 팬덤이다. 팬덤의 사전적 의미는 '특정한 인물이나 분야를 열성적으로 좋아하는 사람들 또는 그러한 문화현상'으로 정리된다. '광신자'를 뜻하는 '퍼내틱'(fanatic)의 팬(fan)과 '영지(領地)·나라' 등을 뜻하는 접미사 '덤(-dom)'의 합성어이다. 팬덤은 산업사회 시대 문화예술의 보편적 특징으로 이해할 수 있다. 특히 예술성이 강한 순수예술보다는 자본과 기술적인 요소가 강력하게 작동하는 대중예술에서 두드러진다. 팬덤은 대량 생산되고 대량 유통된 엔터테인먼트의 레퍼토리로부터 특정한 연기자 및 공연자나 서사 혹은 장르를 선택하여 자신들의 문화로 받아들이는 사람들의 행위로 이해되는 측면도 있다.

문화예술 분야 팬덤은 후원의 관점에서 논의할 수 있는데, 그것의 배경은 존 피스크(John Fiske)가 제시한 팬덤의 세 가지 주요 특성에서 찾을 수 있다.

피스크는 우선 적극적인 대중예술 수용자들을 '평범한' 수용자층과 확연하게 구분하기 위해 팬덤이라는 용어를 사용하였다. 자발적으로 특정한 대상(예술인)을 선택하고 이에 열광하는 이들이 모여 특정한 '수용문화'를 만들어 내는 현상이라고 정의한다.

팬덤의 특성

팬덤의 주요한 특성은 세 가지로 정리할 수 있다. 첫째, 차별

(Discrimination)과 구별(Distinction), 즉 팬덤은 팬덤내 집단과 팬덤외 집단 사이의 경계선을 명확히 구분하는 경향이 있다. 둘째, 참여 (Participation)와 생산(Productivity)의 특성으로, 이는 팬들이 대중예술을 수동적으로 수용하는 것만이 아니라 적극적인 태도로 새로운 문화를 생산해 나간다는 의미이다. 셋째, 자본축적(Capital Accumulation)으로, 이것은 스타와 관련된 상품을 수집하고 소유하여 집단 내 자본을 축적함으로써 참여를 이끌어낸다는 것이다.

다시 말해 팬덤은 특정한 스타를 위해 능동적으로 모인 집단이 외부집단과 명확한 경계선을 긋고, 그 안에서 자발적으로 문화예술을 재생산하며, 인기 예술인인 스타와 관련된 상품을 수집하여 공유하는 것으로 참여를 이끌어내는 특성이 있다고 할 수 있다.

피스크에 이어 능동적 수용자론을 연구한 젠킨스(Jenkins)는 팬덤을 '가장 능동적인 수용자'로 간주하면서 팬덤 공동체의 특징과 중요성을 다섯 가지로 정의했다.

첫째 특정한 수용 방식, 둘째 비판적인 해석의 실천, 셋째 소비자 행동주의의 토대, 넷째 문화적 생산의 형식적 특성 보유, 다섯째 대안적 사회 공동체 등이다.

최근 디지털 미디어의 급격한 발전은 팬덤 확장은 물론 팬들이 자체적으로 생산과 공유의 문화를 활성화하게 하였다. 이러한 흐름은 이차적 의미의 팬덤으로, 자신이 좋아하는 팬덤의 콘텐츠 IP(Identity Property)를 활용해 재창작 활동을 하는 프로슈머이자 크리에이터로서의 팬덤으로 나아가게 한 측면이 있다. 디지털에서 팬덤 소비자들이 집단적 커뮤니티를 형성하고, 여기서 팬들이 아티스트들의 사진, 직캠을 공유하고, 직접 영상 콘텐츠를 만들거나 아티스트를 소재로 한 소설을 써서 배포하기도 하면서 팬덤 콘텐츠의 생산 영역이 새롭게 확장된 것이다. 온라인 팬덤 커뮤니티에서 만난 팬들은 오프라인에서 아티스트의 생일 및 기념일에 카페를 대관해 모임을 하거나, 자신이 만든 실물 굿즈를 다른 팬들에게 판매하거나, 팬덤 기부금을 모아 지하철역에 유명인들의 생일 및 기념일을 축하하는 광고를 게시한다. 이렇게 팬덤 내부에서 발생하는 경제도 그 중요성이 커지고 있다.[18]

팬덤과 후원의 연계성: BTS 팬덤 '아미'의 사례

팬덤을 둘러싼 이러한 논의는 후원과 자연스레 연결성을 띨 수밖에 없다. 팬덤과 후원의 이론적 연계성은 피스크가 언급한 참여와 생산의 특성, 자본축적, 그리고 젠킨스의 소비자 행동주의의 토대와 대안적 사회 공동체에서 찾을 수 있다.

결과적으로 팬덤은 능동적 수용자로써 콘서트 티켓 및 앨범, 굿즈 등 자신들이 선호하는 인기 아티스트와 배우 같은 스타 관련 상품을 구매하는 식으로 집단 내 자본을 축적해 나가는 적극적 행위에 익숙한 집단이며, 이것은 문화예술 후원의 관점에서 파악할 수 있다.

예컨대 순수예술인으로는 드물게 팬덤이 형성되어 있는 유명 피아니스트 조성진과 임윤찬의 공연 티켓이 티켓 오픈 수 분 만에 매진되거나 연주 앨범이 불티나게 팔려나가는 현상은 스타를 향한 팬들의 후원으로 이해하는 데 크게 무리가 없다.

아이돌 가수를 중심으로 거대한 팬덤이 구축된 대중예술 분야는 순수예술 팬덤의 후원을 무색하게 한다. 앨범 대량 구매, 콘서트 티켓

---

18) 안정기, '팬덤과 크리에이터가 만들어 가는 새로운 팬덤의 지형도', 웹진 예술경영 493호, 예술경영지원센터, 2023.

전쟁 등의 사례에서 확인할 수 있듯이 피스크가 정의한 차별과 구별, 참여와 생산, 자본축적 등 후원과의 상관성을 엿볼 수 있는 팬덤의 주요 특성들이 대중예술 현장에서 극명하게 나타나고 있다.

팬덤은 과거에 비해 시간이 지날수록 자본주의 친화적 경향을 띠게 되었으며, 동시에 특정 예술인에 대한 소비 또는 후원을 서로 독려하는 형식으로 변화하였다. 소비의 방식으로 이루어지는 팬덤의 후원 형태는 소극적 후원자를 의미하는 '라이트 팬'과 적극적 후원자를 지칭하는 '코어 팬'으로 구분할 수 있다.

특히 K팝 팬덤은 2010년대 후반부터 스타의 기부를 따라하는 경향이 뚜렷하게 목격된다. 이와 관련하여 K팝을 대표하는 보이그룹 BTS(방탄소년단) 팬덤인 아미(ARMY: Adorable Representative M.C. for Youth)의 사례를 구체적으로 살펴볼 필요가 있다.

아미의 활동을 보면 특정 아티스트를 열광적으로 응원하는 단순 팬덤을 넘어서는 움직임을 발견할 수 있다.

아미는 지난 2020년 흑인 인권 운동 '블랙 라이브스 매터'(흑인의 생명도 중요하다)를 위한 해시태그 운동과 함께 기부 활동을 적극적으로 펼쳤다. 아미의 이러한 기부행위는 음악을 통해 국제 사회 이슈에 적극적인 목소리를 내고 있는 BTS에 대한 간접적 후원으로 볼 여지가 있다.

아미는 이에 앞서 지난 2017년 아동·청소년 폭력 근절을 위한 모금 캠페인 '러브 유어셀프'를 펼쳐 1년 동안 18억 원을 모아 유니세프(유엔아동기금)에 기부했다. 이 캠페인 전용으로 판매된 BTS 굿즈를 팬들이 사거나 캠페인 온라인 페이지에 직접 기부하는 방식으로 모인 7억 원과 BTS의 앨범 판매 수익 일부인 11억 원을 더한 기부금이었다.

아미의 이와 같은 행보는 일종의 '팬덤 필랜스로피'의 개념으로 설명할 수 있다. 좁게 보자면 스타의 선행에 영향을 받은 팬덤의 단순 기부행위이지만, 범위를 넓히자면 스타와 팬덤이 함께 하는 선한 영향력으로서의 새로운 기부 트렌드로 규정할 수 있다.

아미에서 나타나는 이러한 팬덤 활동이 경제적 후원의 영역이라고 한다면, BTS의 한국어 음악 콘텐츠를 즉각적으로 영어 버전으로 옮기는 '영어 번역'은 비경제적 후원으로 파악하는 데 크게 무리가 없다. 번역을 맡고 있는 아미 회원은 BTS가 생성한 콘텐츠라면 아무리 작은 것이라도 몇 시간 안에 영어로 번역하고, 그 번역은 다시 다른 수십 개의 언어로 각각 번역되어 전 세계 팬들과 거침없이 공유된다.[19]

이러한 현상은 앨범이나 굿즈 구입, 콘서트 티켓 구입, 스타 따라하기식 기부 등의 경제적 측면의 일반적 후원과는 차별화한 팬덤의 '지적 후원'으로 규정할 수 있다. 특히 아미의 이 같은 '지적 후원'은 타의가 아닌 자발적 후원이라는 점을 주시할 필요가 있다. 즉 BTS 소속사 등의 지시나 요청과는 관계 없이 팬덤 스스로 만들어 낸, 자발적이고 가치적인 후원으로 이해할 수 있는 것이다.

팬덤 필랜스로피

다시 논의를 '팬덤 필랜스로피'로 옮겨갈 필요성이 있겠다. 앞서 언급한 '팬덤 필랜스로피'는 다른 팬덤에서도 발견된다. 한 방송사의 대중

---

19) 이지영은 이와 관련하여 "팬들의 헌신적인 지지와 애정이 없이는 불가능한 일이다. 그 결과 BTS는 아시아와 남미 대륙뿐만 아니라 미국과 유럽 시장에서도 인정받게 되었다. BTS의 빌보드 수상과 AMA 무대 공연은 바로 그러한 활동의 대표적인 결과물이다"고 주장한다. 이지영, 『BTS 예술혁명-방탄소년단과 들뢰즈가 만나다』, 파레시아, 2018.

음악 경연 프로그램 우승팀 리베란테의 기부가 촉발한 팬클럽의 릴레이 기부도 비슷한 맥락에서 이해할 수 있다. 리베란테는 2023년 12월 자립준비청년의 음악 활동을 위해 3,000만 원을 한국문화예술위원회 후원 브랜드 '예술나무'에 기부했고, 이에 고무된 리베란테 팬클럽과 기부를 주도한 리베란테 멤버 김지훈 팬카페 회원들도 기부 릴레이에 동참했다.

여기서 짚어야 할 부분은 순수예술과 대중예술 팬덤의 직·간접적인 후원 활동의 성과물이 반드시 문화예술 분야에 국한된 것은 아니라는 점이다. 팬덤은 기부행위 등의 방식으로 특정 아티스트를 후원하고 있으나, 이러한 후원이 문화예술 분야 발전을 위한 투자로 온전히 이어지기보다는 주요 사회적 이슈 해결을 위해 적지 않게 사용되고 있음을 주시할 필요가 있다. 예컨대 대중가수 강다니엘과 그의 팬덤 '다니티'가 지난 2019년 12월 청각장애인을 위한 사회복지단체 '사랑의 달팽이'에 1억여 원을 후원한 사례 등이 여기에 해당한다.

지금까지의 논의를 정리하자면, 팬덤은 개인의 취향을 넘어 대안적 공동체의 발판이 될 수 있는 집단적인 실천의 방식으로 유명 예술인을 직·간접적으로 후원하는 흐름이 이어지고 있다.

| 표 4-5 | 팬덤과 후원

구분	수동적 수용	능동적 수용	선별적 수용
팬덤과 스타와의 관계	추종자	소비자	동반자
후원 여부	미비	적극적 후원	적극적 후원

이와 함께 최근 몇 년 사이에 팬덤과 후원 관련 논의에서 두드러지고 있는 현상 중 하나는 순수예술과 대중예술을 뛰어넘어 유튜브 같은

디지털 공간에서 활동하는 특정 크리에이터를 강력하게 지지하는 적극적 옹호자들의 팬덤화라고 할 수 있다. 이들은 팬으로서 자신이 좋아하는 크리에이터를 후원하고, 동시에 매력적인 오디언스 경험을 확장하기 위해 유료 구매에 나서는 고객 집단으로 분류된다. 이처럼 디지털 공간에서의 팬덤은 후원자이자 투자자, 컬렉터로 자신이 지지하는 크리에이터를 위해 정기후원과 크라우드펀딩 등의 방식으로 경제적 후원을 아끼지 않는 특징을 보이고 있다.

제5장 문화예술 후원 관련 법령과 조세 제도

I. 문화예술 지원 관련 국내 법령

문화예술진흥법

문화예술에 대한 지원은 후원의 관점에서 살필 필요가 있음을 논의한 바 있다.

문화예술은 기본적으로 국가와 지방자치단체 등의 공공지원을 필요로 하는 분야로 설명된다. 이러한 이유로 각 나라는 문화예술 지원 관련 법령과 제도를 운용하고 있으며, 우리나라도 예외가 아니다.

문화예술 지원 관련 국내 법령으로는 문화예술진흥법, 문화예술교육지원법, 문화예술후원 활성화에 관한 법률 등을 들 수 있다. 범위를 조금 확장하자면 지역문화진흥법과 예술인복지법도 문화예술 지원 관련 법령으로 보기에 무리가 없다.

먼저 문화예술진흥법은 문화예술의 진흥을 위한 사업과 활동을 지원함으로써 전통문화예술을 계승하고 새로운 문화를 창조하여 민족문화 창달에 이바지함을 목적(1조)으로 1972년 8월 14일 제정되었다.

문화예술진흥법 제3조 제1항은 국가와 지방자치단체는 문화예술 진흥에 관한 시책을 강구하고, 국민의 문화예술 활동을 권장·보호·육성하며, 이에 필요한 재원을 적극 마련하도록 규정한다. 이러한 조항은 문화예술 분야의 공공지원을 사실상 의무화한 것으로, 문화예술진흥을 위한 공적 재원 확보를 강제화하고 있다고 볼 수 있다.

또한 이에 따른 문화예술 진흥 시책은 국민 생활의 질적 향상을 위한 건전한 생활 문화의 개발 및 보급에 관한 사항을 포함하여야 한다고 문화예술진흥법 제3조 제2항은 정해놓고 있다.

문화예술진흥법에서 주목해야 할 내용은 문예기금을 통한 공공지원을 명문화하고 있는 제4장으로, 기금의 설치와 기금의 조성, 기금의 용도 등을 규정하고 있다.

| 표 5-1 | 문화예술진흥법의 문화예술진흥기금 용도

관련 조항(제4장 제18조)	내용
'문화예술진흥기금은 다음 각호의 사업 및 활동에 지원한다.'	1. 문화예술의 창작과 보급 2. 민족전통문화의 보존·계승 및 발전 3. 남북 문화예술 교류 4. 국제 문화예술 교류 5. 문화예술인의 후생 복지증진을 위한 사업 5의 2. 문화예술인의 생활 안정을 위한 자금의 융자 6. 지역문화진흥법 제22조에 따른 지역

문화 진흥 기금으로의 출연
7. 한국문화예술위원회의 운영에 드는 경비
8. 장애인 등 소외계층의 문화예술 창작과 보급
9. 공공미술 진흥을 위한 사업
10. 그 밖에 도서관의 지원·육성 등 문화예술의 진흥을 목적으로 하는 문화시설의 사업이나 활동

출처: 법제처 국가법령정보센터 홈페이지(www.law.go.kr)를 참조하여 재구성.

문화예술교육 지원법

문화예술교육 지원법은 문화예술교육의 지원에 필요한 사항을 정함으로써 각급 학교의 문화예술교육을 활성화하고, 나아가 국민의 문화적 삶의 질 향상과 국가의 문화 역량 강화에 이바지함을 목적으로 하고 있다.

문화예술교육 지원법은 이러한 사항을 제1조에 규정하고 있으며, 이에 따라 국가와 지방자치단체는 문화예술교육의 활성화를 위한 정책을 수립하고 그에 필요한 지원을 하도록 하고 있다. 또한 저소득층, 장애인 등 사회적 배려 대상자에게 균등한 문화예술교육 기회를 보장하여 문화예술적 소질과 역량을 발휘할 수 있도록 필요한 정책을 수립하고 실시할 것을 명문화하고 있다.

국가 및 지방자치단체는 이 밖에 예산의 범위 안에서 한국문화예술교육진흥원 및 지역 문화예술교육지원센터의 사업에 대해 필요한 재정상의 지원을 할 수 있으며, 문화예술교육시설이나 문화예술교육단체

의 운영을 위해 예산의 범위 안에서 소요되는 재정적 지원을 할 수 있다.

예술인복지법

예술인복지법은 예술인의 직업적 지위와 권리를 법으로 보호하고 다양한 복지 지원을 통해 문화예술 발전에 이바지하는 것을 목적으로 제정되었다.

2011년 11월 제정된 예술인복지법이 태동한 배경에는 지원 또는 후원 대상으로서의 예술인 문제가 고스란히 자리하고 있음을 주목할 필요가 있다. 그것은 예술인복지법이 지원의 사각지대에 놓여있던 시나리오 작가 최고은 사망 사건이 법안 제정에 결정적으로 영향을 미쳤다고 볼 수 있기 때문이다.[20] 이 사건이 사회적으로 큰 파장을 낳으면서 공적 지원에서 소외되었던 프리랜서 창작자들에 대한 사회안전망의 필요성이 제기되었고, 이는 2009년에 발의됐던 예술인복지법 제정 논의에 가속도를 붙게 하였다.

예술인복지법은 예술인에 대한 국가 지원의 당위성을 강조한 측면이 크다고 볼 수 있다. 이 법률이 예술인의 가장 큰 역할을 '국민 삶의 질 향상에 중요한 공헌을 하는 자'라고 정의하고 있는 대목은 국가 또는 지방자치단체 등의 공적 지원 의무화로 이해할 수 있을 것이다.

예술인복지법은 '한국예술인복지재단'이라는 소관 기관 설립을 통해 예술인을 지원토록 규정하고 있다. 이러한 규정은 이 법이 예술인 지원을 예술인 복지의 시각에서 접근하고 있다는 사실을 시사한다.

---

20) 시나리오 작가 최고은 씨는 2011년 1월 자기 집에서 숨진 채 발견됐다. 최 씨를 처음 발견한 이웃 주민은 그의 집 현관에 '며칠째 아무것도 못 먹었다. 남은 밥이랑 김치가 있으면 집 문을 두들겨 달라'는 내용의 쪽지가 붙어 있어서 음식을 싸 왔는데 최 씨는 이미 숨져있었다고 언론에 밝힌 바 있다.

한국예술인복지재단의 주요 사업으로는 예술 활동 증명, 예술인 패스, 창작준비금 지원, 예술인 파견지원, 예술인 산재보험, 예술인 국민연금 보험료 지원, 예술인 생활 안정 자금 융자, 예술인 의료비 지원, 예술인 고용보험 등이 포함된다.

여기서 예술인복지법의 주요 내용과 그 의미에 대해 구체적으로 살펴보면, 먼저 제2조 정의에서 예술인에 대한 범위를 명확히 하고자 했다.

종전에는 문화예술진흥법 제2조 제1항 제1호에 따라 12개 분야별 특성에 따라 복지지원자 대상을 설정함으로써 그들의 근로활동 관계를 명확히 할 수 없었다. 그러나 예술인복지법을 통해 예술 활동을 창작예술가, 실연예술가, 예술지원(혹은 스태프)으로 구분함으로써 예술 활동의 범위를 명확히 했다.

둘째, 법률 제4조에 국가 및 지방자치단체의 책무 등을 통해 예술인들의 지위와 권리를 보호하고 예술인들의 복지증진에 관한 시책을 수립, 시행하도록 했다. 문화예술진흥법 제3조에서 국가의 문화예술증진 및 진흥을 위한 노력을 포함하고 있지만 이는 순수예술과 문화예술 수요자를 위한 지원방안을 마련하는 것이었다. 그러나 예술인복지법을 통해 그동안 미흡했던 문화예술의 공급 주체인 예술인들의 복지 지원을 위한 방안이 마련되고, 이를 위한 국가와 지방자치단체의 책임을 부여하고 있다는 점에서 의미가 있다.

셋째, 법률 제5조에 표준계약서 보급을 명시해 문화예술 영역에서 표준계약서 양식을 개발하고 이를 보급할 수 있도록 했다.

넷째, 법령 제6조에서는 예술인들의 경력을 관리할 수 있도록 하는 조치를 마련하도록 정부에 권고하고 있다. 종전까지 예술인들의 경력관리는 문화예술 분야 성격에 따라 명확히 구분되지 못하고 예술인들의 작품, 창작 활동 등 구체적인 활동을 통해서만 일부 인정되는 성격이 높았다. 또한 기술지원을 맡고 있는 스태프들은 작업환경이 열악하고 근로관계가 지속적이지 못하다 보니 정확한 근로 시간, 임금 등이 확정될 수 없는 여건이었다. 그러나 이러한 규정을 통해 예술 활동의 범위, 시간, 임금 등 근로조건 등이 명시된 경력증명이 가능하게 됨으로써 우선으로 증명이 가능한 예술 분야를 중심으로 사회보험의 가입과 보험료 납부, 보험급여 수급의 여건이 가능하게 되었다.

다섯째, 법률 제7조에서는 예술인들이 예술 활동을 통해 얻게 되는 업무상 재해 및 보상에 대해 '산업재해보상보험법'에 따라 지원을 받을 수 있도록 했다. 그동안 실연예술가와 기술지원 스태프들은 공연 도중 또는 연습 과정, 촬영 과정에서 발생하는 사고나 위험에 대해 전혀 지원받지 못하고 개별적으로 문제를 해결해야 해 금전적, 정신적 어려움을 겪어야만 했다. 그러나 법 제정으로 산재보험의 지원을 받을 수 있게 되면서 이러한 문제들을 다소 완화할 수 있는 길이 열렸다.

여섯째, 법률 제8조에는 예술인 복지사업을 효율적으로 시행하고 집행하기 위해 한국예술인복지재단을 설립할 수 있도록 규정했다. 복지사업을 집행할 재단을 설립함으로써 예술인들의 복지사업을 총괄·전담하고 책임질 수 있는 주체가 마련되었다는 점에서 의미가 컸다. 민간 예술인 단체들이 주체가 되어 적은 예산과 인력으로 운영되던 복지사업을 국가가 지원하는 재단을 통해 복지사업들이 실시됨으로써 책임성과 지원 범위 확대를 도모할 수 있게 되었기 때문이다. 또한 복지사업 수행을 위해 필요한 재원으로 복지금고를 둘 수 있도록 명시했다.

일곱째, 법률 제10조에서는 한국예술인복지재단이 수행할 사업들을 명시하고 있다. 이에 따라 재단은 예술인들의 사회보장 확대 지원, 예술인들의 직업안정, 고용 창출, 취약계층 예술인 지원, 복지금고 운영 등 예술인 복지 전반에 대한 사업들을 담당하도록 했다. 또한 필요에 따라 수익사업을 할 수 있도록 해 안정적 재원 확충을 위한 법적 기반을 마련했다.

이처럼 예술인복지법 제정은 예술인의 지위 향상과 복지증진을 법적, 제도적으로 보장하는 기반이 마련되었다는 점에서 그 의의를 찾을 수 있다. 그러나 다양한 예술인 복지 프로그램 개발 및 운영을 위한 재원 확보 등 해결해야 할 과제들도 제시되고 있다.

예컨대 예술인들의 활동 범주에 따라 예술인복지법 지원 대상에 차이가 발생할 수 있다는 점도 한계로 꼽힌다. 산재보험은 성격상 고용관계(사용주와 근로자)가 있어야 하며 작업장에서 규정된 시간에 근로활동을 하는 과정에서 발생한 사고에 대한 보상이다. 그러나 창작예술가들은 자신들의 공간에서 창작 활동을 하는 경우가 많아 명확한 고용관계, 근로 시간을 명시할 수 없어서 예술인복지법에서 적용된 산재보험의 지원을 받기가 어렵다는 문제를 지니고 있다.[21]

II. 문화예술 후원 관련 조세 제도

조세 제도는 '국가 또는 지방자치단체가 재정 수입을 조달하기 위하여 법률에 규정된 과세요건을 충족한 모든 자에게 직접적 반대급부 없이 부과·징수하는 금전 급부인 조세를 규율하는 규범의 총체'로 정의

---

21) 한국예술인복지재단, 『한국예술인복지재단 10년: 2012-2022』, 한국예술인복지재단, 2022.

된다.[22]

우리나라 조세 제도는 과세 주체에 따라 주체가 국가(정부)면 '국세', 지방자치단체면 '지방세'로 구분된다. 국세는 다시 내국세와 관세로 분류할 수 있으며, 내국세는 세수(稅收)의 용도에 따라 교육세, 교통세, 농어촌특별세와 같은 '목적세'와 소득세, 법인세 등 나머지 조세를 아울러 '보통세'로 구분한다. 납부된 세금으로 용도를 특정하지 않는 경우는 '보통세', 세수의 용도를 특정하여 특정 경비에만 충당하는 경우 '목적세'라고 한다. 보통세 중 조세 부담자와 납세의무자의 일치 여부에 따라 직접세와 간접세로 나뉘게 된다. 또 조세 부담자가 직접 세금을 납부하는 의무를 지는 세금을 '직접세'라고 한다.

문화예술 활동 관련 직접세

문화예술 분야는 모든 활동에 있어 조세 제도가 적용된다. 문화예술 활동과 관련한 대표적인 직접세로는 개인 예술인은 소득세, 단체나 기업은 법인세가 있다. 이러한 직접세는 다양한 문화예술 활동에 대한 인적 용역을 제공하거나 예술 콘텐츠를 제공한 대가에 적용되는 조세 제도로 이해할 수 있다. 이 가운데 개인 예술인에게 적용되는 소득세는 개인 소득세의 줄임말로 법인이 납부하는 법인세와 달리 개인이 납부하는 것이다. 예술인의 예술 활동과 관련된 소득세는 주로 사업소득, 근로소득, 기타소득 등이다.[23]

22) 한국조세재정연구원 홈페이지(www.kipf.re.kr).
23) 국세청 홈페이지(www.nts.go.kr).

| 표 5-2 | 사업 · 기타 · 근로소득 분류

소득 구분	용역제공 형태	원천징수 비율
사업소득	계속적·반복적 용역제공	수입금액의 3%
기타소득	일시적 용역제공	기타소득금액(수입금액-필요경비)의 20%
근로소득	고용관계에 의한 근로 제공	퇴직 시 원천징수

출처: 국세청 홈페이지(www.nts.go.kr)를 참조하여 재구성.

개인 예술인에게 부과되는 소득세와는 다르게 대다수 예술단체와 기업에는 법인세가 적용된다.

문화예술 분야의 사업자는 세법상 사업자등록 유형에 따라 개인사업자, 법인사업자, 고유번호증(법인으로 보는 단체) 보유 단체로 예술단체의 형태를 세부적으로 나눌 수 있다.

문화예술 분야에서 사업자를 등록하는 경우는 상당수가 정부나 지방자치단체의 공공지원을 받기 위한 조건을 갖추기 위해서다. 한국문화예술위원회를 비롯하여 서울문화재단 등 공공지원 기관에서 지원 신청 시 신청자의 법적인 지위를 확인하고 있다. 예를 들어 대표적인 국가 예술지원기관인 한국문화예술위원회의 문화예술진흥기금 지원사업 신청자를 보면, 사업에 따라 차이는 있으나 주로 개인사업자의 비율이 가장 높고 법인과 임의 단체의 비율이 뒤를 잇고 있다. 이는 주로 창·제작에 필요한 실비 비용을 지원하는 공공 지원사업의 성격상 개인 자격보다는 사업자나 재단 등 법인격을 가지고 있는 것이 비용 처리에 용이하고 지원기관도 이를 요구하기 때문이다.

문화예술 활동 관련 간접세

부가가치세는 개인을 제외하고 모든 사업자에 해당하는 조세 제도
이다. '부가가치세법'에 명시된 특별한 경우를 제외하곤 영리의 유무와
관계없이 상품을 팔거나 용역을 제공하는 모든 사업자는 부가가치세를
신고, 납부할 의무가 생긴다. 문화예술 분야의 영리 또는 비영리 법인
모두 부가가치세를 납부하는 대상이 된다. 그러나 부가가치세 과세 여
부에 따라 과세 사업자와 면세사업자로 구분되는데, 면세사업자는 '부
가가치세법'에서 규정한 부가가치세가 면제되는 재화 또는 용역(서비
스)을 공급하는 사업자로서 부가가치세 납세의무가 없다. 면세사업자가
아니더라도 과세와 면세가 되는 재화나 서비스를 제공하는 경우도 있을
수 있는데, 문화예술 분야에서 이를 목격할 수 있다.

'부가가치세법' 제26조(재화 및 용역 공급에 대한 면세)는 예술창
작품, 예술행사, 문화행사 등을 부가가치 면세 대상으로 분류한다. 문화
예술 분야 활동에 대한 부가가치세 면세 조항은 애초 미술·음악 또는
사진에 속하는 창작품으로 한정되어 있었으나, 공연예술 분야에 대한
지원을 위해 2016년에 '부가가치세법' 시행령 제43조(면세하는 예술창
작품 등의 범위) 개정을 통해 부가가치세 면세 대상 예술창작품 범위가
확대되었다.

| 표 5-3 | 부가가치세법 시행령 면세 예술창작품 등의 범위

제43조(면세하는 예술창작품 등의 범위) 부가가치세법 제26조 제1항 제16호에 따른 예술창작품, 예술행사, 문화행사 또는 아마추어 운동경기는 다음 각호의 것으로 한다. <개정 2016. 2. 17.>
1. 예술창작품: 미술, 음악, 사진, 연극 또는 무용에 속하는 창작품. 다만, 골동품(「관세법」 별표 관세율표 번호 제9706호의 것을 말한다)은 제외한다.
2. 예술행사: 영리를 목적으로 하지 아니하는 발표회, 연구회, 경연대회 또는 그 밖에 이와 유사한 행사
3. 문화행사: 영리를 목적으로 하지 아니하는 전시회, 박람회, 공공 행사 또는 그 밖에 이와 유사한 행사

출처: 법제처 국가법령정보센터 홈페이지(www.law.go.kr).

문화예술 국제 조세조약

21세기는 문화예술 국제교류의 시대라고 해도 과언이 아니다. 아티스트 등 수많은 예술인이 국경을 넘나들면서 문화예술 활동을 벌이고 있다.

우리나라는 BTS(방탄소년단), 블랙핑크 등 K팝 아이돌 가수를 비롯하여 조성진, 임윤찬 등 스타급 클래식 연주자를 중심으로 국내뿐만 아니라 외국에서 예술 활동을 하면서 소득을 벌어들이고 있고, 반대로 외국 아티스트들이 국내 활동을 통해 금전적 수입을 올리는 경우도 일반화했다.

통상적으로 예술인들은 예술 활동으로 소득이 발생한 국가에 세금을 납부할 의무가 있다. 하지만 이렇게 되면 이중과세 논란이 있어서 국가 간에는 자국민의 이익을 보호하기 위한 일종의 규약을 마련했는데, 이른바 '조세조약'(소득 및 자본에 관한 조세의 이중과세 회피 및 탈세 방지를 위한 협약)이 그것이다. 이를 통해 양국에서 발생하는 소득

에 대한 이중과세를 방지하고 있다.

2023년 12월 기준 우리나라는 97개국과 조세조약을 체결하고 있다. 체결한 국가별로 과세 및 면세 규정은 조금씩 다르지만, 대체로 예술인과 예술단체에 적용되는 규정은 '예능인(연예인)[24] 및 운동가'에 관한 조항이다. 예능인 및 운동가에 관한 조항이 없는 경우에는 '독립적 인적 용역', '종속적 인적 용역'에 관한 조항을 참고하는 흐름을 보인다. 예를 들어 프랑스, 일본 등 대부분의 국가와의 조세조약에 예능인 및 운동가에 관한 조항이 포함되어 있다. 2010년 이후 양 나라 간 예술 활동 교류가 부쩍 늘어난 미국과의 조약에는 관련 내용이 없어 독립적 인적 용역 조항(제18조)이나 근로소득(제19조), 사업소득(제8조) 규정을 적용하고 있다.[25]

문화예술 분야 조세 지원

문화예술 분야의 조세 지원은 문화예술의 전반적인 진흥과 예술 분야의 영세성을 극복하기 위한 차원에서 주로 논의가 이루어지고 있다.

문화예술 활동 관련 조세 지원 제도는 비영리 법인과 창작 및 예술 관련 서비스 업종을 가진 사업자를 대상으로 한다. 우리나라 조세특례와 관련한 대표적인 법률은 '조세특례제한법'으로, 이 법률은 창작 및 예술 관련 서비스업으로 분류되는 업종을 상대로 고용창출투자세액 공

---

24) 문화체육관광부 등은 예능인(연예인)의 범위와 관련하여 '공중 앞에서 음악, 무용, 연극, 모델, 쇼, 만담 등의 연예 활동에 종사하는 자로서, 개인이 독립된 자격으로 활동하는 경우뿐만 아니라 보컬그룹, 교향악단, 연극단체 등과 같은 단체나 법인도 포함된다'라고 규정하고 있다. 문화체육관광부 · 예술경영지원센터, 『해외 공연의 국세 조세 해설집』, 2012.
25) 김정홍, '조세 조약상 연예인 · 체육인 소득의 과제', 조세학술논문집, 31권 1호, 2015.

제, 창업 중소기업 세액 감면, 중소기업 특별세액 감면 등의 혜택을 적용한다.

감면되는 세금은 주로 법인세와 관련한 것으로, 문화예술 분야를 위한 지원이기보다는 기존의 창업기업이나 중소기업에 대한 세액 감면의 연장 차원으로 이해할 수 있다.

문화예술 분야 활동과 관련한 대표적인 조세 지원은 전문예술법인 및 전문예술단체를 대상으로 한 고유목적사업 준비금의 손금산입 등이 있다. '조세특례제한법' 제74조 제1항 제6호에 따라 예술의 전당, 전문예술법인 또는 전문예술단체는 수익사업에서 발생한 소득을 고유목적사업준비금으로 손금에 산입할 수 있다. 손금산입은 재무상 비용으로 처리되지 않았지만, 세법상으로는 비용으로 인정될 수 있다는 의미로, 이와 같은 조세 지원은 소득을 손금으로 산입할 수 있다는 점에서 매력적이며 예술 분야 활동에 도움이 될 수 있는 제도로 볼 수 있다.

그러나 전문예술법인 또는 전문예술단체가 1,600여 개에 달하고 있지만 현행 제도하에서는 예술의 전당, 국립발레단, 국립오페라단, 국립합창단, 국립 정동극장, 서울예술단, 코리안심포니오케스트라 등 6개 국공립 예술기관 및 단체에만 혜택을 부여하고 있어 실효성을 발휘하지 못하고 있다.

이밖에 도서관·박물관·미술관 운영법인은 이자소득 또는 배당소득과 함께 기타 수익사업 소득금액의 100%를 손금산입할 수 있다.

| 표 5-4 | 문화예술 활동 조세 지원 제도

적용 대상	관련 세법	내용
비영리 법인	법인세법	• 비영리 문화예술법인에 대한 고유목적사업 준비금의 손금산입
	상속세 및 증여세법	• 문화예술 관련 재산 등에 대한 상속세 및 증여세 면제
		• 박물관자료 또는 미술관자료에 대한 상속세 및 증여세 면제
	관세법	• 박물관, 미술관에서 학술연구용으로 사용할 물품에 대한 관세 감면
	개별소비세법	• 박물관, 미술관 등에 진열하거나 교재용으로 사용하는 물품에 대한 개별소비세 면제
	지방세특례제한법	• 대도시 내 법인 문화예술기업의 지방세 3배 중과세 배제
		• 문화예술단체의 고유업무 사용 목적을 위한 부동산에 대하여 취득세, 등록세, 재산세, 도시계획세, 공동시설세 면제
창작 및 예술 관련 서비스업 (자영 예술가 제외)	조세특례제한법	• 공연 산업에 대한 고용창출투자세액 공제
		• 예술 관련 서비스업을 업종으로 창업한 중소기업에 대한 세액 감면
		• 창작 및 예술 관련 서비스업을 겸영하는 중소기업에 대한 특별세액 감면(자영 예술가 제외)
		• 박물관 또는 미술관 운영 법인의 고유목적사업 준비금의 손금산입
		• 전문예술법인/전문예술단체의 고유목적사업 준비금의 손금산입
		• 공익사업용 토지 등에 대한 양도소득세 감면
		• 외국인 투자기업이 공연시설 운영업, 공연단체 등을 운영하는 경우 법인세 등의 감면

출처: 한국문화관광연구원 내부 자료를 참조하여 재구성.

문화예술 후원자 조세 지원

문화예술 분야는 예술 활동을 하는 예술법인이나 예술단체 등에 대한 세제 지원과 함께 문화예술을 소비하거나 지원하는 납세자에 대한 조세 지원도 이루어지고 있다. 이것은 예술소비와 예술지원, 즉 사실상 예술 후원에 세제 혜택을 적용함으로써 사용자의 예술 구매 및 지원을 활성화하는 데 초점이 맞춰져 있다.

이와 같은 내용을 담고 있는 대표적인 법률은 법인세법과 소득세법으로, 이 법은 내국법인이 사업과 직접적인 관계없이 무상으로 지출하는 금액[26])을 뜻하는 기부금 가운데 기업 활동의 원활한 수행을 위해 불가피하게 요구되거나 공익이 있는 것은 일정한 한도액 범위에서 손금으로 인정한다. 예술단체나 예술가에 대한 기부금을 필요경비로 산입하거나 세액공제, 또는 손금으로 인정하도록 규정하고 있다. 기업의 미술품 구입에 대한 손비 인정도 '법인세법'에 포함되어 있다.

'조세특례제한법'에서는 기업의 원활한 업무 수행을 위해 인정되는 접대비와 별도로 문화접대비에 대하여 추가 손금산입이 가능하게 하는 규정도 시행하고 있다.

손금으로 인정하는 공익성 기부금은 법정기부금, 우리사주조합 기부금 및 지정기부금으로 단계별로 구분해서 손금산입 한도액을 차등적으로 적용하고 있다.

법정기부금은 국가와 지방자치단체 등 공익성이 높은 단체에 기부하는 성격을 지니고 있으며, 공제 한도는 개인은 소득금액의 100%, 법

---

26) 실질적으로 증여한 것으로 인정되는 금액을 포함한다.

인은 소득금액의 50%이다. 예컨대 연간 소득금액이 3,000만 원인 개인
이 1,000만 원을 기부하면 공제 한도(소득금액의 100%)는 3,000만 원
이고, 기부 금액이 공제 한도 이내이기 때문에 기부금 전액(1,000만 원)
에 대해 세액공제가 가능하다. 공제세액(기부금액의 15%)은 150만 원
이다. 기부금이 1,000만 원을 초과하면 그 초과분에 대해선 30% 세액공
제가 이루어진다.

또 다른 손금산입의 대상인 지정기부금은 사회복지·교육·종교·
자선·학술, 문화예술 분야 등 공익성을 고려하여 지정한 단체의 기부
금을 의미한다. 지정기부금에 포함되는 공익법인에는 정부로부터 허가
또는 인가를 받은 문화예술단체[27]가 포함된다. 공제 한도는 개인이 소
득금액의 30%, 법인은 소득금액의 10%로 설정되어 있다. 소득금액이
3,000만 원인 개인이 지정기부금 단체에 기부하면 공제 한도(소득금액
의 30%)는 900만 원이고, 기부 금액이 공제 한도를 초과하므로 기부 금
액 중 공제 한도 내의 금액, 즉 900만 원에 대해서만 세액공제가 가능
하다. 따라서 공제 세액(기부 금액의 15%)은 135만 원이다. 이러한 사
례는 법정기부금이 일반기부금에 대해 15만 원의 세금절감 효과가 더
있는 것으로 이해할 수 있다.

---

27) 문화예술진흥법에 따라 지정을 받은 전문예술법인 및 전문예술단체를 포함한다

| 표 5-5 | 법정기부금과 지정기부금 세제혜택 비교

구분		법정기부금	지정기부금
성격		국가, 지방자치단체 등 공익성이 높은 단체	사회복지, 문화예술, 종교, 학술 분야 등 공익성 감안하여 지정한 단체
공제한도	개인	소득금액 100%	소득금액 30%
	법인	소득금액 50%	소득금액 10%
해당기관		공공기관	국방, 복지 관련 공공기관

문화예술 분야의 사용자 관련 조세 지원 제도는 문화비 소득공제, 문화접대비, 문화예술후원 활성화 관련 세제 혜택 적용으로 정리할 수 있다. 이 가운데 문화예술후원 활성화 관련 논의는 후술할 메세나 관련 내용에서 구체적으로 다룰 것이다.

문화비 소득공제

문화비 소득공제는 개인이 문화예술을 소비하면 세제상 혜택을 부여하여 소비되는 문화예술 관련 상품이나 서비스의 공급 확대를 유도하는 제도로, 2018년부터 시행되고 있다. 이 제도는 문화예술 소비 행위로 발생하는 지출에 대하여 세금 납부 시 공제 혜택을 통해 소비 행위를 진작하고, 동시에 예술단체나 예술기업, 예술가 등 문화예술 관련 생산자를 간접적으로 지원하기 위한 목적이 있다.

제도의 세부 내용을 살펴보면 개인이 도서, 공연티켓, 영화티켓, 입장권(박물관·미술관·영화관) 및 신문 구독료로 사용한 금액에 대하여 조세특례제한법 제126조의 2항(신용카드 등 사용금액에 대한 소득공제)에 따라 소득공제를 해준다. 다만 총급여 7,000만 원 이하의 근로소득이 있으면서 총급여의 25% 초과 사용 시 가능한 구조로 되어 있다.

이 제도는 2018년에 도서와 공연티켓 구입비에 대하여 처음으로 소득공제를 적용하면서 시작됐다. 이후 적용 범위를 점차 확대해 박물관과 미술관 입장권, 종이신문 구독료에 이어 2023년 7월부터는 상설영화관의 영화티켓도 소득공제 대상에 포함됐다. 다만 최근 폭발적으로 수요가 늘고 있는 온라인동영상서비스(OTT) 플랫폼을 통한 영화시청은 적용에서 제외되어 있다.

문화비 제도의 지향점은 국민의 문화예술 활동 참여 확대와 함께 문화비 소득공제가 가능한 사업자들에게 간접적인 지원 효과를 끌어내는 데 있다.

문화비 소득공제 제도 도입 이후 어느 정도 성과가 나타나고 있는 것은 사실이지만 해결해야 할 과제 또한 적지 않다. 우선 문화비 소득공제 시행 이후 문화비를 지출하는 국민은 늘어난 것으로 집계돼 일정 부분 제도 시행 효과를 보여주고 있다.[28] 제도 시행 이전인 2017년도에 문화비 소득공제 등록업체 이용 실적이 전무한 가구는 전체 분석 대상 가구의 84.1%에 달했으나, 2019년에는 52.0%로 감소하여 제도 시행 후 약 30%포인트 이상 증가했음을 보여주었다. 또한 제도 시행으로 인한 지출 증가의 경우 2019년 기준 문화비 지출 가구는 비교 가구 대비 문화비 소득공제 실질 지출이 제도 시행 이전인 2017년에 비해 5만 4,177원 더 많은 것으로 추정되었다. 2년 사이에 문화비 지출이 평균 5만 원 이상 늘어난 것이다.

이와 같은 성과에도 불구하고 실효성에 대한 논란도 이어지고 있다. 근로소득자에게만 적용되는 소득공제 혜택과 전체 급여의 25% 이

---

28) 이종한·박순찬·최종일·임현철, 『문화비 소득공제 제도 확대 방안 연구』, 한국문화정보원, 2020.

상 신용카드를 사용해야 하고 공공기관(한국문화정보원)에 등록된 소득공제 가맹점에서 구매해야 하는 등 제한적인 적용 범위와 혜택은 문화비 소득공제 정책효과의 극대화를 방해하는 걸림돌이 되고 있다는 지적29)이 있다.

2021년 국정감사에서는 2019년 기준 1인당 평균 문화비 소득공제 이용금액(6만 3,024원)에서 30% 공제율 적용 시 1인당 평균 공제금액은 1만 8,907원 수준으로 2만 원이 채 되지 않고, 사용금액에 대한 지역별 편차도 존재하여30) 실제 중·저소득층의 문화예술 소비에 큰 영향을 미치지 못하고 있음이 지적되기도 했다.31)

문화접대비

접대비는 기본적으로 기업의 업무를 위해 필요한 비용으로 간주해 현행 '소득세법', '법인세법' 등 관련 세법에서는 기업 규모나 수입금액에 따른 한도를 설정하고 손금산입을 인정해주고 있다.

문화접대비는 기업이 거래처 등에 클래식 음악, 오페라, 연극, 뮤지컬, 전시회, 콘서트 등 각종 문화비로 지출한 접대비를 말한다. 문화접대비는 예술 활동을 하는 주체에 직접적인 혜택이 돌아가는 것은 아니지만 예술 분야에 대한 소비를 유도하여 예술 활동에 도움을 준다는 점에서 간접적인 세제 혜택으로 이해할 수 있다.

29) 한겨레, '생색내기에 그친 도서구입비 소득공제', 2018년 6월 18일자(https://www.hani.co.kr/arti/culture/book/851141.html).
30) 예컨대 서울시의 평균 사용금액(9만 3,468원)은 전라남도(3만 4,094원)의 3배 수준이다.
31) 뉴스핌, '문화비 소득공제 효과 찔끔, 국민 평균 2만원도 못 받았다', 2021년 10월 1일자(https://www.newspim.com/news/view/20211001000375).

　　조세특례제한법에서는 문화 관련 지출에 대하여 추가로 비용 처리를 인정한다. 문화접대비의 한도는 문화접대비 지출액 또는 일반접대비 한도의 20% 중 적은 금액으로 적용된다.

　　이 법은 내국인이나 내국법인의 국내 문화 관련 지출에만 적용될 수 있는, 즉 문화접대비가 가능한 항목을 다음과 같이 구체적으로 제시하고 있다.

<문화비 접대 가능 항목>
1. '문화예술진흥법' 제2조에 따른 문화예술의 공연이나 전시회 또는 「박물관 및 미술관 진흥법」에 따른 박물관의 입장권 구입
2. '국민체육진흥법' 제2조에 따른 체육활동의 관람을 위한 입장권의 구입
3. '영화 및 비디오물의 진흥에 관한 법률' 제2조에 따른 비디오물의 구입
4. '음악산업진흥에 관한 법률' 제2조에 따른 음반 및 음악 영상물의 구입
5. '출판문화산업 진흥법' 제2조 제3호에 따른 간행물의 구입
6. '관광진흥법' 제48조의2 제3항에 따라 문화체육관광부 장관이 지정한 문화관광축제의 관람 또는 체험을 위한 입장권·이용권의 구입
7. '관광진흥법 시행령' 제2조 제1항 제3호 마목에 따른 관광공연장 입장권의 구입
8. 기획재정부령으로 정하는 박람회의 입장권 구입
9. '문화재보호법' 제2조 제3항에 따른 지정문화재 및 같은 조 제4

항 제1호에 따른 국가등록문화재의 관람을 위한 입장권의 구입
10. '문화예술진흥법' 제2조에 따른 문화예술 관련 강연의 입장권
    구입 또는 초빙 강사에 대한 강연료 등
11. 자체 시설 또는 외부 임대시설을 활용하여 해당 내국인이 직접
    개최하는 공연 등 문화예술행사비
12. 문화체육관광부의 후원을 받아 진행하는 문화예술, 체육행사에
    지출하는 경비
13. 미술품의 구입(취득가액이 거래단위 별로 1백만 원 이하인 것
    으로 한정한다)

　접대비 한도액의 20%까지 문화접대 지출액을 추가로 비용으로 인
정해 법인세 부담을 줄여주는 문화접대비 제도는 2007년 시행 이후 기
업의 문화접대비 사용이 꾸준히 증가하는 효과가 나타나고 있다. 기업
의 문화접대비 신고 금액은 해마다 늘어나고 있으며, 특히 문화접대비
지출액 제한이 폐지된 2014년 이후 문화접대비 신고액의 확연한 증가
가 두드러지고 있다. 2019년엔 121억 원까지 늘었다가 코로나 팬데믹의
영향으로 2021년에는 31억 원 수준으로 급감했으나, 시간이 지날수록
회복세를 보이고 있다.
　또한 문화접대비 제도를 활용하면 기업이미지 및 고객만족도 향상,
기업 임직원들의 조직만족도 상승에 기여하여 기업의 대내외적 평판을
제고하고 간접적인 문화예술 분야 수요 창출을 통한 관련 산업 발전에
기여하는 긍정적 평가도 이어진다.
　하지만 제도가 안고 있는 한계 역시 존재한다. 우선 전체 접대비
중 문화접대비가 차지하는 비중이 0.1%에도 미치지 못할 정도로 여전

히 낮다. 2021년 '문화접대비 사용 현황 조사' 결과, 기업들은 문화접대를 활용하지 않는 가장 큰 이유로 고객이 문화접대를 원하지 않고 문화접대의 방식을 생각해 본 적이 없다는 응답을 하고 있다.[32] 또한 기업의 접대비 대비 문화접대비 신고율 역시 1%에도 안 돼 문화접대비 제도 시행 효과에 의문을 던지고 있다.

| 표 5-6 | 문화예술 분야 사용자 관련 조세 지원

적용 대상	관련 세법	내용
개인	소득세법	• 문화예술단체 지정기부금의 일정 한도액 필요경비 산입, 세액공제 • 서화·골동품 양도 소득 비과세
법인	법인세법	• 문화예술단체 지정기부금의 일정 한도액 손금 인정 • 기업의 미술품 구입에 대한 손비 인정
상품	부가가치세법	• 예술창작품, 예술행사, 문화행사를 통해 제공되는 재화 및 용역의 부가가치세 면제
		• 도서관, 박물관, 미술관, 민속문화자원 소개장소에 입장하는 것에 대한 부가가치세 면제
개인,법인	조세특례제한법	• 문화접대비 추가 손금산입

출처: 정현일·박영정·안종범·최현주, 『문화예술 부문 세제 개선 방안 연구』, 문화관광부. 2007. 김노창·배형남, '문화예술 분야 조세지원제도의 문제점과 개선 방안', 조세연구 14권 2호, 한국조세연구포럼, 2014.

---

32) 한미회계법인, 『문화접대비 사용 현황 조사』, 한국메세나협회, 2021.

III. 주요 국가의 문화예술 분야 조세 제도

이 절에서는 주요 나라에서 시행하고 있는 문화예술 분야 기부금 관련 세제 혜택을 중심으로 논의한다. 다시 말해, 기부 등의 형태로 문화예술 분야를 후원하는 개인과 법인 등 사용자들에게 주어지는 세제의 내용을 구체적으로 살펴본다.

다양한 조세 제도를 통한 세금 감면은 기부가 갖는 사회적 미덕을 인정한다는 의미로 볼 수 있다. 여기에는 기부는 정당하고 착한 일이기 때문에 세금을 징수해서는 안 된다는 논리가 깔려 있다. 이러한 이유로 정부는 기부의 형태와 수혜 대상자를 구별하는 일을 스스로 금지하고 있다.[33]

프랑스

프랑스는 개인과 기업이 주체가 된 기부 활동을 기부와 후원 등 두 가지로 분류한다. 기부는 직접적인 보상을 바라지 않고 이해관계 일반으로 대표되는 활동이나 저작물, 법인 등에 제공되는 물질적 또는 재정 지원을 의미한다. 기부금은 제한이 없는 자선활동으로 파악한다. 후원은 스폰서로 불리며 직접적인 이익을 얻기 위한 목적으로 기업이 행사나 제품 또는 조직에 제공한 물질적 지원을 말한다. 후원 비용은 일종의 광고비로 여겨지며, 이 경우에도 세금 공제금액이 정해져 있다.

---

33) 기 소르망 저·안선희 옮김, 『세상을 바꾸는 착한 돈-그들은 왜 기부하는가』, 문학세계사, 2014.

프랑스에서 문화예술의 옹호를 의미하는 기부는 개인과 기업 사회, 국가 차원의 지원을 모두 포괄하는 특징을 지닌다. 프랑스 국회는 2003년 8월 '메세나, 협회 및 재단에 관한 법률'을 마련했는데, 이 법률은 세금 시스템의 획기적인 개정으로 기업의 문화예술 분야 지원을 촉발하게 되었다. 부언하자면, 기업의 문화예술 지원에 대한 세제 혜택이 종전 손금산입 방식에서 세액공제 방식으로 전환하면서 기업의 문화예술 지원금은 일정 한도 내에서 지원금의 일정 비율에 상당하는 금액을 산출 세액에서 공제받게 된 것이다.

이 법률의 목적은 첫째, 합법적인 시스템 안에서 기부자를 개발하고 확보하는 것이다. 이를 위해 개인과 기업에 매력적인 세금 인센티브를 만들어 기부금이 증가하도록 하는 내용을 담았다. 둘째, 기부에 대한 새로운 문화를 만드는 것이다. 이에 관해서는 세부적인 내용을 살펴볼 필요가 있다. 법인 기부와 개인 기부에 따라 내용이 달라지는데, 법인 기부는 기업 매출의 0.5% 한도 내에서 기부금의 60% 세액을 감면해 주며, 초과 시 향후 5년간 이월이 가능하다. 또한 개인의 기부 장려를 위한 조치를 강화하는 차원에서 개인 소기업이 문화예술 활동에 지원한 기부 금액의 60%를 세금에서 감면해 주는 법안을 마련함으로써 실제 개인의 세제 금액은 기부금의 66%로 늘어난다.

기부금 세액공제가 가능한 단체는 공익성이 인정되는 문화예술, 교육, 사회, 환경, 스포츠 등의 분야로, 프랑스 문화부가 인정한 세금 공제 가능 단체는 아래와 같다.

1. 문화예술, 과학, 인문, 교육, 사회, 환경, 스포츠 등의 성격을 갖는 법인

2. 문화부 장관 또는 재경부 장관에게 비영리성을 인정받은 공적,
   사적 예술교육 기관 및 고등 교육기관
3. 특별 영리 목적을 띤 공인법인
4. 박물관 법인
5. 기부금 증여가 허가된 문화단체 법인
6. 대중을 대상으로 한 축제 조직 및 법인
7. 공익성을 증명할 수 있는 법인
8. 산업 및 상업 소득, 비상업소득, 농업 소득이 있는 법인

또한 기업이 문화예술단체 등에 직접 지급하는 기부금 외에 다양한 문화예술 지원활동에 대해서도 세제 혜택이 주어진다.

예컨대 생존 작가의 원작을 구매한 기업은 일반인이나 직원의 출입이 자유로운 장소에 해당 작품을 5년 동안 전시하는 조건으로 작품을 취득한 사업연도부터 5년간 구매비용을 균등하게 나누어서 과세소득에서 공제할 수 있다. 이 경우 구매비용 공제 한도는 매출액의 0.5%와 2만 유로 중 큰 금액에서 기업의 문화예술 지원금의 합계액을 차감한 금액을 적용한다. 명품 악기를 구매한 기업은 취득한 악기를 연주자의 요청에 무상으로 대여하는 조건으로 동일한 공제 혜택을 받을 수 있다.

이와 함께 프랑스 정부는 연간 수입이 6만 유로 이하인 문화예술단체에 대해선 법인세를 면제하고 있으며, 이들 단체의 수익사업에서 발생하는 소득에 대해 과세할 때도 일반 법인세율(33.33%)보다 낮은 24%의 우대 세율을 적용한다.

프랑스 정부는 2002년 제정된 박물관법을 통해 국보의 보존과 수집을 촉진하고 프랑스 영토 내에서 이를 유지하는 정책을 시행하고 있

다. 이러한 법령으로 국보나 국가문화재로 지정된 대상에 기부하면 총액의 90%를 세금에서 감면해 준다. 즉 국가 지정 문화재는 지정 후 30개월 동안 해외 반출이 금지되는데, 이 기간에 국가는 해당 문화재 소유를 위한 재원 확보에 나선다. 만일 특정 기업이 이 문화재를 구입해 국가에 기증하면 구입가격의 90%를 세액 공제해주는 것이다.[34]

영국

다른 선진국처럼 기부 문화가 활성화된 영국은 개인이나 기업이 문화예술 분야에 출연금 지원을 하거나 예술작품 기증 및 건물, 주식 등을 기부하면 다양한 세제 혜택을 부여하고 있다.

가장 대표적으로는 예술작품을 기증할 때 이용할 수 있는 두 가지 지원 제도를 들 수 있는데, 그것은 문화적 기증 제도와 상속세 대체 제도이다.

먼저 2013년부터 시행되고 있는 문화적 기증 제도(Cultural Gifts Scheme)는 기증 예술작품에 대해 일정 비율의 세금 감면을 함으로써 납세자들이 예술작품 또는 기타 문화재를 대중 또는 국가를 위하여 기증하는 것을 가능하게 해준다.

기증 대상은 예술작품과 문화유산, 손으로 쓴 저작물 및 기록 등이 있으며, 패널(Panel)이 탁월한 것으로 승인한 물건만 기증할 수 있다. 이러한 기준을 더욱 구체적으로 살펴보면, 기증 예술작품은 역사적·예술적·과학적·지역적 중요성을 지니고 있거나 연중 최소 100일은 일반 대중에 개방될 수 있는 내셔널 트러스트 소유의 부동산 같은 공공 소유

---

34) 프랑스 국세청 홈페이지(www.impots.gouv.fr).

의 건물과 연관성이 있어야 한다.

문화적 기증 제도 운용 방식은 우선 신청서를 영국예술위원회(Arts Council England: ACE)에 제출하면 선착순으로 패널이 이를 검토한다. 패널은 박물관 큐레이터, 학자, 예술계 회원 등과 같은 해당 분야의 전문가로 구성된다. 패널은 심사를 거쳐 인수를 확정한 기증품을 영국 정부와 지방자치단체에 추천하게 된다.

이 과정에서 기증자는 해당 예술작품의 인수 희망 기관을 요청할 수 있으며, 패널은 심사 시 이를 고려 사항에 포함한다.

이러한 제도를 통해 감면되는 세금은 소득세와 자본이득세, 법인세 등으로, 개인 기부자가 소득세와 자본이득세를 부담해야 하는 경우 해당 예술작품 협정 가액의 30% 감면이 이루어진다.

법인 기부자가 법인세를 부담해야 한다면 해당 예술작품 협정 가액의 20%를 감면한다.

기증이 확정된 모든 예술작품은 관련 부처 및 지방자치단체가 일반 대중의 접근이 보장되는 적격 기관에 할당한다. 해당 예술작품은 대부분 기증자가 선호하는 기관으로 배치되지만, 패널이 기증자가 선호하는 기관이 해당 예술작품 배치에 부적절하다고 판단하면 대체 기관을 놓고 기증자와 논의할 수 있다.

기증자에게 주어지는 혜택으로는 기증 예술품의 가치에 비례하여 세금 감면 혜택이 주어진다. 개인은 최대 5년 동안 세금이 감면되며 분할 납부가 가능하며, 기증자는 해당 예술작품에 대한 자본이득세 또는 상속세 책무에서 벗어날 수 있다.

두 번째 제도는 상속세 대체 제도(Acceptance in Lieu)로, 이 제도는 상속세 또는 유산 상속세를 납부해야 할 경우 탁월한 예술품 또는 의미 있는 건물에 현재 또는 과거에 보관하고 있던 예술품을 제공함으로써 세금 전부 또는 일부를 대체할 수 있게 하고 있다. 이 제도는 박물관이 예술작품 컬렉션 또는 개별 작품을 비용 부담 없이 또는 매우 적은 비용으로 취득할 수 있게 해주는 효과가 있다. 이러한 대가로 소유주에게는 세금 혜택이 주어지는데, 세금 대체가 제공되는 예술작품은 통상 공개 시장에서 판매될 때의 가격보다 17% 이상의 가치를 지니게 된다.

특히 상속세 대체 제도를 활용하는 예술작품에 대해선 지불해야하는 상속세의 25%를 예술품 소유주에게 되돌려주고 있다.

상속세 대체 제도에서 예술작품 내역을 국세청에 제공해야 한다. 이와 같은 예술작품은 문화적 기증 제도 심사를 하는 전문가 패널이 심사하게 되며, 예술작품 수용 결정이 내려지면 영국의 박물관과 갤러리를 비롯하여 적절한 역사적인 가치를 지닌 저택 등에 할당된다. 이에 앞서 소유주는 해당 예술작품 이양을 원하는 박물관에 대한 의사표시를 할 수 있고 패널은 이를 심사할 때 고려해야 한다.35)

미국

미국의 문화예술 분야 후원은 전통적으로 연방정부에 의한 지원 비중이 적은 대신 개인과 재단, 기업의 기부가 중심을 이루는 구조를 보이고 있다.

미국에서 영화산업을 포함한 문화예술 분야의 공적 지원은 독립된 연방 기구인 연방예술진흥기금(NEA), 박물관 및 도서관 서비스 연구소

---

35) 최상희, '문화 분야 기부에 대한 세제 혜택: 영국', KOFIC 통신원리포트 35권, 영화진흥위원회, 2018.

(Institute of Museum and Library Services) 등이 맡고 있다. 이러한 기구들은 정부 보조금 형식으로 문화예술 분야를 지원하는데 그 예산은 최근 몇 년 사이 크게 줄었다. 반면 각 주 및 시·카운티 정부 산하 예술위원회 등으로부터 지원을 받는 재단이나 비영리단체, 민간 기부 등에 의해 문화예술 분야 기금이 확보되는 분위기가 뚜렷하게 나타나고 있다.

미국의 기부 방식은 2022년 기준으로 개인 기부가 전체의 64%에 달할 정도로 높고, 재단 기부가 21%로 뒤를 잇고 있다. 기업 기부는 6%로 나타나 있다. 이 가운데 재단 기부는 기업에 의해 설립된 경우가 적지 않음을 감안할 때 미국에서 이루어지고 있는 기부의 대부분이 개인과 재단, 기업 기부가 차지하고 있는 것으로 파악할 수 있다.

미국에서는 문화예술 비영리단체에 기부하면 연방정부 차원에서 소득공제 및 세금 혜택을 부여한다. 세제 혜택 한도가 클수록 기부 참여가 높고 기부의 규모가 커진다.

기부금 공제는 국세청에서 규정해 놓은 자선단체 기부에만 인정된다. 예를 들어 비영리로 운영되는 종교단체, 자선단체, 학교, 기타 공공의 이익을 위한 자선단체들이 이에 해당한다. 비영리단체의 소득공제는 국세청에서 501(C)(3) 자격을 부여한 단체에만 세금 혜택을 받고 세금 보고 시 990 양식을 작성 제출해야 할 의무를 지닌다. 미국은 외부로부터 기부 등 후원을 받고자 하는 예술조직을 세법 501(C)(3)의 규정에 따른 비영리조직으로 등록하게 하여 통일적으로 그 자격을 부여하는 방식을 채택하고 있다.

이러한 501(C)(3)은 크게 공공자선단체, 민간 운영재단, 민간재단으로 분류되는데 국세청 온라인 사이트(www.irs.gov)에서 단체의 이름과 주소로 공제 가능 단체인지를 확인할 수 있다.

기부금 공제를 받기 위해서는 금액에 상관없이 기부 관련 증빙 서류보관이 필수적이다. 증빙을 위해서는 수표 사본 또는 기부 날짜, 단체명, 기부 금액 등이 표시된 자선단체가 발행한 기부 영수증 등을 보관하고 있어야 한다.

미국 국세청은 기부 공제금액에 제한을 두고 있다. 자선 기부금 공제는 개인세금보고의 항목별 공제를 통해서 이루어지기 때문에 항목별 공제를 사용하지 않으면 기부금 공제는 받을 수 없다. 일 년간 공제할 수 있는 금액은 자선단체와 기부자산의 성격에 따라 차이가 나는데 조정총소득(Adjusted Gross Income: AGI)의 50%, 30% 또는 20%로 제한하고 있다. 공제 가능 금액의 초과분에 대해서는 이월되어 5년 제한 기간 동안 공제를 할 수 있다. 예를 들어 조정총소득이 10만 달러인 납세자가 6만 달러의 현금을 비영리단체에 기부했다면 기부자는 조정총소득의 50%인 5만 달러에 대해서 공제를 할 수 있고 나머지 1만 달러는 이월되어 내년에 공제할 수 있는 식이다.

문화예술 분야 기부자들은 기부를 통해 지역사회에 어떤 변화를 불러오는지에 관심을 집중한다. 예술단체들이 지역민의 예술 향유 기회를 높이고 있는지에 주목해 개인 기부를 하거나 재능 기부를 통한 문화예술 지원활동을 병행하고 있다.

미국에서 문화예술계에 대한 개인 기부는 돈으로만 이뤄지지 않는 특징을 발견할 수 있다. IT, 마케팅, 기획, 재무, 법무 등 다양한 전문지식을 가진 사람들이 비영리 예술단체를 위해 '재능 기부'를 활발하게 한다.[36]

---

36) 하은선, '문화 분야 기부에 대한 세제 혜택-미국', KOFIC 통신원 리포트, 영화진흥위원회, 2018.

이처럼 미국은 개인과 재단 위주의 기부가 대세를 이루고 있으나, 여전히 재정적 공백을 겪고 있는 문화예술기관과 단체들이 적지 않다. 주요 기업인들의 통 큰 기부가 계속되고 있고, 할리우드 스타들도 자신들의 재단이나 자선단체를 통해 거액 기부를 이어가고 있다. 하지만 민간 기부는 교육과 복지 부문, 국제구호와 보건의료 확대 등을 선호하는 경향에 따라 장기적으로는 문화예술 분야의 재정적 어려움을 해결하지 못할 수 있다는 우려가 제기된다.

미국에서 세제혜택 지원을 받는 예술단체는 비영리단체에 국한된다. 영리법인으로 운영되는 예술단체들에 돌아가는 정부의 세제 혜택은 전무하다.

미국의 비영리 예술단체들은 법인격의 유무와 관계없이 국세청이 승인하면 면세 지위를 취득할 수 있다. 따라서 면세 지위를 얻기 위해 법인화할 필요가 없는 것이다. 면세 지위는 국세청이 비영리단체의 조직과 운영이 어느 정도 공익적인지 판단하여 부여한다.

미국에서 비영리 예술단체들이 생겨나기 시작한 것은 20세기부터라고 보는 시각이 일반적이다. 비영리 예술단체들은 초창기 부유한 소수의 엘리트들의 후원으로 유지되었다. 보스턴심포니 등 상당수 유명 예술단체가 부유층에 의해 창단되었다. 경제가 발달하고 계층이 분화하면서 부유한 엘리트 계층은 예술적 취향을 통해 계층의 차별성을 드러내길 원했고, 이것이 예술단체 창단으로 이어졌다.

그러나 시간이 지나고 단체의 규모가 커질수록 소수의 후원자만으로는 비영리 예술단체 유지가 불가능해졌다. 결국 비영리 예술단체의 운영은 이사회가 단체의 재정 건전성을 책임지는 구조로 발달하게 되었다.

이러한 과정에서 정부의 역할은 거의 없었는데, 그것은 미국 사회가 정부 개입의 최소화를 지향하는 자유방임주의 전통이 강했기 때문이다.

미국 정부의 예술지원은 1965년 연방예술진흥기금이 설립되면서 미국 역사상 처음으로 예술에 직접적으로 재정지원을 하게 되었다. 이러한 정책적 전환은 정치·경제적 번영 외에 문화적 번영을 세계에 과시하려는 당시 미국 사회의 분위기에 기인한다.

1960년대 이후 30여 년간 지속되던 민간과 정부의 예술지원은 1990년대 이후 지금까지 변화를 거듭하고 있다. 경제 불황으로 기업이나 재단들이 기부금 사용 용도를 매우 세밀하게 제한하고 있으며, 비영리 예술단체들이 개인 기부금품 모집에 드는 비용도 갈수록 늘어나고 있다.[37]

전체적으로 미국의 문화예술 기부는 비영리 예술단체에 대한 지원이 여전히 계속되고 있지만, 한편으로는 예술의 사회적 효용성에 부합하는 방향으로 옮겨가는 분위기가 뚜렷하게 감지되고 있다.

| 표 5-7 | 주요 국가 문화예술단체 개인 기부금 조세 지원 비교

국가	주요 내용
한국	• 지출액을 지정기부금으로 구분하여 과세소득의 30%를 한도로 15% 및 30% 공제율 적용
미국	• 문화예술단체를 30% 소득공제 단체로 구분하여 다른 기부금 지출액과 무관하게 소득공제의 대상 금액 계산(대상 금액의 충분한 한도액 인정 및 소득공제 적용)
프랑스	• 과세소득의 20% 이내의 동(同) 지출액에 대해 66%의 공제율에 의한 세액공제 적용
영국	• 기프트 에이드 및 페이롤 기빙 제도를 통한 중복적인 조세 혜택 제공(별도의 한도액 없이 기부금 전액을 대상으로 기부자 본인에 대한 소득공제 적용)
일본	• 지출액에 대해 과세소득의 40%를 한도로 소득공제 적용

출처: 한국문화예술위원회 내부 자료를 참조하여 재구성.

---

37) 허은영, 『예술에 대한 민간 기부 확대를 위한 기초연구』, 한국문화관광연구원, 2004.

| 표 5-8 | 주요 국가 문화예술단체 법인 기부금 조세 지원 비교

국가	주요 내용
한국	• 지출액을 지정기부금으로 구분하여 과세소득의 10% 한도 내에서 법인세법상 손금 인정
미국	• 소득공제 대상 금액 계산구조 한국과 동일
프랑스	• 과세소득과 무관하게 매출액에 비례하여 상한액 제한 없이 세액공제 대상 금액 계산
영국	• 지출액 전액 손금산입 허용(한도액과 무관하게 대상 금액 전액 손금산입)
일본	• 지출액 전액 손금산입 허용

출처: 한국문화예술위원회 내부 자료를 참조하여 재구성.

| 표 5-9 | 주요 국가 문화예술단체 법인세 부담에 대한 조세 지원 비교

국가	주요 내용
한국	• 수익사업에서 발생한 소득에 대한 고유목적사업준비금의 손금산입을 통해 조세 혜택 제공
미국	• 비영리 예술단체 등 비영리 법인이 본래의 목적과 관련 없는 사업으로부터 얻은 소득이 1만 달러 이상인 경우 영리법인에 적용되는 세율에 따라 고유목적무관사업 소득세 부과
프랑스	• 연간 수입금액이 6만 유로 이하인 문화예술단체에 대한 법인세 면제. 수익사업에서 발생하는 소득에 대해 과세할 때도 일반 법인세율보다 낮은 24%의 우대 세율 적용
영국	• 문화예술단체의 수익사업에서 발생한 소득에 대해 일반적인 비과세 적용
일본	• 문화예술단체의 수익사업에서 발생한 소득을 공익목적 사업에 지출하는 경우 그 지출액을 기부금으로 간주하여 소득금액의 20%를 한도로 손금산입을 인정하는 간주기부금 제도 적용

출처: 한국문화예술위원회 내부 자료를 참조하여 재구성.

| 표 5-10 | 주요 국가 문화예술단체 재산 상속·증여 시 조세 지원

국가	주요 내용
한국	• 공익법인 등 출연재산에 대한 상속세 과세가액 불산입
미국	• 상속 유산세 계산 시 유산세 공제 적용. 반면 증여세 납부 의무자가 수증자가 아닌 증여자일 경우 예술단체 세금 부담 없음
프랑스	• 문화예술단체에 증여한 재산은 상속세 및 증여세 면제
영국	• 개인의 사망으로 인한 증여 시 증여자가 생전 또는 사망 시 문화예술단체에 기부한 금액은 한도액 없이 상속세 공제
일본	• 문화예술단체가 공익목적의 사업에 사용하기 위한 재산을 상속 또는 증여받는 경우 그 재산을 상속세 및 증여세 과세가액에 포함하지 않음

출처: 한국문화예술위원회 내부 자료를 참조하여 재구성.

제6장

<h1>문화예술 후원과 메세나</h1>

I. 메세나의 개념과 역사

메세나(Mêcênat)는 고대 로마제국의 정치가이자 외교관이며 문화예술 보호 운동에 전심전력한 인물인 가이우스 마이케나스(Gaius Maecenas)의 이름에서 유래한 프랑스어이다. 원래는 '예술과 문화, 과학에 대한 두터운 보호와 지원'을 의미했지만, 현대에 와서는 그 의미가 보다 넓어져 '스포츠 지원, 사회적·인도적 입장에서의 공익사업 지원'의 뜻까지 포괄하는 개념으로 확장했다.

메세나는 기본적으로 영어 패트로니지와 동의어이며, 박애 정신 또는 공리주의를 가리키는 필랜스로피에 근거해 있으므로 협찬을 의미하는 스폰서십과는 다른 시혜적 성격의 지원활동[38]으로 설명되는 측면

---

38) 송지연, '한국·일본·영국·프랑스 기업 메세나 운영 사례 비교연구: 크라운해태, 시세이도, 채널4, 에르메스 사례를 중심으로', 중앙대학교 대학원 박사학위 논문, 2018.

도 있다.

일반적으로 메세나는 기업의 문화예술 지원활동을 총괄적으로 지칭하는 용어로 정착되어 있다.

현대적 개념에서의 메세나의 근원은 1967년 미국에서 발족한 기업예술지원위원회(Business Committee for the Arts Inc: BCA)에서 찾을 수 있다. BCA는 록펠러 재단의 주도로 설립되었으며, 이후 프랑스와 영국 등 유럽 주요 나라들이 앞다퉈 기업의 문화예술 확대와 연대를 위해 메세나 조직을 창설했다.

전 세계 26개 나라에서 모두 30개의 메세나 관련 기구가 만들어져 활동하고 있는데, 이 기구는 나라마다 차별화된 경영전략으로 문화예술 분야를 지원하고 있다.

이러한 기구들은 '아름다운 사회에 문화예술을 통한 공헌'을 슬로건으로 내걸고 예술과 기업의 이상적인 파트너십을 지원한다.

유럽에서는 미국의 BCA 활동이 전해지면서 영국이 1976년 기업에 의한 문화예술지원단체 ABSA(Association for Business Sponsorship of the Arts)가 설립되었으며, 이 기구는 훗날 A&B로 명칭이 바뀌었다.

기업 메세나 활동은 미국과 영국에 가장 보편화되었지만, 프랑스는 뒤늦게 합류한 경우에 속한다. 프랑스는 출발이 늦었지만 메세나 관련 활동이 가장 두드러진 나라라고 보기에 무리가 없다.

프랑스는 미국의 BCA와 영국의 A&B를 벤치마킹하여 1979년 문화예술 지원활동을 벌이는 상공업 분야 민간 기업연합조직 ADMICAL (Association pourle Development du Mecenat Industrial et Commercial)이 발족했다. 프랑스 ADMICAL은 기업 메세나 활동에 대한 각종 정보 제공, 200여 개의 기업 회원사와 제도의 홍보 및 개선을 위한 연구 조사, 법률 및 세제 관련 등 분야에서 톡톡히 역할하고 있다는 평가를 받는다. 특히 프랑스는 정부 차원에서 1987년과 1990년 두 차례에 걸쳐 기업 메세나 활동 관련 법률을 제정했으며, 이에 따라 현대미술 창작 활동에 대한 메세나를 적극적으로 장려하기도 했다. 코프림 재단(Foundation Coprim), 프랑수아 피노 재단(Francois Pinault Foundation), 리카르 재단(Foundation d'entreprise Richard), 까르띠에 현대미술재단(Foundation Cartier pour l'art contemporain) 등이 미술 분야를 지원하는 대표적인 메세나 재단으로 꼽힌다.

프랑스와 다르게 벨기에 스웨덴 등 북유럽 국가는 대부분 메세나 대신 스폰서십이라는 용어를 사용하며 관련 기구를 운영하고 있으며, 일본에서는 1990년 기업경영자들이 중심이 되어 일본 기업메세나 협의회(KMK)를 만들었다.

선진국에서는 메세나가 갖는 의미에 대한 연구도 비교적 활발한 편이다. 미국 문화경제학회는 메세나와 관련하여 '기업의 문화예술 지원은 경제적 측면에서의 소비가 아니라 생산과 고용, 혹은 부가가치의 경제지표에 대해 생산적이고 중간적 투자의 의미를 지닌다'라고 정의하고 있다.[39]

| 표 6-1 | 주요 국가 메세나 기구

국가	기구 명칭	주요 후원 기업
미국	Business Committee for the Arts, Inc.	Bayer Corporation, Rockerfeller, Cinergy Corporation, Columbia Gas of Pennsylvania

---

39) 김치곤, '문화예술과 기업 메세나 운동은 창의력의 보고', 월간 금호문화, 금호문화재단, 2000.

영국	Arts & Business	A&B UK Awards, A&B Scotland Award, A&B Welsh Awards/Financial Times
프랑스	ADMICAL	Credits Agricoles, Caissed d'epargne, Foundation EDF
일본	Kigyo Mecenat Kyongika	Asahi Breweries LTD, Asahi Shimbun, The Dai-Inci Mutual Life Insurance Co.
벨기에	SKP	OCE, ARTESIA, AGF ALLIANZGROUP, Eudcam Hewlett Packaed/Agilent, Microsoft
스웨덴	FKN	Forenings Sparbanken, Ericsson, Kooperativa Forbundet, SAS, Svenska Spei
한국	한국메세나협회	삼성, LG, SK, 신세계, 한화그룹 등

출처: 각 나라 메세나 기구 홈페이지를 참조하여 재구성.

II. 한국의 기업 메세나

우리나라는 1985년 한국문화예술위원회의 전신인 한국문화예술진흥원 내에 '문예진흥후원협의회'가 설치되어 민간 부문의 예술 후원 참여를 논의하기 시작했는데, 이것이 한국형 메세나 출범의 시동을 걸었다고 볼 수 있다.

이를 계기로 민간 문화예술 분야 후원 필요성에 관한 논의는 지속되었으며 1994년 4월 전국경제인연합회, 대한상공회의소, 중소기업협동조합중앙회, 한국무역협회, 한국경영자총연합회 등 경제계 5개 단체 주도로 한국기업메세나협의회가 설립되었다. 비영리 사단법인 형태로 출범한 한국기업메세나협의회는 문화예술에 대한 국민 의식을 높이고 문화예술의 균형발전과 한국 경제의 성장을 목표로 본격적인 기업문화예술 지원활동을 전개하기 시작했다.

한국기업메세나협의회는 메세나 활동이 기업에 국한된 것이 아니라 일반인에게도 의미 있는 예술 후원 활동이라는 판단에 따라 2004년 한국메세나협회로 명칭을 변경했다.

기업 메세나 특성

기업의 문화예술 분야 지원의 기본적인 배경은 기업윤리이다. 기업윤리는 대개 기업의 사회적 책임(CSR) 개념을 바탕으로 하고 있으며, 이는 기업 문화예술 지원의 핵심적인 근거를 제공한다. 기업의 브랜드와 이미지가 사회적 실천 여부에 따라 영향을 받고 있으며, 그러한 측면에서 CSR은 기업의 평판을 손상하지 않기 위한 일종의 위험관리(Risk Management) 전략으로 자리하고 있다.

주로 보건복지, 종교, 교육 등의 분야에 집중되어 있던 기업들의 CSR 활동은 사회의 문화예술 수요 증가와 궤를 같이하면서 문화예술 후원 분야로 그 영역이 확대되었다.

기업들은 문화예술이 지닌 창조적 가치가 기업의 경영활동에 접목될 때 경쟁력이 극대화된다고 파악한다. 이에 따라 기업문화 개선과 조직의 창의성 향상을 목적으로 하는 지속 투자 관점에서의 파트너십 개념이 확산하였다.

파트너십은 스폰서십과는 달리 지원활동의 공익적 혜택의 측면까지 포함하여 기업과 문화예술단체가 장기적이고 지속해서 관계를 맺는 것으로, 공동이익을 위한 전략적·투자적 관점에서 메세나를 활용하는 것을 의미한다.[40] 따라서 기업과 문화예술의 관계는 초기의 공리적인 선의에서 비롯된 수직적 지원의 개념이라기보다 동등한 관계를 통해 상호이익을 추구하는 파트너의 관계로 이해되고 정립되어야 한다. 이러한 측면에서 파트너십은 현대의 메세나 이해에 중요한 개념이라고 할 수 있다.

이처럼 2000년대 이후 한국의 기업 메세나는 자선적 지원 및 마케팅 활용의 차원을 넘어 기업과 예술의 호혜적 관계 맺기 관점에서 파악할 수 있다. 즉 메세나는 문화예술 분야에 대한 기업의 사회적 책임 실천을 넘어 예술의 창의성을 경영에 적극적으로 활용하고, 그 결과로 예술단체와 예술인에게 지원과 고용 효과를 불러오는 파트너십을 추구하는 경향이 뚜렷하다.

메세나 활동은 기업의 전략에 따라 몇 가지로 분류할 수 있다. 첫째, 경영전략으로서의 메세나 활동으로, 이는 조직 내 교육, 보직, 인사 등에 문화예술을 활용하는 활동이다. 둘째, 마케팅 전략으로서의 메세나 활동은 홍보, 광고, 영업 등에 문화예술을 활용함으로써 예술의 독창적이고 친근한 이미지를 통해 기업의 이미지를 제고하거나 제품을 홍보하는 활동을 의미한다. 셋째, 사회공헌 전략으로서의 메세나 활동은 반대급부를 원하지 않는 문화예술 후원 활동이다. 대가를 원하지 않는 문화예술 후원 활동을 통해 예술단체를 지원하거나 문화적으로 소외된 계층에게 문화예술 향유 기회를 주는 활동을 의미한다.

기업의 이와 같은 메세나 활동은 구매 의도를 촉진하기보다는 중

---

40) 이수완, '기업의 문화예술지원에 관한 연구-사회공헌을 중심으로', 사회과학연구 제24권 3호, 강원대학교 사회과학연구원, 2013.

장기적인 활동을 통하여 기업의 브랜드 이미지를 제고하는 데 더욱 효과적인 수단으로 간주하고 있다.[41] 기업 메세나 활동에 대한 인지도는 해당 기업의 소비자 기대에 영향을 주고 이는 품질 지각에도 긍정적으로 작용한다.

기업의 예술 후원

우리나라 기업의 문화예술 지원 현황은 한국메세나협회가 매년 실시하고 있는 '기업의 문화예술 지원 현황 조사'를 통해 확인할 수 있다.

기업들의 문화예술 지원 규모는 2022년 기준 2,073억 원으로 집계된다. 이러한 금액은 연간 566개의 기업이 1,318건을 지원한 결과로, 장르별로는 인프라, 미술·전시, 클래식음악, 문화예술교육, 국악·전통예술 등의 순으로 지원이 이루어지고 있다.

<표 6-2>에서 확인할 수 있듯이 인프라 운영비가 1,184억 원으로 기업의 문화예술 지원 전체 규모의 57%에 육박한다. 인프라는 공연장과 미술관 등 문화시설을 의미하는 데, 기업의 메세나가 인프라에 집중되고 있는 것은 대기업을 중심으로 자체 소유한 문화재단을 통해 문화시설 운영에 필요한 지원에 비중을 두고 있다는 의미로 볼 수 있다.

기업의 문화예술 지원에서 두드러진 현상 중 하나는 미술·전시(14.9%), 클래식 음악(8.1%), 문화예술교육(6.5%) 부문에 비해 국악·전통예술(2%), 문학(1.3%), 연극(1.1%), 무용(0.3%) 등의 장르는 지원이 매우 빈약한 수준이다. 이것은 기업의 메세나가 미술과 음악 장르 지원에 치우치고 있다는 뜻으로, 장르별 균형 지원이 필요함을 시사한다.

---

41) 김주호, '기업의 메세나 활동이 기업의 제품 광고와 가격프리미엄에 미치는 영향: 미스터 피자 사례를 중심으로', 경영학연구 제40권 6호, 한국경영학회, 2011.

| 표 6-2 | 기업의 문화예술지원 내역(2022년 기준, 단위: 100만 원)

분야	금액	지원 비중(%)
인프라	118,640	57.1
미술·전시	30,868	14.9
클래식음악	16,838	8.1
문화예술교육	13,552	6.5
국악·전통예술교육	4,144	2.0
비주류·다원예술	3,943	1.9
문학	2,691	1.3
영상·미디어	2,406	1.2
연극	2,306	1.1
뮤지컬(창작뮤지컬)	2,041	1.0
무용	713	0.3
기타	9,376	4.5
합계	207,344	100

출처: 한국메세나협회 내부 자료를 참조하여 재구성.

　　기업의 문화예술 분야 지원 유형은 ① 자체 행사 기획 ② 후원 및 협찬, 파트너십 ③ 조건부 기부 등 크게 세 가지 유형으로 분류할 수 있다. 이 가운데 자체 행사나 기획 프로그램을 통한 지원이 전체의 71.2%(2022년 기준 1,295억 원)로 압도적으로 높다. 반면 후원과 협찬, 파트너십 등의 방식으로 예술단체의 공연과 전시 등을 직접적으로 지원한 규모는 361억 원이며, 조건부 기부는 161억 원 수준으로 나타났다. 이러한 결과는 후원 및 협찬, 조건부 기부[42] 등을 활용해 예술단체를 직접 지원해 왔던 기업들의 메세나 방식의 변화를 의미한다고 볼 수 있다.

　　이와 같은 분석은 기업들의 문화예술 지원사업 대상 선정 루트와 맞물려 있다. 기업의 37.7%가 문화예술 지원사업 대상을 자체적으로 선

---

42) 조건부 기부는 한국문화예술위원회와 사회복지공동모금회 등의 외부 기관을 통한 기부를 뜻한다.

정 및 발굴하고 있으며, 경영진 추천 및 지시나 관계사 요청의 비중은 상대적으로 낮은 수준이다.

| 그림 6-1 | 2014~2023년 기업의 문화예술지원 규모(단위:100만 원)

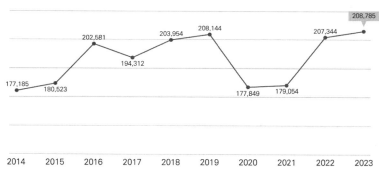

출처: 한국메세나협회, 『2023년도 연차보고서』, 2024.

| 표 6-3 | 기업의 문화예술 지원 대상 선정 루트

구분	비중(%)	
	2022년	2021년
자체 선정 및 발굴	37.7	34.8
한국메세나협회, 서울문화재단 등 전문기관과의 협업	24.6	24.4
예술단체의 지원요청	21.9	9.6
경영진의 추천 및 지시	7.1	9.6
관계사의 요청	4.9	5.2
기타	3.8	3.8

출처: 한국메세나협회 내부 자료를 참조하여 재구성.

III. 메세나 단체의 주요 사업

기업들의 문화예술 지원활동은 자체적인 기획 프로그램이나 메세나 단체를 통해서 이루어지고 있다. 메세나 단체는 중앙단위 기구라고 할 수 있는 한국메세나협회를 비롯하여 주요 지역에서 발족한 메세나협회를 중심으로 다양한 예술 후원 활동을 이어가고 있다.

지역 메세나협회는 경남(2007), 제주(2016), 세종특별자치시(2020), 부산(2021) 등 4곳의 광역자치권에 설립됨으로써 지역 문화예술 후원이 본격화되었고, 외형적으로는 전국적 메세나 활동 네트워크가 어느 정도 구축되었다고 볼 여지가 있다.

| 표 6-4 | 국내 메세나 단체 현황

구분	한국메세나 협회	경남메세나 협회	제주메세나 협회	세종시메세 나협회	부산메세나 협회
설립 연도	1994	2007	2016	2020	2021
소재지	서울	창원	제주	세종	부산
회원사(개)	221	217	80	21	39

출처: 한국메세나협회 내부 자료.

메세나 단체가 시행하고 있는 주요 활동은 '맏형' 격이라고 할 수 있는 한국메세나협회의 사업을 파악함으로써 이해할 수 있다.

한국메세나협회의 주요 사업으로는 기업들이 기부금을 출연하는 '기업과 예술의 만남' 사업(Arts & Business)과 문화공헌사업을 들 수 있다.

기업과 예술의 만남

'기업과 예술의 만남' 사업은 크게 세 가지 방향성을 지니고 있다. 첫째 기업과 예술단체 간 결연 지원을 통해 지속적인 협력 및 후원 관계를 유도하고, 둘째 문화예술 분야 지원에 대한 민간의 참여를 확대하는 마중물 기능을 유지하고, 셋째 지역기업과 예술단체 결연을 확대함으로써 지역 고유의 후원문화 활성에 목표를 두고 있다.

이 사업은 2002년 한국메세나협회의 '1기업 1문화 운동'이 정부의 정책적인 지원으로 본격화되었으며, 예술단체에 대한 일회성 단순 지원을 탈피하기 위해 기업과 예술 간의 상호발전을 목적으로 하는 파트너십 매개를 지향한다. 이 사업이 기존의 예술지원 사업과 다른 점은 수동적·소모적 형태의 예술지원 방식을 벗어나 기업과 예술의 상생을 도모함으로써 예술에 대한 민간 지원이 장기적이고 안정적으로 이루어지도록 하는 데 있다.[43]

'기업과 예술의 만남' 사업은 연간 공모를 통해 결연사업을 선정하여 지원하며, 중소·중견기업 참여를 유도하기 위해 매칭지원금의 효율적 배분에 중점을 두고 있다. 2007년에 도입된 매칭 지원금 제도는 기업이 예술단체를 지원하는 금액에 비례해 문화예술진흥기금을 매칭하는 개념이다.

또한 최근에는 메세나 전국망 구축으로 지역 예술 후원 활성화가 추진되고 있다. 예컨대 지역 메세나 단체 협력을 통해 매칭펀드 사업의 전국 확장과 함께 지역 메세나와의 협의체를 구축함으로써 전국 단위의

---

43) 이충관, '기업의 예술 후원 현황 및 확산 과제', 한국문화예술위원회 내부 자료, 2023.

후원 활성화 사업 추진체계를 마련하는 식이다.

2023년에만 '기업과 예술의 만남' 사업은 총 318건의 결연을 통해 101억 원의 지원금을 예술단체에 제공한 것으로 나타났다.

| 표 6-5 | 기업지원금 및 문화예술진흥기금 매칭 기준(2023년 기준)

구분	2023년	
	기업지원금(상한액 없음)	문예기금 매칭 지원
중소기업 중견기업	최소 500만 원~	• 매칭금: 500만 원~2,000만 원 • 매칭비율: 최대 1대1
대기업	최소 1,000만 원~	• 매칭금: 500만 원~2,000만 원 • 매칭비율: 최대 1대 0.5

출처: 한국문화예술위원회 내부 자료를 참조하여 재구성.

여기서 '매칭펀드'의 의미를 주목할 필요가 있다. 문화예술 분야 지원을 위한 매칭펀드는 1984년부터 시작된 영국 뉴 파트너스(New Partners) 프로그램을 벤치마킹하여 설계한 민·관협력 프로그램으로, 중소·중견기업들의 예술지원 참여를 획기적으로 늘린 계기가 된 사업으로 평가받는다.

예술지원 매칭펀드 사업은 대기업에 비해 재정 여건이 취약한 소규모 기업이 소액으로도 예술 후원에 참여할 수 있도록 문화예술진흥기금 같은 공공기금을 매칭함으로써 기업 예술지원 활동의 저변을 높이는 데 기여한 측면이 있다.

이러한 논의는 예술지원 정책의 관점에서도 이해할 수 있다.

문화예술에 대한 공공지원이 보편화되어 있던 유럽 등 서구에서는 1990년대 이후 재정적 어려움이 발생하면서 공공지원 재원 부족 현상이 현실화하였고, 이는 자연스럽게 개인과 기업을 포함하는 민간 부문의 지원을 확대하기 위한 움직임으로 이어졌다.[44] 우리나라도 예외가 아니어서 정부는 문화접대비 제도 도입 등 세제 혜택을 비롯하여 다양한 문화예술 간접 지원 정책을 시행하면서 예술지원 매칭펀드를 운영하고 있다. 이렇게 본다면 매칭펀드는 예술지원에 대한 정부의 재정 부담을 민간 재원으로 대체 및 보완하기 위한 성격도 띠고 있다고 해야 할 것이다.

최근에는 권역별 메세나 단체를 포함하여 지역에서 후원 매개 역할을 담당하는 지역문화재단에도 매칭펀드가 배분되어 지역 문화예술의 균형발전을 위한 기반을 조성하고 있다.

문화예술진흥기금은 이와 같은 매칭펀드에 1997년 이후 총 246억 원이 투입되었고, 이것은 기업후원금 372억 원 유치를 끌어내는 성과로 나타났다.

| 표 6-6 | 예술지원 매칭펀드 운영 결과(2018~2023년)

연도	2018	2019	2020	2021	2022	2023
매칭펀드 금액	16억 원	19억 원	20억 원	32억 원	27억 원	28억 원
기업 후원금	28억 원	27억 원	27억 원	38억 원	39억 원	43억 원
예술 분야 지원액	44억 원	46억 원	47억 원	70억 원	66억 원	71억 원

출처: 한국메세나협회 내부 자료를 참조하여 재구성.

---

44) 양현미·양지연, '기업메세나 활성화 방안', 한국문화정책개발원, 1995.

문화공헌

'기업과 예술의 만남' 사업이 문화예술 창작 분야 지원을 위한 재원의 다변화에 초점이 맞춰져 있다고 한다면, 한국메세나협회의 또 다른 주요 메세나인 '문화공헌' 사업은 문화예술을 통한 사회공헌이라는 CSR 구현적 목적을 지닌다.

이 사업은 소외계층과 저소득층 아동·청소년들에게 문화예술 향유 및 체험 기회를 제공하는 기업 협력형 프로젝트로, 기업들이 기부금 형태로 사업비를 출연하여 운영된다.

주요 문화공헌 사업으로는 '찾아가는 메세나' 사업과 경제적 환경으로 인한 미래 세대의 문화 격차를 해소하기 위해 저소득층 아동·청소년을 대상으로 예술교육을 시행하는 'Arts for Children(AFC)12' 사업, 일반 시민들의 문화접근 기회 확대에 기여하기 위한 'Access Arts' 사업 등을 들 수 있다.

2023년 이 사업에는 19개 기업이 85억 원을 출연하여 21개 프로젝트를 운영하고 있으며, 연간 2만 회에 가까운 프로그램을 선보이고 있다. 특히 이 사업에 참여하여 다양한 문화예술 콘텐츠를 제공하는 700여 명의 예술가와 60여 개의 예술단체에 연간 80억 원가량의 활동비가 지원돼 간접적인 예술 분야 지원 효과로 이어지고 있다.

이 외에도 예술 후원 저변 확대를 위한 우수 개인 아티스트 지원 프로그램도 한국메세나협회 주도로 이루어지고 있다. 우수한 예술 인재가 국제적인 경쟁력을 발휘할 수 있도록 음악, 미술, 발레 분야에 대한 기업후원을 발굴하고 있으며, 특히 공연예술에 비해 상대적으로 기업

지원이 부족한 미술 분야 유망 작가들이 미술시장에 진출할 수 있도록 기반을 마련하는 데 관심을 쏟고 있다.[45]

| 표 6-7 | 기업메세나 주요 '문화공헌' 사업 내역(2023년 기준, 단위: 1,000원)

구분	프로젝트	출연기업	기부금
찾아가는 메세나	오페라 희망이야기	종근당	300,000
	반짝반짝 페리오	LG생활건강	230,000
	모두다 콘서트	IBK기업은행	200,000
Arts For Children	아름드리 예술교육	KT&G	2,200,000
	온아트스쿨	인천국제공항공사	800,000
	1% 나눔 아트스쿨	포스코1% 나눔재단	700,000
Access Arts	공공미술 프로젝트 '예술路'	IBK기업은행	1,050,000
	ESG 전시 프로젝트	카카오뱅크	200,000
	Arts Plus	한화생명	120,000

출처: 한국메세나협회 내부 자료를 참조하여 재구성.

IV. 국내 주요 기업의 메세나

기업 문화재단을 통한 문화예술 후원

기업 문화재단은 기업재단이라는 큰 테두리에서 살필 수 있다. 우리나라의 기업재단은 대부분 대기업 집단에 소속된 공익법인 형태의 민간재단으로 문화예술을 비롯하여 종교, 사회복지, 교육, 학술 및 장학, 의료 등 다양한 영역에서 목적사업을 수행하고 있다.

---

45) 2021~2023년 3년간 이 사업에는 20개 기업이 11억 원의 후원금을 지원했다.

　　기업재단의 유형은 반드시 공익적 목적에 한정되는 것은 아니다. 민법은 '학술, 종교, 자선, 기예, 사교 기타 영리 아닌 사업을 목적으로 하는' 사단이나 재단을 설립할 수 있다고 정의하고 있다. 비영리사업을 목적으로 한다면 설령 공익 아닌 사익을 추구하더라도 민법상 법인으로 될 수 있는데, 이는 사익 목적이 영리 목적으로 등치되는 것은 아니기 때문이다.

　　통상적으로 문화재단은 설립 주체에 따라 민간 문화재단과 공공 문화재단으로 구분할 수 있다. 민간 문화재단은 민법에 근거하여 설립된 재단법인을 의미하는데, 개인 출연자가 설립한 개인 문화재단과 기업이 출연하여 설립된 기업 문화재단으로 다시 분류할 수 있다.

　　공공 문화재단은 국가나 지방자치단체가 공공 목적을 위하여 출연한 재산을 관리하기 위하여 설립된 일종의 공법상 재단법인으로, 민법과 지역문화진흥법 외 특별법[46)]에 설립 근거를 두고 있다. 광역·기초 지방자치단체가 설립한 지역 문화재단이 여기에 해당한다.[47)] 민간 문화재단은 민법 혹은 경우에 따라서는 공익법인의 설립·운영에 관한 법률 (이하 공익법인법)이 적용되고 있다. 문화재단은 비영리 법인을 전제로 하므로, 해당 문화재단이 추구하는 비영리사업이 공익에 해당한다면 공익법인법 적용은 무리가 없다고 볼 수 있다. 삼성문화재단을 위시한 국

---

46) 한국문화재단 등은 문화재보호법 같은 특별법에 설립 근거를 두고 있다.

47) 지역문화진흥법의 경우 제5장에 지역문화재단 설립 등을 규정하고 있다. 제5장 제19조(지역문화재단 및 지역문화예술위원회 설립 등)는 다음과 같은 세 가지 관련 내용을 명시하고 있다. ① 지방자치단체의 장은 지역문화진흥에 관한 중요 시책을 심의·지원하고 지역문화진흥 사업을 수행하기 위하여 지역문화재단 및 지역 예술위원회를 설립·운영할 수 있다. ② 지역문화재단 및 지역문화예술위원회는 법인으로 하되, 이 법에서 규정한 것을 제외하고는 「민법」 중 재단법인에 관한 규정을 준용한다. ③ 그 밖에 지역문화재단 및 지역문화예술위원회의 설립 및 운영에 관하여 필요한 사항은 대통령령으로 정하는 바에 따라 해당 지방자치단체의 조례로 정한다. 법제처 국가법령정보센터 홈페이지, https://www.law.go.kr/LSW/lsInfoP.do?efYd=20210623&lsiSeq=232215#0000(검색일: 2024년 5월 9일).

내 기업 문화재단은 이러한 공익법인법에 따라 공익법인으로 규율 및
관리되고 있다.

한국의 기업 문화재단은 설립 목적에 기반하여 메세나 형태의 공
익목적사업을 수행하고 있다. 이는 크게 예술인프라 지원사업, 창작지
원, 미래인재 육성 등 세 가지로 분류할 수 있다.

이 가운데 예술인프라 지원사업인 미술 분야와 관련한 사업을 통
해 메세나를 추진하고 있는 재단이 가장 많다. 호암·리움미술관 등 두
곳의 미술관을 갖추고 있는 삼성문화재단을 비롯하여 금호문화재단(금
호미술관), 대림문화재단(대림미술관), 성보문화재단(호림박물관, 호림
아트센터) 등 20여 곳에 이르고 있다. 한국의 기업 문화재단은 예술인
프라 지원사업 외에 예술가와 예술단체를 지원하는 창작지원과 소외계
층 대상의 문화예술 향유 지원, 음악 영재 발굴과 신진작가 지원 등이
주축인 미래인재 육성 사업 등을 펼치고 있으나, 미술관 등 시설 운영
비중이 크다는 것은 사업 다양성의 필요성을 시사한다고 볼 수 있다.

기업 문화재단의 성격과 메세나 논의

기업 문화재단은 다의적인 성격을 지닌다. 첫 번째는 기업의 사회
적 공헌 활동의 일환으로, 메세나로 통칭되는 문화예술 분야 지원활동
을 의미한다. 이것은 기업의 사회적 책임을 보다 구체화하려는 방안으
로, 클래식 음악과 미술을 중심으로 한 순수예술 분야와 영화와 대중음
악 등의 대중예술 분야에 대한 기업의 직접적인 지원을 시사한다.

'기업의 사회공헌 활동'과 ESG[48]로 요약할 수 있는 '기업의 사회적

---

48) ESG에 관해선 뒷장에 상세하게 서술되어 있다.

책임'은 혼용되고 있으나 약간의 차이가 있다. 기업의 사회적 책임이 사회에 영향을 미치는 기업의 의무와 책임을 강조한다면, 사회공헌은 자선적 책임 부분을 강조한 표현으로 기업의 사회적 책임이 사회공헌활동을 포괄하는 상위의 개념이다.

기업 문화재단의 두 번째 성격은 첫 번째 성격과 사뭇 다른 논의로 귀결된다. 문화재단 메세나 활동이 기업의 사회적 가치 발현과 이를 활용한 기업 브랜드 이미지 제고가 목적인 첫 번째 성격과 달리, 두 번째 성격은 기업 창업주의 철학과 의중이 반영된 결과물로서의 기구[49]라는 점이다.

이 같은 구분은 기업 문화재단 운영에서 확인할 수 있다. 예컨대 1965년 삼성 창업주 이병철이 직접 재단 설립을 발표한 삼성문화재단은 기업 문화재단의 두 가지 성격을 모두 내포하고 있지만, 운영적 측면에서는 후자에 가까운 형태를 유지하고 있다.

삼성문화재단은 리움·호암미술관 등 두 곳의 미술관 중심의 하드웨어에 치중한 운영 방식을 보이고 있는데, 이는 30대부터 고미술품을 수집하면서 수많은 미술품을 소장했던 창업주와 연관 지어 논의할 수 있다. 당시 이병철 스스로 "개인이 소장하기에는 너무 많은 양"이라고 말할 정도로 미술품이 쌓여 있었고, 이를 전시해 일반에 공개할 공간으로서 문화재단 설립을 발표한 것이다. 이러한 논의는 삼성문화재단 설립이 창업주의 예술관을 충실히 반영한 측면으로 이해할 수 있으며, 문

---

49) 1965년 2월 4일 삼성 창업주 이병철은 삼성문화재단 설립 사실을 직접 발표했다. 당시 이병철은 문화재단 설립에 즈음한 취지서에서 "이제 영구히 본인의 소유를 떠나 다시는 본인에게 돌아오지 않을 이 재산이 새로운 공익재단의 사업 활동의 근원이 되어, 재단이 목적하는 바 각 분야의 사회 공익에 다대한 기여가 있도록 국민 여러분의 절대하신 성원을 기대하여 마지않는다"라고 밝혔다. 이병철, 『호암자전』, 나남, 1986.

화민주주의 실현이라는 관점에서도 파악할 수 있다. 즉, 삼성문화재단이 미술품을 비롯한 문화예술에 대한 일반인의 접근과 경험을 미술관 등 예술공간을 통해 제공하고 있다는 것은 문화예술정책의 관점에서 문화민주주의의 맥락을 띠고 있다. 실제로 삼성문화재단 운영의 핵심은 문화예술에 대한 직접적 지원보다는 간접 지원 성격이 짙은 미술관 운영으로 모아진다.

삼성의 문화예술 후원

삼성문화재단의 설립 모델은 노벨·록펠러·포드·카네기 재단 등 모범적 운영으로 알려진 세계적인 재단들이었다. 이병철은 이들 재단의 기금 구성과 운용 방법, 사업의 내용을 구체적으로 조사한 뒤 출연 규모를 확정했다. 그것의 핵심은 재단의 존립과 재단 사업의 영속성을 보장받기 위해서는 재단기금 잠식이 없어야 한다는 것이었다. 재단기금이 인플레이션으로 가치가 잠식되거나, 수익이 없어서 기금 자체를 잠식하는 일이 있어서는 안 된다는 판단에 따라 기금 출연을 자신 소유의 주식과 부동산으로 하기로 했다. 이병철이 삼성문화재단에 최초 출연한 주식과 부동산은 제일제당, 제일모직, 신세계 등의 주식 중 개인의 지주분 10억 원과 부산 용호동의 임야 10만여 평이었다. 이와 같은 재산 출연과 함께 이병철은 문화재단 정관에 '해산 시에는 재단의 잔여재산은 국가에 귀속된다'라는 조항을 산입하였다. 이것은 문화재단 재산이 사익에 이용되거나 사장될 가능성을 미리 차단하려는 조치로 이해할 수 있다.

삼성문화재단은 설립 이후 두 번의 재단 명칭 변경이 있었다. 설립 당시엔 삼성문화재단으로 출발했지만 12년 만인 1977년 삼성미술문화재단으로 변경하여 운영해 오다 1995년 다시 삼성문화재단으로 원래의 명칭을 회복하였다. 삼성미술문화재단으로의 명칭 변경은 그다음 해 호암미술관 준공을 앞두고 이루어진 것이어서, 미술관 중심의 운영을 일찌감치 예고한 측면이 있다고 볼 수 있다.

2025년이면 설립 60주년을 맞는 삼성문화재단 활동의 분기점은 호암미술관(1982년 개관)[50]과 리움미술관(2004년 개관) 등 두 곳의 소속 미술관 개관이다.

삼성문화재단은 설립 이후 문학상 시상과 국악경연대회 개최, 현악앙상블 세종솔로이스츠 창단 등의 다양하고 공격적인 문화예술 지원 사업을 펼쳐왔다. 특히 삼성미술문화재단 시절인 1993년에는 대종상 영화제를 인수해 운영하기도 했다. 이것은 삼성문화재단의 대중예술 분야 지원 첫 사례로, 미술을 축으로 한 순수예술 외에도 대중예술 분야 지원을 공식화한 것으로 해석할 여지가 있다.[51] 그러나 삼성문화재단의 대종상 영화제 운영은 1996년까지만 지속됨으로써 단발적 문화예술 지원 성격에 머문 것은 한계로 남는다.[52]

삼성문화재단은 두 곳의 미술관 개관 이후 미술관과 관련한 운영이 두드러지는 흐름을 보인다. 리움미술관이 개관하기 이전인 2003년 말까지는 호암미술관에서 이루어진 전시를 중심으로 한 운영이 주요 활동으로 기록되고 있다. 예를 들어 '도자기명품전'(1985), '한국인물화

---

50) 호암미술관은 1985년 12월 박물관법에 의한 사립박물관 제1호로 등록되었다.
51) 그동안 국가 주도로 운영되던 대종상 영화제가 민간 주도로 넘어간 것은 이때가 처음이다.
52) 삼성문화재단이 대중예술 분야를 지원한 것은 대종상 영화제 운영이 처음이자 마지막이다.

전'(1987), '산수화 4대가전'(1989), '조선후기 국보전－위대한 우리문화를 찾아, 서 III전'(1998), '김홍도와 궁중화가－호암미술관 소장품 테마전 IV'(1999) 등을 들 수 있다. 특히 삼성문화재단이 호암미술관 개관으로 본격적인 활동을 시작한 1980년대는 호암미술관 운영을 제외하곤 다른 지원사업을 찾아보기 어려운 측면이 있다. 삼성문화재단은 호암미술관 중심의 운영 구조에서도 '파리국제예술공동체 입주자 선정'(1997), '삼성문학상 시상식', '멤피스트 선발'(1996), '세종솔로이스츠 창단'(1995), 국악동요제 개최 등의 다른 활동을 병행했는데, 이것은 문화예술 지원사업의 다각화라는 관점에서 의미를 찾을 수 있을 것이다. 특히 1992년엔 영국 런던의 빅토리아&앨버트 박물관에 한국 전시실인 삼성갤러리를 개관하였다. 빅토리아&앨버트 박물관 내 삼성전시실 개관은 국제 문화 교류 활동으로, 한국 정부가 아닌 민간 기업 문화재단이 한국문화 홍보를 시도한 사례다.

전통미술을 앞세운 호암미술관과는 달리 현대미술을 표방하는 리움미술관('삼성미술관 Leeum'으로 문을 열었다)의 개관은 삼성문화재단의 운영 방향을 미술관 중심으로 더욱 쏠리게 한 측면이 있다. 리움미술관은 정식 운영을 시작한 2005년에만 7차례의 주요 전시를 개최했으며, 이후에도 상설전시와 기획전시를 이어가면서 삼성문화재단의 핵심적인 운영 조직체가 되고 있다. 이처럼 호암·리움미술관 등 두 곳의 미술관이 주축이 된 하드웨어적 운영이 삼성문화재단의 특징이자 다른 기업 문화재단과의 차별성이라고 볼 수 있지만, 한편으로는 삼성문화재단의 미술관 운영 외 여러 형태의 문화예술 지원사업의 사례는 문화재단의 역할 수행이라는 관점에서 이해할 수 있다. 특히 문화재단의 존립 이유이기도 한 메세나 활동이 리움미술관 이후 가시화한 것은 고무적인

현상으로 평가할 수 있다.[53]

　　그러나 삼성문화재단은 2000년대 중반 이후 이러한 문화예술 지원 사업을 대폭 정리했는데, 이는 공익적 차원의 문화예술 활동을 최우선 하고 있는 기업 문화재단의 역할론과 연결 지을 수 있다. 예컨대 문화 예술 인재 발굴 및 육성을 위해 1996년부터 시행된 멤피스트 (MAMPIST: Music and Dance, Art and Art Administration, Movies and Plays) 제도는 시행 6년 만인 2001년 폐지됐다.[54]

　　삼성문화재단을 중심으로 한 삼성의 문화예술 후원 사례는 <표 6-8>에서 확인할 수 있다.

| 표 6-8 | 삼성그룹의 주요 문화예술 후원

	분야	사업명	내용	기간
국내	인재 양성	도의 문화 저작상→ 삼성문학상	역량 있는 작가 발굴 및 창작지원	1974~
	인재 양성	초록 동요제	동요의 저변 확대와 어린이 정서 함양	1984~2016
	인재 양성	국악동요제	독창적이고 새로운 창작국악 동요	1987~

---

53) 삼성문화재단은 2006년 댄스시어터 까두와 정농악회, 2009년엔 한국시각장애인예 술협회와 각각 '기업과 예술의 만남' 결연식을 했다. 삼성문화재단 홈페이지, http://www.samsungfoundation.org/index.asp(검색일: 2024년 4월 5일).

54) 멤피스트 제도의 장르별 세부 선발 분야는 ① 미술: 미술사, 미술이론, 미술교육, 보존 과학 ② 음악: 음악학, 음악사, 음악이론, 음악미학, 음악비평, 음악교육 ③ 영화 및 영상: 영화학, 애니메이션, 뉴미디어영상이론, 영화, 애니메이션, 뉴미디어연출 제작 기술 ④ 연극: 연극학, 연극교육 ⑤ 예술경영: 예술경영, 예술행정 등으로 학위과정과 창작과정으로 나누어 대상자를 선발했다. 삼성문화재단은 이들에게 해외 유수의 교육 기관과 문화예술단체에서 석·박사학위 취득 및 실무연수가 가능하도록 1인당 연간 3만 6,000달러를 지원했다.

			발굴	
인재 양성	멤피스트	선발자는 재단의 지원을 받아 외국 유명 대학이나 전문단체 유학		1996~2001
인재 양성	Samsung Music Fellowship	연주자 현악기 무상대여		1997~
인재 양성	꿈쟁이 오케스트라	우수 학생에게 악기 지속적 지원. 수원시 지역아동센터 어린이들의 음악교육 지원		2012~
인재 양성	국내피아노 조율사 양성사업	세계적 수준의 피아노 조율사 양성을 위해 해외 선진 조율 기술 교육		2016~
지역발전	용인시 지역작가 초대전	지역사회 미술가들에게 전시 기회를 제공하고 시민 및 삼성전자 임직원들에게 문화예술 기회 제공		2016
국외	인재 양성	시테 레지던시	시테 레지던시에 작업실 장기 임대. 역량 있는 작가들에게 입주 기회 제공	1997~2060
	문화기관	한국실 개관 지원	미술관 내 한국 미술 전시 강화, 공동 장학금과 교육프로그램	1988
	문화기관	국외 소재 한국문화재보존 지원사업	해외에 있는 한국문화유산의 보존과 복원을 지원하는 사업	2022~

출처: 삼성문화재단 홈페이지를 참조하여 재구성.

현대자동차의 문화예술후원

현대자동차(현대차)는 국내 다른 대기업에 비해 비교적 늦은 2013
년부터 문화예술 후원에 본격적으로 뛰어들었다. 이러한 배경에는 2011
년에 발표한 '모던 프리미엄' 방향성이 자리한다.

당시 소비자들이 기업의 사회적 책임에 대한 목소리를 높이면서
판매실적에만 몰두하던 기업의 마케팅이 감성마케팅으로 변화하였고,
이것의 실천으로 문화예술 후원이 등장하게 된 것이다.

현대차가 2007년 처음 발행한 사회공헌 백서는 문화예술의 구체적
인 사례들이 녹아들어 있다. 'H-ART'는 문화예술 지원활동을 상징하
는 현대차의 문화 브랜드이다. 현대차는 2007년 젊은 현대미술 작가들
과 공동으로 추진한 'Gallery H-ART' 전시회를 시작으로 예술의 전당
공식 후원, 서울국제무용제 후원 등 다양한 문화예술 분야를 지원하기
위해 국내에서는 처음으로 문화마케팅 독립 브랜드를 론칭하였다.

'H-ART'는 예술의전당 공식 후원을 비롯하여 'H-ART 야외공연'
론칭 등 음악, 미술, 무용, 영화 등 다양한 분야에서 지속적인 지원을
펼쳤다. 이는 'H-ART'가 단순한 기업 문화마케팅에 머물지 않고 기업
의 사회적 책임을 다하는 문화 나눔의 성공적 사례가 되도록 노력할 것
이라는 다짐이라는 측면에서 이해할 수 있다.

이 가운데 예술의 전당 공식 후원사업이 두드러진다. 오페라 '마술
피리', '카르멘', 송년음악회 '화이트 크리스마스' 등 주요 공연을 후원하
였고, 예술의전당과 함께하는 'H-ART야외공연'도 진행하였다. 이 공연
은 국내 최초로 기업이 문화예술단체와 함께 공연의 기획단계부터 참여

하여 시민을 위한 무료 야외공연을 지원하는 컨셉으로, 5~9월 매주 주말마다 각기 다른 테마로 꾸며졌다.

매년 제주에서 열리는 '제주 해비치 아트 페스티벌'은 현대차의 공식 후원 행사로 자리매김하고 있다. 이 행사는 전국 문화예술 단체 관계자와 예술인, 제주시민, 관광객 등 매년 1만 명 이상이 참여하는 국내 최대 규모의 문화예술 축제다. 현대차는 이 행사에 '현대차그룹과 함께하는 제주인(in) 페스티벌'을 열어 제주 주요 관광명소 20개소에서 뮤지컬, 무용, 음악, 전통 예술 등 다양한 공연을 지원했다. 또한 200여 개의 문화예술 단체 부스 전시를 통해 이들의 문화 활동 및 사업 아이템 등을 홍보할 수 있는 아트마켓을 열고 있다.

이 외에도 저소득층 아동과 청소년 대상으로 예술 인재를 발굴, 후원하기 위한 아트드림 음악 콩쿠르를 개최하거나, 현대차 울산공장과 전주공장 등 제조공장이 위치한 지역에서는 '현대차와 함께하는 행복나눔 메세나 오디션', '해피 시네마데이' 등 문화예술 행사를 운영하기도 했다.

현대차는 특히 2010년대 중반 이후부터 해외로 눈을 돌려 현지 문화예술기관을 후원하고 있다.

2015년 가을부터 영국의 대표적인 현대미술관 테이트모던과 11년 간의 후원 계약을 통해 미술관의 상징인 터빈 홀 내 컨템포러리 아티스트의 새로운 작품 전시를 후원하고 있다. 테이트모던의 터빈 홀은 2000년 개관 이래 세계적인 명성의 컨템포러리 작품들을 전시해 왔다. 현대차는 이 후원 계약과 함께 테이트모던이 비디오 아트의 선구자인 백남준의 주요 작품 9점을 구매하는 것을 지원하기도 했다.

또한 2015년부터 국립현대미술관과 미국 LA카운티미술관 후원을 시작하였다. '국립현대미술관 현대차 시리즈'는 국립현대미술관과 현대차가 한국 미술의 지평을 넓히기 위해 함께 기획한 중장기 프로젝트로 통한다. 현대차는 기존 관습에서 벗어나 자유로운 창작 활동을 추구하는 한국 현대미술 작가의 작품을 후원함으로써 한국 미술이 세계로 나아갈 수 있도록 지원하고 있다.

LA카운티미술관은 2024년까지 10년간의 파트너십을 통해 '더 현대 프로젝트(The Hyundai Project at LACMA)'라는 이름으로 '아트＋테크놀로지' 분야 전시를 후원하고 있다. 이와 함께 2015년부터는 2년마다 열리는 베니스비엔날레 국제 미술전 한국관 후원을 통해 한국 작가들의 창의적인 작품들을 전 세계 무대에 소개하고 있다.

현대차는 2024년 미국 뉴욕에 위치한 휘트니 미술관[55]과 10년 장기 후원 협약을 체결하고 신규 파트너십을 구축하였다. 이러한 파트너십을 통해 2년마다 열리는 휘트니 미술관 대표 프로그램 '휘트니 비엔날레'를 후원하고, 미술관 야외 전시장에서 진행될 신규 전시 프로그램 '현대 테라스 커미션'을 매년 선보인다. 휘트니 미술관 5층 야외 테라스에 있는 '현대 테라스 커미션' 전시장에서는 매년 조각, 퍼포먼스, 멀티미디어 등 다양한 장르의 새로운 대형 설치 작품을 선보이게 된다.

현대차가 국내 문화예술 분야 후원을 넘어 해외 유명 미술관 후원에 주력하는 이유는 문화예술 마케팅 측면에서 이해할 수 있다. 현대차 생산과 소비가 활발하게 이루어지면서 한편으로는 관광객이 몰리는 미국과 유럽, 중국 등에 소재한 유명 미술관을 적극 후원함으로써 자동차 제조 업체의 이미지를 고양하고, 이는 궁극적으로 현대차 구매로 이어

---

55) 1931년 문을 연 휘트니 미술관은 예술가들의 대담한 작품 시도와 도전에 주목하며 혁신적인 프로그램을 통해 글로벌 미술계의 발전을 주도한다는 평가를 받고 있다.

질 수 있다는 고도의 마케팅 전략의 일환으로 받아들여진다.

삼성그룹이 삼성문화재단을 통해 미술 분야를 중심으로 후원에 집중하고 있다면, 현대차그룹은 현대차정몽구재단이 클래식 인재 양성과 예술마을 프로젝트와 같은 순수예술 분야에 특화된 후원 활동을 지속하는 특징을 보인다.

현대차정몽구재단의 문화예술 후원 주요 사업으로는 '예술마을 프로젝트', '온드림 영아츠', '온드림 스테이지' 등 세 가지로 예술마을 프로젝트는 계촌 클래식 축제가 2015년부터 강원 평창에서 열리고 있다. 동편제 국악 축제도 같은 시기에 시작됐으나 최근 폐지됐다.

'예술마을 프로젝트'는 지역마을이 지닌 문화적 자산과 장르별 예술을 연계해 지역사회에 활력을 불어넣고, 일상 속에서 문화예술의 감동을 향유할 수 있도록 하는 데 초점이 맞춰져 있다.

야외 무대에서 열리는 계촌 클래식 축제는 현대차정몽구재단의 클래식 분야 특화 후원 활동이라는 점과 개최 장소가 시골 지역이라는 점에서 논의가 필요하다. 현대차정몽구재단은 세부 프로그램과 홍보마케팅 등 계촌 클래식 축제의 원활한 운영을 위해 한국예술종합학교와 손을 잡았으며, 여기에 계촌마을 주민들이 함께 나서 특별한 예술을 체험할 수 있는 무대를 만들어 나간다. 다시 말해 정부와 지방자치단체가 주도하는 클래식 축제가 아니라 기업의 문화예술 후원으로 학교, 기업, 마을이 주축이 된 산(産)·학(學)·민(民) 협업이라는 새로운 형태의 지역 기반 예술 프로젝트로 이해할 수 있다. 계촌 클래식 축제는 별빛오케스트라, 마스터클래스, 계촌마을 문화 교실 등 다양한 예술 프로그램을 선보이면서 행사에 참여하는 클래식 연주자들에 대한 직접적 후원 외에도 전국에서 클래식 애호가들을 불러들이는 효과를 발휘하고 있다.

'온드림 앙상블'은 클래식 음악을 전공하는 학생들에게 연주 활동의 자리를 마련해주는 프로그램이다. 2014년 창단한 '온드림 앙상블'은 현대차정몽구재단 클래식 음악 전공 장학생들이 지도교수진과 함께 전공별 앙상블 활동, 음악가로서의 재능과 역량을 강화하는 교육에 나서고 있다. '온드림 아티스트'는 국내외에서 활동하고 있는 현대차정몽구재단 배출 문화예술 인재를 초청하는 일련의 리사이틀 시리즈이다. 온드림 문화예술 인재 클래식 연주 전공 장학생(중·고·대학생)을 대상으로 리사이틀 및 아티스트 홍보를 지원하고 있다.

| 표 6-9 | 현대차그룹의 주요 문화예술 후원

구분	분야	사업명	내용	기간
국내	문화기관	예술의 전당 공식 후원	공연 후원, 야외무대 공연	2007~
	인재 양성	아트드림사업	아트드림 프로젝트를 통해 악기와 교구재, 전문가 레슨기회 등 제공	2007~
	문화행사	제주 해비치 아트 페스티벌 공식 후원	다양한 공연 지원, '대학 연극, 뮤지컬 페스티벌' 수상 학생들, 문화예술 단체 초청	2008~
	인재 양성	온드림 문화예술 인재 장학사업	문화예술 분야 영재 및 청년 예술가 육성	2011~
	인재 양성	온드림 앙상블	미래 한국을 대표해 세계에서 활동할 차세대 아티스트 육성 위해 클래식 음악 인재 선발. 최정상 아티스트와의 마스터클래스, 예술의전당 콘서트 기회 등 제공	2011~
	문화기관	국립현대미술관	현대차는 기존 관습에서	2015~

	지역발전 인재 양성	현대차 시리즈	벗어나 자유로운 창작 활동을 추구하는 한국 현대미술 작가의 작품을 후원함으로써 한국 미술이 세계로 나아갈 수 있도록 지원	2024
		예술마을 프로젝트	평창 계촌마을 학생 오케스트라에 악기 제공, 계촌 클래식 축제 후원, 레슨 수업 지원	2015~
국외	문화기관	영국 테이트모던 미술관 후원	백남준 작품 구매 지원. '현대커미션' 프로젝트 통해 매년 한명의 작가 선정 전시 기회 제공	2015~ 2026
	문화기관	LA카운티미술관 더 현대 프로젝트	'아트+ 테크놀로지' 분야 전시를 후원함으로써 현대미술계 발전을 지원	2015~ 2024
	문화행사	베니스비엔날레 한국관 후원	한국 작가들의 창의적인 작품들을 전 세계 무대에 소개	2015~
	문화기관	네덜란드 반 고흐 미술관 후원	반 고흐 미술관은 한국어 안내 서비스 추가. 현대차는 아이오닉 포함 총 2대의 차량을 반 고흐 미술관 측에 전달	2016~ 2019
	문화기관	중국 상하이 유즈 미술관 파트너십	유즈 미술관과 파트너십 체결, 문화사업 지원 강화	2019~
	문화기관	휘트니 미술관 후원 협약	파트너십 통해 격년으로 진행되는 휘트니 미술관 대표 프로그램' 휘트니 비엔날레'를 후원. 미술관 야외 전시장에서 진행될 신규 전시 프로그램' 현대 테라스 커미션'을 매년 개최 계획	2024~ 2034

출처: 현대차그룹과 현대차정몽구재단 홈페이지를 참조하여 재구성.

LG그룹의 문화예술 후원

LG그룹의 문화예술 후원 활동 주된 플랫폼은 LG연암문화재단이다. LG연암문화재단을 통해 문화예술 외에도 과학기술, 학술지원 등의 분야에서 다양한 공익활동을 하고 있는 LG그룹은 문화공간이자 비영리 공연장인 LG아트센터를 운영함으로써 문화예술에 대한 직·간접적 후원을 지속하고 있다.

LG아트센터는 '문화예술의 창작과 교류를 통한 기업 이윤의 사회 환원'을 목적으로 운영하는 비영리 공연장을 표방한다. 2022년 10월 서울 마곡지구 서울식물원 부지에 새롭게 둥지를 튼 LG아트센터 서울은 총 1,335석의 'LG 시그니처 홀'과 다변형 블랙박스 'U+ 스테이지'를 비롯하여 다양한 부대 시설을 보유하고 있다.

이러한 특징은 공연예술과 문화의 공존을 끌어내어 시설적 측면의 예술 후원으로 이끄는 효과를 발휘한다고 볼 수 있다.

LG아트센터 외에도 LG그룹 계열사의 문화예술 후원 활동 사례를 찾아볼 수 있다. LG전자는 미국 국가문화 유산으로 지정된 대중문화 공연장 LA월튼극장을 2003년부터 5년간 후원해 왔다. LA월튼극장은 LG전자 후원을 계기로 극장 명칭이 '월튼LG'로 새롭게 바뀌면서 만성적인 적자를 말끔히 해소하고 더 나은 시설과 수준 높은 공연장으로 거듭났다.

LG전자는 특히 극장 내 바 등 휴식 공간에 LG 제품을 설치하고 후원 기간 극장을 제품 전시·시연 등 마케팅 장소로 사용해 이미지를 끌어올렸다. 2021년부터는 '프리즈'의 글로벌 파트너로 활동해 왔으며, '프리즈 뉴욕'과 '프리즈 서울'을 후원했다. 특히 '프리즈 서울 2023'에 LG

올레드는 글로벌 파트너이자 업계 최초로 최고 권위 레벨인 '헤드라인 파트너(Headline Partner)'로 참가했다.

현대차그룹이 해외 유명 미술관과 파트너십을 구축하여 국외 예술 후원을 본격화하는 흐름은 LG그룹에서도 나타난다. LG그룹은 2022년에 미국 뉴욕 구겐하임 뮤지엄과 파트너십을 맺고 첨단기술과 문화예술의 융합을 발굴·지원하기로 했다. 이것은 글로벌 시장에서 LG 브랜드의 창의적 이미지를 강화하려는 계획으로 읽힌다. 'LG-구겐하임 글로벌 파트너십(Art&Technology Initiative)' 체결로 예술과 기술의 융합을 발굴하여 지원하며, 현대미술 분야의 혁신적인 예술가들을 후원해 글로벌 미술계의 새로운 장을 여는 데 기여한다는 목표다.

V. ESG 경영과 문화예술 후원

ESG는 환경(Environment), 사회(Social), 지배구조(Governance)의 약자로 환경보존과 관련한 구체적인 경영활동, 사회적 책임 및 건전하고 투명한 지배구조에 중심을 두고 지속가능성을 달성하기 위한 기업 경영의 세 가지 핵심 요소를 의미한다. ESG가 비교적 체계적으로 잘 관리되고 있는 기업은 리스크 관리수준과 준법 준수수준 또한 높은 경향을 보이고 있으며, 이러한 기업들은 횡령이나 부패 같은 기업 고유 위험 관련 부정적 사건을 경험할 가능성이 상대적으로 낮다.

ESG 수준이 높은 기업은 체계적인 위험, 이를테면 에너지 효율적인 기업의 경우 기후 변화 이슈에 대해 다른 기업에 비해 효율적인 대응이 가능하다. 따라서 ESG 관리는 전략적 차원에서 기업의 장기적 성장을 위한 기회 요인이 될 수 있으며, ESG를 통해 창출하는 사회적 가치는 수익 증가, 비용감소 등의 경로를 통해 기업 가치 개선을 동반할 수 있다.

ESG 경영은 아래 몇 가지 측면의 경영환경 변화 속에서 기업의 변화와 혁신을 위해 현존하는 가장 진보적인 형태의 패러다임으로 평가받는다.

첫째, 단기 수익 위주에서 장기 수익을 추구하는 투자자의 요구로 비재무 정보를 회계화하여 비교가능성을 높이려는 움직임이 있다.

둘째, 사회적 문제를 야기하는 대형 글로벌 기업들의 정보공개를 요구하는 EU와 미국 등이 비재무 정보공개 요구의 법제화를 추진하고 있다.

셋째, 스마트폰 등 개인 통신 기술의 발달로 기업의 과실이 소비자에 의해 불매운동이나 조달 거절, 주가 하락 등 손실로 이어지는 경영환경이 존재한다.

넷째, 인공지능, 빅데이터, 스마트폰으로 대변되는 정보통신기술의 발달을 활용한 ESG 지표의 활용이 뚜렷하다.

ESG 경영은 특히 CSR 및 지속가능경영과는 차별성을 발견할 수 있다. CSR과 지속가능경영이 소수 선도기업의 전유물이었다면 ESG 경영은 국내·외 여러 이해관계자의 압력과 기업 자체의 필요성에 의해 리스크를 예방하고, 폭넓은 ESG 요소에 대한 관리 수준을 높이며 전사 통합적인 관리를 하는 다수의 기업이 채택하는 새로운 패러다임으로 이해할 수 있다.

| 표 6-10 | ESG 경영과 CSR 및 지속가능경영과의 비교

구분	ESG 경영	CSR/지속가능경영
동인	외부 이해관계자(투자기관, 고객, 감독기관 등) 요구	내부 이해관계자의 의지
도입 동기	예방적	선도적
거버넌스	ESG 요소에 대한 이사회 차원 관리, 리스크분석관리 요구	IR보고서 요구수준 보고
권장보고수준	ESG별 활동 결과데이터, ESG 관리수준 설명 강화	ESG별 활동 결과 데이터 위주
공시 범위	자율적, 반강제적, 평가대응용 정량지표 강화	자율적 이슈범위 및 지표 선택
공시방법	보고서 홈페이지 게시, ESG데이터 웹 게시, ESG포털 자율공시 등록 등	보고서 홈페이지 게시

출처: 박태양, 'ESG경영 공시전환에 대응하는 중대토픽 공시방법 연구-석유와 가스산업 중심으로', 한국산업경영시스템학회지, 2022. 재인용.

민간 기업이 ESG 경영을 보편화시켜 나가고 있는 추세인 데 비해 공공문화예술기관은 상대적으로 저조한 흐름이 나타난다. 2021년 기준 공공문화예술기관 124개 중에서 기초문화재단 16개소와 광역문화재단 10개소만이 ESG 경영을 선포하고 활동 중이다.

이와 같은 결과는 공공문화예술기관의 특성이 경영평가에 제대로 반영되어 있지 않는 상황과 무관치 않은 것으로 보인다. 문화체육관광부 산하 기타 공공기관 및 단체 경영평가 제도 개선 연구 결과, 공공문화예술기관의 특성이 경영평가에 '반영되어 있지 않다'라는 응답은 45%, '반영되어 있다'라는 응답은 10%로 나타났다.[56] 이는 현행 경영평가 체계 내 문화예술에 대한 고유 특성이 제대로 반영되어 있지 않다는

56) 오지현·류승완, '공공문화예술기관의 ESG 경영에 대한 인식과 태도 연구', 문화정책 논총 제37집 1호, 한국문화관광연구원, 2023.

의미로 파악할 수 있다. 또한 문화체육관광부 기타 공공기관 및 단체 경영평가가 기획재정부의 공공기관 경영평가와 유사한 형태로 설계되어 있어서 공공문화예술기관의 규모 및 사업의 특성이 고려되지 못하는 측면도 있다. 이처럼 공공문화예술기관 경영평가와 관련한 현실적 문제점이 해소되지 않고 있는 상황에서 공공문화예술기관의 ESG 경영 도입이 속도를 내는 것은 쉽지 않은 상황이라고 할 수 있다.

하지만 ESG 경영이 공공문화예술기관의 비재무적 성과를 측정하고 파악하기 위한 최적화된 형태라고 한다면, 문화예술 분야에 대한 주요 사업의 특성과 기관의 특성을 반영한 ESG 경영평가 체계의 설계는 시급하다고 보아야 한다.

ESG 경영과 문화예술

비재무적 사회적 책임 활동이 기업 가치를 평가하는 주요 투자 지표로 자리매김하게 된 경제환경에서 ESG는 더 이상 외면하기 어려운 기업 평가지표가 되었다. 기업의 지속가능성에 영향을 미치는 사회적·윤리적 가치는 기업의 예술지원 활동인 메세나와도 매우 밀접한 연결성을 지닐 수밖에 없다. 이것은 ESG 경영이 메세나와의 동행으로 그 실천을 가속화할 수 있는 토대가 될 수 있음을 뜻한다. 문화예술이 갖는 창의성과 독창성, 심미성이 사회와 기업 발전을 위한 공생의 역할과 책임을 수행하도록 돕는 핵심 요소라고 한다면, ESG 경영을 통해 메세나를 더욱 탄탄하게 구축할 수 있는 기반이 마련되는 것이다.

이러한 관점에서 ESG 경영에 대한 기업의 관심과 노력은 문화예술에는 기회로 작용할 수 있다.

ESG 경영과 문화예술의 연계성을 논의하는 것은 유의미한 시도이다. 두 영역에서 먼저 살펴볼 요소는 '환경'이다. 문화예술은 그 자체로 환경재난을 해결하는 것은 난망한 일이지만, 사람의 마음을 움직이는 힘이 있다. 예술은 환경재난, 기후 변화, 생태계 보전 등 다양한 사회적 이슈에 대한 대중의 공감을 끌어낼 수 있다. 예술 본연의 인지적 가치와 문제 해결을 위한 예술적 행동은 공동체의 인식을 고양하고, 기업의 친환경 실현 노력을 단단하게 뒷받침하게 하는 데 무리가 없다. 구체적인 사례를 살펴보자.

예컨대 SK텔레콤은 본사 사옥 미디어월에 친환경 기술의 비전을 담은 예술작품을 전시하며 ESG 경영의 플랫폼으로 활용하고 있다. 온실가스 감축을 주제로 전시한 미디어 아트 '동행'은 오염된 자연이 이 회사의 친환경 기술을 통해 재생되는 과정과 넷제로를 향한 회사의 여정에 동행하자는 메시지를 담고 있다.

│ 그림 6-2 │ SK텔레콤의 ESG 경영 '환경' 요소 활용 사례

출처: 한국메세나협회 홈페이지(www.mecenat.or.kr). 캡처 2024년 3월 8일.

ESG 경영의 또 다른 주요 요소인 '사회'는 기업의 관심과 실행 노력의 주축이라고 할 수 있다. 기업의 문화예술 사회공헌 활동은 지역 주민을 비롯하여 이해관계자의 건강한 소통을 가능하게 한다.

또한 다양성과 나눔, 포용성을 지닌 문화예술의 특성은 기업 현장에서 근로자들의 정신적 복지를 증진하고 삶의 질 향상에 큰 영향을 미친다. 미국의 메세나 기구인 AFA(American For the Arts)가 예술이 창의성과 혁신을 불러일으키는 데 도움을 주고 있으며, 지역사회를 통합한다고 강조한 것은 ESG 경영의 '사회' 요소가 실행되었을 때 어떠한 결과가 나타나는지를 설명해 주고 있다.

ESG 경영의 '사회' 요소 실천 사례로는 동서식품의 '동서커피클래식'과 '맥심 사랑의 향기'가 무난하다. '동서커피클래식'은 지역사회와 소통하고 클래식 음악 발전에 기여하기 위해 동서식품이 매년 정기적으로 개최하는 클래식 공연 프로그램이다. 지역 주민들이 부담 없이 클래식 공연을 경험할 수 있도록 무료로 실시한다. '맥심 사랑의 향기'는 어린

| 그림 6-3 | 동서식품의 ESG 경영 프로그램 '맥심 사랑의 향기'

출처: 한국메세나협회 홈페이지(www.mecenat.or.kr). 캡처 2024년 3월 9일.

이 오케스트라에 문화자산을 후원하는 활동으로, 음악 꿈나무들에게 악기를 기증하고 음악가들의 재능 기부 활동을 연계해 준다.

우리나라 최초의 순수 민간 협동조합 신협57)은 신협사회공헌재단58)을 통해 문화예술을 비롯한 다양한 분야에 후원과 기부를 이어가고 있다. 특히 전통문화에 대한 지원이 두드러지고 있는데, 이는 미술과 클래식 음악 등을 중심으로 후원하고 있는 다른 민간 기업과의 차별성으로 읽히는 대목이자 ESG 경영의 '사회' 요소 활용의 일단을 우리나라 전통문화 후원에서 찾으려는 시도로 이해할 수 있다.

신협은 2020년 상호금융권 최초로 문화재청과 문화재지킴이 업무협약을 맺으면서 문화재 지킴이 단체로 위촉되었다. 이것이 기폭제가 되어 국가문화 유산 보전을 위해 조선 4대 궁궐과 종묘에 보수용 창호지를 지원한 데 이어 2022년부터는 전승이 취약한 국가 무형유산의 전승지원 사업을 후원하고 있다. 세부적으로는 국가 무형유산 전승 활동에 지금까지 8억 4,000만 원을 지원했으며, 문화재지킴이 봉사활동에 1억 6,800만 원을 후원했다.

또한 전통문화 계승 및 발전을 위해 적극적으로 인재 양성에 투자하는 모습을 발견할 수 있다. 신협이 2021년부터 전통한국음악예술원과 함께 추진하고 있는 전통예술 교육 및 국악 영재 육성 사업이 대표적이다. 5억 원이 넘게 지원된 이 사업으로 총 356명이 국악 영재로 선발되거나 전통예술 교육 혜택을 받았다. 이 가운데 전통예술 교육은 아동과

---

57) 신협은 한국전쟁의 상흔이 가시지 않은 1960년 서민과 영세상인들이 자발적으로 만든 대표적인 협동조합형 비영리 금융기관이다. 그동안 영세상공인 등 사회경제적 약자들의 지위 향상과 서민경제의 버팀목으로 기여해왔다는 평가를 받고 있다.

58) 신협사회공헌재단은 전국의 신협과 임직원이 주축이 되어 2014년에 만들어졌다. 신협사회공헌재단의 누적 기부금은 2023년 기준 577억 원에 달한다.

성인을 대상으로 한국무용, 타악기, 판소리, 민요 등 다양한 분야에서 이루어지고 있다.

| 그림 6-4 | 신협의 ESG 경영 사회공헌 프로그램 '전통문화 인재 양성'

출처: 신협, 『2023 신협 사회공헌재단 연차보고서』, 2024.

대중예술 분야에서도 ESG 경영의 '사회적 책임' 키워드와 맞물린 사례를 발견하기란 어렵지 않다.

중견 건설 회사인 대보그룹의 '서원밸리 자선 그린콘서트'는 기본적으로 지역 주민과 대중음악 팬들이 골프장에서 공연을 즐기는 축제의 범주를 지닌다. 축제의 무대가 일반적인 공연장이 아니라 골프장이라는 점이 이채로운 지점으로 볼 수 있다. 하지만 '서원밸리 자선 그린콘서트'는 단순한 공연 행사를 넘어 K팝 스타를 비롯한 수많은 출연 아티스트의 재능기부와 함께 현장을 찾은 관람객들에게 판매한 음식과 음료 등의 수익금 전액이 기부금으로 조성됨으로써 일반적인 대중예술 콘서트의 그것과 차별성을 띤다.

2000년 시작되어 2024년으로 20회째[59]를 맞은 '서원밸리 자선 그린콘서트'는 이러한 방식으로 7억여 원의 누적 적립금이 쌓였으며, 이 같은 적립금은 기부금의 형태로 지역보육원 등에 전달되고 있다.

결과적으로 ESG 경영 측면에서 살피자면, '서원밸리 그린콘서트'는 일차적으로 기업이 골프장이라는 특수한 무대에서 공연의 형식으로 대중예술인을 지속해서 후원하는 성격을 지닌다. 이차적으로는 행사 수익금으로 조성된 기부금을 통해 골프장이 소재한 지역에 대한 기업의 사회적 책임 구현이라는 관점에서 그 의미를 찾을 수 있다.

| 그림 6-5 | 대보그룹의 '서원밸리 자선 그린콘서트' 장면

출처: 대보그룹 홈페이지(https://www.daebogroup.com/kr/pages/csr/greenconcert).

ESG 경영의 마지막 요소인 '지배구조'도 문화예술과의 연관성을 찾기란 어렵지 않다. 문화예술을 활용하여 기업의 가치를 높이는 일은

---

59) 서원밸리 자선 그린콘서트는 매년 5월 마지막 토요일에 개최되고 있으나, 코로나 팬데믹 기간 등에는 열리지 않았다.

주주의 이익 증대와도 밀접하게 관련되어 있다.

기업은 지속가능성 이슈를 내포한 문화예술 지원 정책을 운영함으로써 기업의 가치를 높이게 되고, 문화예술로 쌓은 차별화한 신뢰는 ESG 시대에 새로운 공급망 협력 기회를 만들어 낼 수 있다.

이를 실천하는 사례는 중소기업 ㈜HK에서 발견할 수 있다. 최고경영진부터 직원까지 문화예술의 가치를 공유하고 공감하는 문화기업으로 알려진 이 회사는 연주단체인 행복나무플러스를 지속해서 후원하고 있고, 매년 연말에는 '삶과 나눔 콘서트'를 자선음악회로 개최하고 있으며, 수익금은 그룹홈시설 아동과 청소년의 장학금과 생활 지원에 사용한다. 이러한 문화 나눔 활동이 언론을 통해 알려지면서 국내 철강 대기업이 납품 계약 체결을 의뢰했고, 국내 및 해외 영업 평판 제고로도 이어짐으로써 이 회사의 기업 가치를 높이는 전환점이 되었다.

ESG 경영과 메세나

ESG 경영이야말로 메세나가 요구되는 영역이라고 할 수 있다. 그 이유는 한국메세나협회가 제시한 아래 열 가지 메세나 역할과 기능에서 확인할 수 있다.[60]

1. 메세나는 예술을 통해 공동체의 인식을 고취한다.
2. 메세나는 ESG 실현 노력에 대한 공감을 확대한다.
3. 메세나는 이해관계자 소통과 나눔에 도움을 준다.
4. 메세나는 노동과 삶의 균형 보장에 기여한다.

---

60) 한국메세나협회 홈페이지(https://www.mecenat.or.kr/ko/intro/esg.php), 2022.

5. 메세나는 근로자 인권 증진 및 만족도 향상에 영향을 미친다.
6. 메세나는 지역사회 참여 및 개발을 가능하게 한다.
7. 메세나는 기업 가치를 높이고 주주 이익을 증대시킨다.
8. 메세나는 공급망 협력 기회 창출을 지원한다.
9. 메세나는 시민 에너지를 독려한다.
10. 메세나는 새로운 세대를 위한 사회책임 이행에 협력한다.

첫 번째, '예술을 통한 공동체의 인식 고취'는 사람의 마음을 움직이는 힘을 지닌 문화예술의 특성을 반영한다. 예술 자체로는 환경문제를 해결하기 어렵지만, 예술 본연의 인지적 가치와 예술 행동은 공동체의 인식을 고취하고 나아가 기업의 친환경 실현 노력을 뒷받침한다. 이러한 설명은 ESG 경영의 '환경' 요소를 부연한다고 볼 수 있다.

두 번째, 'ESG 실현 노력에 대한 공감 확대'는 기업의 사회적 공존 추구에 대한 대중의 공감을 높이는 예술 커뮤니케이션을 의미한다. 예술을 통한 커뮤니케이션은 창의성과 심미성을 활용한 활동으로, 메세나 활동은 지역사회와의 감성 나눔을 기반으로 해서 기업이 ESG와 관련된 정보를 공개할 때 정서적 호의와 지지를 얻도록 도울 수 있다.

세 번째, '이해관계자 소통과 나눔'은 기업의 문화예술 사회공헌활동이 지역 주민을 비롯한 이해관계자와의 문화적 소통을 가능하게 하며, 문화 나눔을 통해 소득과 세대, 지역에 구애받지 않고 공동체의 일체감을 조성하여 비차별 사회 구현에 기여할 수 있다.

네 번째, '노동과 삶의 균형 보장'으로, 문화예술은 기업 현장에서 여가친화적 문화가 스며들게 함으로써 근로자의 삶의 질 향상에 적지 않은 영향을 주고 있다.

　　다섯 번째, '근로자 인권 증진 및 만족도 영향'은 문화예술이 직원 만족도를 높이기 때문에 기업의 사회적 성과 측정 과정에서 기업 신뢰도, 존중, 자부심, 동료애 등에 관한 항목에서 긍정적인 답을 이끌어 낼 수 있다.

　　여섯 번째, '지역사회 참여 및 개발'은 사회문제 해결을 위한 메세나 활동은 공동체의 문화적 재생과 지역 개발에 기여할 수 있다는 논의로 파악할 수 있다.

　　일곱 번째, '기업 가치 향상과 주주 이익 증대'는 ESG 경영의 '거버넌스'가 문화예술과 만났을 때의 효과를 의미한다. 예술은 인간의 내적 성숙을 이룰 수 있는 정신활동이며, 예술이 근원적으로 추구하는 아름다움은 개인의 윤리성과 관계 건전성과도 연관된다.

　　따라서 문화예술로 가꾸는 기업문화는 조직 구성원 개개인의 윤리적 성숙을 통해 평판 위험, 인적 위험 등의 비재무 위험에도 대응하는 힘을 발휘하게 된다.

　　여덟 번째, '공급망 협력 기회 창출'은 기업들이 지속가능성 이슈를 내포한 예술 콘텐츠를 지원하는 방향으로 메세나 정책을 운영할 수 있고, 이를 바탕으로 쌓은 차별화한 신뢰는 ESG 시대에 새로운 공급망 협력 기회를 만들어 낼 수 있다.

　　아홉 번째, '시민에너지 독려'는 ESG 경영환경에서 비즈니스를 변화시킬 수 있는 시민들의 힘을 지칭한다. 기업의 ESG 활동에 예술의 메시지 생산력과 아이디어가 결합하면 환경·사회 등급이 높은 제품이나 서비스를 선호하는 시민 에너지를 독려할 수 있다.

　　열 번째, '새로운 세대를 위한 사회책임 이행'은 기업의 사회 기여를 중시하는 젊은 세대를 겨냥한 메세나를 통한 비즈니스 방법론이다.

문화예술에 관심이 많은 MZ세대에게 메세나 활동은 기업의 사회책임
경영 가치를 확인시킬 수 있는 좋은 도구이다. 또한 아동과 청소년 대
상의 예술교육 지원활동은 미래 자산인 4C(Creative, Communication,
Critical Thinking, Collaboration)를 배양할 기회를 제공하는 사회적 투
자 수단으로 부족함이 없다.

| 표 6-11 | ESG 경영에 메세나가 필요한 열 가지 이유

연번	이유	주요 내용
1	예술을 통한 공동체의 인식 고취	예술 본연의 인지적 가치와 예술 행동은 공동체의 인식을 고취하고 기업의 친환경 실현 노력 뒷받침
2	ESG 실현 노력에 대한 공감 확대	메세나는 기업이 ESG 관련 정보공개 시 정서적 호의와 지지 얻는 데 도움
3	이해관계자 소통과 나눔	기업의 문화예술 사회공헌 활동은 지역 주민 등 이해관계자와의 문화적 소통 가능 이끌어내
4	노동과 삶의 균형 보장	문화예술은 근로자 삶의 질 향상에 막대한 영향
5	근로자 인권 증진 및 만족도 영향	문화예술은 직원 만족도를 높이기 때문에 기업의 사회적 성과 측정에서 긍정적인 답 이끌어 내
6	지역사회 참여 및 개발	사회문제 해결을 위한 메세나 활동은 공동체의 문화적 재생과 지역 개발에 기여
7	기업 가치 향상과 주주 이익 증대	문화예술로 가꾸는 기업문화는 평판 위험, 인적 위험 등 비재무 위험에 능동적 대응 효과
8	공급망 협력 기회 창출	메세나 정책 시행으로 쌓은 기업의 차별화된 신뢰는 ESG 시대에 새로운 공급망 협력 기회 창출
9	시민 에너지 독려	예술은 기업이 지향하는 가치의 파이를 키워 미래의 수익 잠재력 제고 기여

| 10 | 새로운 세대를 위한 사회책임 이행 | MZ세대에게 메세나 활동은 기업의 사회책임경영 가치를 확인시키는 훌륭한 도구로 작용 |

출처: 한국메세나협회 홈페이지(https://www.mecenat.or.kr/ko/intro/esg.php), 2022.

제7장　　　　文화예술 후원 활성화에 관한 법률

I. 문화예술 후원 활성화법

앞에서 살펴보았던 문화예술진흥법과 문화예술교육지원법, 예술인
복지법 등은 예술단체와 예술인, 예술교육을 망라하면서 문화예술 분야
를 직접적으로 지원한다는 공통적 특징을 지니고 있다. 주로 공공지원
을 중심으로 이루어지는 이와 같은 문화예술 지원 관련 법령은 궁극적
으로 문화예술 후원의 성격을 내포한다고 볼 수 있다.

지금부터 논의할 '문화예술 후원 활성화에 관한 법률'(문화예술후
원법)은 온전히 문화예술 후원 관련 내용으로 구성되어 있다.

제정 배경

문화예술 후원법은 2014년에 만들어졌다. 이 법령이 제정된 배경

은 기업이 중심이 된 민간부문의 문화예술 후원 확대에서 찾을 수 있다. 이와 같은 민간의 문화예술 후원 확대는 역설적으로 정부 지원의 한계를 시사한다고 볼 수 있다. 한정된 공공 재정으로는 문화예술 재원 부족 문제를 해결하기 어렵다는 판단에 따라 민간영역의 문화예술 후원 확대를 도모할 필요성이 커진 것이다.

특히 '조세특례제한법'이나 '법인세법', '소득세법' 등 문화예술 후원을 간접적으로 유도할 수 있는 현행 조세 법률도 존재하지만, 이러한 법률만으로는 후원 효과를 이끌어내기란 역부족이라는 현실적 이유도 자리한다. '조세특례제한법' 등에 의한 문화예술 후원 관련 세제 감면은 교육, 복지 분야 등에 비해 상대적으로 덜 알려진 데다 민간으로부터 기부를 이끌어내기엔 미미한 수준이며, 기부금품 모집 등에 관한 법률에 의거해 기부금품을 모집할 수 있는 법은 오히려 규제적 성격이 강한 특성을 지닌다.

이와 같은 측면을 고려할 때 문화예술 후원법은 문화예술 후원과 관련한 현실적 문제들을 민간 후원 활성화를 통해 해소하려는 목적이 크다.

법률의 개요

문화예술 후원법은 총 15개 조항으로 구성되어 있으며, 기본적으로 문화예술 후원 활동과 활성화를 위해 정부가 정책을 마련하고 종합적으로 지원할 수 있는 근거법적 성격을 지닌다.

이 법은 정부와 지방자치단체가 문화예술 후원 활동을 장려하기 위한 종합적인 시책 수립을 법제화하고 민간 문화예술 후원자와 문화예술인과 단체를 연계하는 문화예술 후원 매개단체 제도 구축 등 민간 문화예술후원 활성화를 위한 법적 근거를 마련하는데 초점을 두고 있다.

문화예술 후원법은 문화예술 후원 활성화를 위한 정부의 시책 수립 및 집행과 재정적 지원이 가능하도록 하고 있는데, 이에 근거하여 지자체에서도 관련 조례를 제정하고 행정적·재정적 지원을 할 수 있도록 명시하고 있다.

또한 문화예술 후원 확대를 위한 매개단체의 활동 필요성과 인증단체에 대한 재정적 지원을 명시하고, 기업과 공공기관 등 문화예술 후원자 중 모범적인 기관에 대하여 문화예술 후원 우수기관으로 인증하고 포상도 가능하도록 규율하고 있다.

문화예술 후원법에서 규정하는 '문화예술 후원자'는 문화예술 후원을 행하는 개인, 법인 또는 단체를 말하며, '문화예술후원매개단체'는 문화예술 후원을 매개하거나 지원하는 등 문화예술 후원 관련 업무를 수행하는 비영리법인 또는 단체로 문화체육부 장관의 인증을 받은 단체를 지칭한다.

문화예술 후원법의 조항 이름에서도 확인할 수 있듯이 이 법률은 문화예술 후원 매개단체와 문화예술 후원자 관련 내용이 중심을 이룬다. 모두 15개의 조항 중 10개의 조항이 문화예술 후원 매개단체와 문화예술 후원자 관련 사항으로 채워져 있다.

문화예술 후원을 활성화하기 위한 국가와 지방자치단체의 책무가 명시되어 있지만, 문화예술 후원 매개단체의 인증 및 육성 지원, 문화예술 후원자 포상, 조세 감면61) 등이 골격을 이루고 있다. 문화예술 후원

61) 문화예술 후원 활성화에 관한 법률 제9조는 조세의 감면과 관련하여 "국가와 지방자치단체는 문화예술 후원을 장려하기 위하여 문화예술 후원자 및 문화예술 후원 매개단체에 대하여 '조세특례제한법', '지방세특례제한법', 그 밖의 조세 관계 법률에서 정

매개단체와 문화예술 후원자는 결국 기업이 핵심적인 역할을 한다고 한다면, 이 법률은 기업의 후원 활성화를 위한 법적 근거를 마련했다는 데 의미를 찾을 수 있을 것이다. 이 법을 일명 '메세나법'으로 부르는 것도 이런 이유와 연관지을 수 있다.

| 표 7-1 | 문화예술 후원 활성화에 관한 법률 주요 내용

조항	조항명	주요 내용
제1조	목적	• 법률 제정의 목적
제2조	정의	• 문화예술 후원, 문화예술 후원자, 문화예술 후원 매개단체 등 정의
제3조	국가와 지방자치단체의 책무	• 문화예술 후원 활성화 시책 마련과 후원 권장·보호 및 육성 의무, 이에 필요한 재정적 지원 명시
제4조	다른 법률과의 관계	• 문화예술 후원 관련 사항은 이 법률이 정하는 바에 따름
제5조	문화예술 후원 매개단체의 인증	• 문화예술 후원 매개단체의 요건 및 인증에 관한 정부의 업무
제6조	정관 등	• 문화예술 후원 매개단체의 정관 또는 규약 설명
제7조	인증의 취소	• 문화예술 후원 매개단체에 인증 취소 대상
제8조	문화예술 후원 매개단체의 육성 · 지원	• 국가와 지방자치단체의 문화예술 후원 매개단체 육성·지원 명시화 • 문화예술 후원 매개단체 운영비 지원
제9조	조세의 감면	• 조세 관련 법률에서 정하는 바에 따라 국세 및 지방세 감면
제10조	보고 및 서류제출	• 중앙정부에 대한 문화예술 후원 매개단체의 업무·회계·재산 보고

하는 바에 따라 국세 및 지방세를 감면할 수 있다"고 규정하고 있다. 법제처 국가법령 정보센터 홈페이지.

제11조	문화예술 후원자 포상 등	• 상훈법에 따른 문화예술 후원자 포상
제12조	문화예술 후원 우수기관 인증	• 문화예술 후원 우수기관 인증 관련 정부 업무
제13조	인증의 취소	• 문화예술 후원 우수기관에 대한 인증 취소
제14조	권한의 위임 · 위탁	• 이 법에 명시된 정부 권한의 일부를 지방자치단체로 이관 가능 • 인증 업무 등을 관련 기관·단체에 위탁 가능
제15조	과태료	• 문화예술 후원 매개단체, 문화예술 후원 우수기관 인증표시 위반 시 500만 원 이하의 과태료 부과

출처: 법제처 국가법령정보센터를 참조하여 재구성.

성과와 효과

문화예술 후원법이 시행된 뒤 예상됐던 성과와 효과가 가시화되고 있다고 보기엔 크게 무리가 없다.

먼저 세법상 기부금 단체인 한국문화예술위원회와 지역문화재단은 문화예술 후원법에 근거하여 문화예술 분야 기부금 모집에 적극적으로 나서면서 유의미한 결과가 나타났다.

한국문화예술위원회와 지역문화재단에 유입되는 기부금은 코로나 19 확산 직전인 2019년까지 지속적으로 증가했다.

한국문화예술위원회에 대한 기부금은 특정 사업을 대상으로 지정하여 후원하는 조건부 기부금이 대부분으로, 코로나 팬데믹 이전까지 연 200억 원에 가까운 기부금을 유지했으며, 광역·기초문화재단 등 지역문화재단에서도 107개 재단이 세제적격단체로 지정되어 기부금을 수

납하고 있다. 지역문화재단은 2016년 이후 연평균 8.7%의 기부금 유입 증가세를 보이고 있다. 특히 2018~2022년의 기부금 유입액을 보면 재단 전체는 29.7%, 광역문화재단 31.6%, 기초문화재단 27.5%가 각각 증가하였다.

| 표 7-2 | 한국문화예술위원회 조건부 기부금 현황(단위: 100만 원)

연도	2014	2015	2016	2017	2018	2019	2020	2021	2022
조건부 기부금	18,607	23,509	17,510	19,347	19,182	23,010	13,751	12,466	10,686

출처: 한국문화예술위원회 내부 자료.

문화예술 후원법 제정 이후 기업의 문화예술 분야 지원 활동은 더욱 두드러지고 있다.

2012년 초반까지 1,600억 원대 초반에 머물러 있던 기업의 메세나 활동 규모는 문화예술 후원법 제정 이후 코로나 팬데믹 직전인 2019년에 2,081억 원까지 늘었다. 이러한 결과는 문화예술 후원의 근간이 되는 법률이 만들어지면서 문화예술 후원 우수기관 인증과 문화예술 후원자 포상 등 기업들의 적극적 메세나 활동을 이끄는 동력이 구축된 데 따른 것으로 이해할 수 있다.

또한 문화예술 후원 과정에서 매개자 역할을 하고 있는 공공기관과 한국메세나협회와 달리 직접 기부금품 모집 행위를 할 수 있고 기부금 영수증 발급이 가능한 전문예술법인과 전문예술단체의 기부금 모집 실적 역시 문화예술 후원법 시행 이후 호전되었다.

코로나 팬데믹 영향이 컸던 2020~2021년을 제외하면 기업의 전문예술법인과 전문예술단체 기부가 10.2% 증가한 것으로 나타났다.

| 표 7-3 | 전문예술법인·단체의 기부금 수입 현황(단위: 100만 원)

연도	2016	2017	2018	2019	2020	2021	계
개인	11,763	10,980	9,636	11,504	1,182	12,747	57,812
기업	31,227	32,904	39,709	41,758	4,319	26,885	176,802

출처: 예술경영지원센터, 『전문예술법인단체 백서』, 2017~2021.

이처럼 문화예술 후원법 시행을 계기로 기부 방식을 통한 기업과 개인의 문화예술 분야 지원이 두드러지는 현상은 고무적인 결과로 이해할 만하다.

이 외에도 문화예술 후원법의 성과는 문화예술 후원 매개단체 인증 및 문화예술 후원 전문가 양성에서 찾아볼 수 있다.

공공기관 중 문화예술 후원 활성화 업무를 주관하는 전담부서(문화예술 후원 활성화센터)를 설치한 한국문화예술위원회는 문화예술 후원 매개단체 및 문화예술 후원 우수기관 인증제도를 운영하고 있다.

문화예술 후원 인증제도는 문화예술 분야 후원 활동을 촉진하거나 모범적으로 수행하는 단체 및 기업을 지원하기 위해 마련했는데, 그 근거는 문화예술 후원법이다. 이 제도는 2015년부터 매년 문화예술 후원 분야에 탁월한 전문성을 갖추고 후원 성과를 일구어낸 단체 및 기업 등을 심사하여 문화예술 후원 매개단체와 문화예술 후원 우수기관으로 인증한다.

문화예술 후원 매개단체 인증 대상은 비영리 법인과 비영리 민간단체로 전담 조직과 인력, 재정 운영의 건전성, 매개 실적 등을 평가하여 인증한다. 문화예술 후원 우수기관 인증 대상은 영리 기업과 공공기관, 공사 및 공단 등이며, 문화예술 후원 전담 조직 구성 여부, 적절한 운영 체계, 후원 성과 및 지속성 평가 등을 거쳐 인증하고 있다. 2023년 말 기준 문화예술 후원 매개단체 12곳과 문화예술 후원 우수기관 64곳 등 총 76곳이 인증을 받았다.[62]

한국문화예술위원회가 2020년부터 시행하고 있는 문화예술 후원 매개 전문가 양성사업은 매개 전문인력 육성이라는 측면에서 주목할 수 있다. 후원 매개 전문가는 문화예술 분야에 후원하는 기부자와 후원 대상인 예술단체 및 예술인을 연결하고 서로 간의 소통을 도와 후원이 이루어질 수 있도록 하는 역할이 부여되어 있다.

이 사업은 '아트너스 클럽'[63]이라는 무료 교육과정을 통해 후원 매개 전문가를 양성한다. 아트너스 단계별 양성과정은 입문교육, 심화교육, 고도화 교육, 후속 성장 지원 등으로 진행되는데 사업 시행 초기 2년 동안은 경력단절여성이 대상이었으나 2022년부터는 참여자의 제한을 없앴다.

정리하자면 이 사업은 문화예술분야 후원 매개 인력을 발굴하여 양성 및 활동기반을 마련해줌으로써 궁극적으로는 예술의 자생적 생태계 구축을 도모한다고 볼 수 있다.

---

62) 문화예술후원인증을 받은 기업과 기관은 정부 포상(심사를 통한 한정 포상)과 함께 인증마크 활용, 출입국 우대카드 제공, 언론홍보 및 문화향유 기회 제공, 문화예술협력네트워크 기회 제공 등 다양한 인증혜택이 주어진다. 한국문화예술위원회, 『2023 예술나무 연말자료집』, 한국문화예술위원회, 2023.
63) 한국문화예술위원회의 예술후원 매개 전문가 양성 프로그램인 '아트너스 클럽'에 관해선 제12장에 상세하게 서술되어 있다.

II. 문화예술 후원 활성화법의 한계와 과제

문화예술 후원 활성화에 관한 법률의 입법 취지는 사회복지와 교육 등 다른 분야에 비해 문화예술 분야의 기부가 매우 적은 현실에서 기업의 예술지원 증가를 유도하여 정부의 공공예산 부담을 경감하고, 한편으로는 문화예술분야의 일자리 창출에 기여하기 위한 것으로 파악할 수 있다.

또한 대다수 선진국들이 기업 등 민간분야의 예술지원을 제도적 장치를 통해 실천해나가고 있는 현실에서 우리나라도 다소 늦었지만 관련 제도를 마련했다는 데 의의를 찾을 수 있다.

그러나 이 법률이 시행된 지 10년이 되었지만 전술한 성과 못지 않게 한계와 과제도 노정하고 있음은 주지의 사실이다.

조례 제정 부진

문화예술 후원법 제3조 '국가와 지방자치단체의 책무'는 문화예술 후원 활성화 시책을 마련하고 후원 권장 및 보호, 육성의 의무와 이를 위한 재정적 지원을 명시하고 있다. 이와 같은 모법의 규정에 따라 지방자치단체는 조례 제정을 통해 지자체 책무를 실현해야 한다. 그러나 지방자치단체들의 문화예술 후원법에 근거한 조례 제정은 매우 초보적인 수준에 머물고 있다. 광역자치단체 중에서도 조례를 제정하지 않은 곳이 있는가 하면, 기초자치단체의 조례 제정은 극히 일부 지자체에 그치고 있다.

이러한 현상은 문화예술 후원법 제정 같은 후원에 관한 국가의 정책적·제도적 시도에도 불구하고 지방자치단체는 이를 수용하는 데 적극적이지 않다는 점을 시사한다.

지자체가 문화예술 후원 활성화 조례 제정에 소극적인 이유는 문화예술 후원법이 문화예술 관련 다른 법률에 비해 구체적이고 상세한 내용을 담고 있다고 보기 어려우며, 문화예술 후원 활성화 관련 정부 정책이 다른 문화예술 정책과 비교할 때 비교적 중요도가 떨어지는 것과 연관성이 있다고 해야 할 것이다.

따라서 앞으로 문화예술 후원법을 개정하여 좀 더 실효성 있는 정책을 제시함으로써 지자체의 조례 제정에 당위성을 부여하는 한편 실질적인 후원이 늘어날 수 있도록 보완할 필요성이 있다.

| 표 7-4 | 지방자치단체의 문화예술 후원 활성화 관련 조례 제정

구분	자치단체	조례명	제정일
광역	경북	경상북도 문화예술 후원 활성화 지원 조례	2016.7
광역	제주	제주특별자치도 문화예술 재능기부 및 후원 활성화 지원 조례	2016.9
광역	경기	경기도 문화예술 후원 활성화 지원 조례	2017.11
광역	전북	전라북도 문화예술진흥에 관한 조례	2019.8
광역	인천	인천광역시 문화예술 후원 활성화 지원 조례	2020.7
광역	서울	서울특별시 문화예술 후원 활성화 조례	2020.10
광역	광주	광주광역시 문화예술 후원 활성화 지원 조례	2021.6
광역	울산	울산광역시 문화예술 후원 활성화 지원 조례	2021.9
광역	충남	충청남도 문화예술 후원 활성화 지원에 관한 조례	2022.4

광역	충북	충청북도 문화예술 후원 활성화 지원 조례	2022.12
기초	경기 성남	성남시 문화예술 후원 활성화 지원에 관한 조례	2020.12
기초	서울 구로	서울특별시 구로구 문화예술후원 활성화 조례	2021.5
기초	경기 부천	부천시 문화예술 후원 활성화 지원에 관한 조례	2021.7
기초	서울 도봉	서울특별시 도봉구 문화예술후원 활성화 조례	2021.9

출처: 법제처 국가법령정보센터, '자치법규정보시스템'을 참조하여 재구성.

한계와 과제

문화예술 후원 활성화를 위해 제정된 문화예술 후원법의 핵심적인 내용은 문화예술 후원 매개단체 육성 및 지원과 문화예술 후원기관 인증 등이다. 이러한 구조는 문화예술 분야의 민간재원 유입으로 자연스럽게 이어지고 있으나, 개인 예술인에 대한 직접적인 지원책으로서의 기능에는 한계가 있을 수밖에 없어 보완이 필요하다. 또한 문화예술 후원법이 제정된 이후 기부금 관련 특례를 담고 있는 '조세특례제한법'이 개정되어야 두 법령의 연계에 따른 후원 활성화 시너지 효과가 있지만 아직까지 법 개정은 이루어지지 못하고 있다. 문화예술 후원법이 만들어진 뒤 문화예술 기부금 세액 공제(10%), 문화예술 활용과 관련한 기업의 교육 훈련비에 대한 세액공제(대기업 10%, 중소기업 20%), 기업의 문화예술 접대비 한도액의 10% 범위 내에서 전액 손금 산입 등의 내용을 담은 조세특례제한법 개정안이 국회에서 논의되긴 했으나 여야 합의를 이루지 못하고 폐기되었다. 그 이후에도 조세특례법 개정[64]을 위한 노력은 계속되었지만 국회 본회의에서 논의되지 못한 채 공전을 거듭하고 있다. 문화예술 후원법이 시행된 2014년 '조세특례제한법'이 개정될 경우 나타나는 정책적 효과로는 조세 효과(예술기부금 및 예술 소비 872억 원 순증), 실업 및 고용효과(1,760~2,081명 고용 창출), 정부재정 대체 효과(672억 원) 등이 예상되었다. 또한 문화예술 기부에 대한 사회적 인식이 제고되는 등의 비계량적 효과도 기대할 수 있을 것으로 조사되었다.[65] 궁극적으로 문화예술 후원법이 민간의 문화예술 후원을 이끄는 실효적인 법령이 되기 위해선 조세특례제한법 개정이 필수적이다.

---

64) 개정안은 현행 기부금 손금산입에 더해 기업 매출액의 0.05% 한도 내에서 문화예술 후원매개단체 및 전문예술법인·단체에 대한 기부금의 10%를 세액공제하는 내용을 담고 있다.
65) '메세나법 제정, 기업의 문화예술 후원활동 지원한다', 웰페어뉴스, 2014년 2월 6일자 (https://www.welfarenews.net/news/articleView.html?idxno=42585).

제**3**부

문화예술 재원조성

제8장

문화예술 재원조성의 이해

I. 재원조성의 개념과 의미

이 장에서는 제4장에서 살펴보았던 '문화예술 재원과 후원'의 논의를 보다 구체화한다.

지금까지 논의한 문화예술 후원과 관련한 다양한 담론들은 궁극적으로 '재원조성'이라는 개념으로 확장되는 측면이 있다. 문화예술 후원이란 예술기관과 단체들이 직면한 전반적인 재원 부족 현상을 해소하기 위한 일련의 재정적 조치라는 논리를 배제하기는 어렵기 때문이다.

재원조성의 기본적 개념은 공익을 추구하는 기관이 자체 수입만으로는 재정이 충분하지 못할 때 자신의 사업을 널리 알리면서 이의 수행을 위한 재원을 공공기관이나 민간에서 모금하는 행위 전반을 의미한다. 이와 같은 재원조성을 문화예술 분야에 적용한다면, 문화예술기관과 예술단체들이 설립 목적을 달성하기 위해 수행하는 예술 프로그램 및 기관 운영과는 직접 연계되지 않는 별개의 노력과 활동을 통해 외부로부터 조직 운영에 필요한 재원을 마련하는 모든 활동으로 설명할 수 있다.[1]

재원조성의 역사와 발전

문화예술 분야에서 재원조성 활동을 가장 먼저 시작한 나라는 미국으로 보는 시각이 대체적이다. 미국은 1965년 연방예술진흥기금(NEA)이 설립되면서 공공 부문의 체계적인 문화예술 지원을 본격화했다. 미국의 공공지원은 주로 비영리 예술단체에 국한되었으며, 지원 형식은 직접 지원보다는 예술단체가 부담해야 할 세금을 감면하거나 세제 혜택을 부여하는 등 간접적인 지원이 중심이 되었다.

미국은 연방예술진흥기금을 비롯하여 주예술진흥원, 지역예술진흥원 등을 통해 공공지원이 이루어지고 있으나, 그 비중은 비영리 예술단체 연간 예산의 10%에 불과할 정도로 낮은 수준이다. 미국의 비영리 예술단체는 대부분의 재원을 공공지원 외에 개인, 기업, 재단 등 다양한 주체들로부터 확보하고 있다. 특히 개인기부의 비중이 높은 현상이 두드러진다.

미국은 세금 관련 혜택을 받기를 원하는 문화예술단체는 비영리조직으로 등록해 활동하도록 하고 있다. 이러한 조치는 강제 사항은 아니지만, 비영리조직으로 등록되어 있지 않으면 세제 혜택에서 제외되고 사회적인 신뢰 확보도 힘들기 때문에 재원조성 활동에도 부정적 영향을

---

1) 용호성, 앞의 책.

줄 수밖에 없다.

우리나라는 2000년 이후부터 문화예술 재원조성과 관련한 논의가 이루어졌다. 이것은 문화예술 환경의 급변에 따른 자연스러운 현상으로 볼 수 있다.

정부는 1990년대 말부터 공공문화시설에 대해 운영 실태를 평가하기 시작했고, 이의 여파로 세종문화회관을 비롯하여 국공립 공연장과 문화예술단체들이 재단법인으로 전환하면서 조직 성격의 일대 변화를 가져왔다.

이에 따라 공공지원에만 안정적으로 의존하던 국·공립 공연장과 문화예술단체는 기부금 모금 등을 통한 재원 확보에 직접 뛰어들면서 자체적으로 재원조성에 나설 수밖에 없는 상황을 맞게 되었다.

재원조성의 불가피성

문화예술 분야의 재원조성은 문화예술 단체들이 처해있는 열악한 재정 현실과 맞물려 있다.

국내·외를 막론하고 문화예술단체는 다른 분야의 비영리단체처럼 티켓 판매 수익 같은 자체 활동에 의한 수입만으로는 예술작품을 창작하고 그 결과를 관객 등 소비자와 공유하는 고유목적활동을 이어가는 건 불가능에 가깝다. 즉 티켓판매 등 내부 사업수익이 문화예술단체의 온전한 재정적 원천이 되기엔 무리가 따른다고 볼 수 있다.

이와 같은 현상에는 문화예술 분야의 독특한 특성이 자리한다. 예컨대 연극, 클래식 음악, 무용, 오페라 등 공연예술의 경우 노동생산성 향상이나 자본 투입의 효율성이 확보되기 어렵고, 이로 인해 발생하는 비용질병(cost disease)[2]은 예술단체 등의 재정적 어려움을 가중시키게 되며, 결과적으로 다른 방식의 재원조성을 시도할 수밖에 없는 상황을 초래한다.

문화예술단체는 기본적으로 비영리단체의 속성을 지니고 있다. 비영리단체는 공공의 이익에 봉사하면서 성과 역시 긍정적이지만 지속적으로 활동을 펼치지 못하고 실패할 가능성이 상존한다. 비영리단체는 또한 충분한 자원 획득이 어렵고 특정 수혜자에 초점을 두어 서비스 이용의 격차가 발생할 수 있으며 활동의 방식이 가장 많은 자원을 제공하는 후원자(지원주체)에 의해 결정될 수 있다.[3]

비영리단체의 이러한 특성은 필연적으로 수익성을 내기 어려운 구조로 이어지면서 외부의 재원을 찾게 되는 흐름을 보인다.

재원조성 수입

재원조성 수입은 일반적으로 공공지원과 민간지원으로 구분할 수 있다. 공공지원은 정부와 지방자치단체가 문화예술단체와 예술인 등에게 지원하는 보조금을 뜻하며, 계약이나 서비스 제공에 대한 수수료 등이 포함된다. 한국문화예술위원회가 운용하는 문화예술진흥기금은 대표적인 공공지원 보조금으로 분류된다.

민간지원은 기업이나 개인이 출연한 문화재단과 같은 법인체에서

---

2) 비용질병은 미국의 경제학자 보몰이 제시한 개념으로, 대량생산이나 생산 표준화가 불가능하기 때문에 필연적으로 적자 구조에 처해질 수밖에 없는 공연예술단체의 현실을 설명하고 있다.

3) Salamon, L. M., & Toepler, S. 'Government-nonprofit cooperation:Anomaly or necessity?', Voluntas: International Journal of Voluntary and Nonprofit Organizations, 26(6), 2015.

지원하는 경우와 기업이나 개인이 직접 기부하는 경우로 나누어 볼 수 있다.

재원조성과 관련하여 주목해야 할 내용은 기부금 모금 활동을 의미하는 펀드레이징이다. 펀드레이징은 '비영리 단체에 의해 개인, 기업, 재단으로부터 재정상의 기증을 간청해서 받아들이는 의도성 있는 과정'으로서 캠페인, 조직적인 호소, 물품지원, 위탁, 물품교환 및 개인, 기업, 정부로부터의 기부 등을 포함한 모든 자원을 획득하는 것으로 정의된다.

모금활동을 하는 궁극적인 목적은 보다 많은 기부금을 확보해 해당 단체의 재원을 강화하는 데 있다. 여기서 기부금품은 환영금품, 축하금품, 찬조금품(贊助金品) 등 명칭이 어떠하든 반대급부 없이 취득하는 금전이나 물품을 의미한다.

우리나라는 미국과 영국 등 기부 선진국에 비해 펀드레이징의 역사가 일천하고 기부문화 역시 상대적으로 덜 활성화되어 있다.

펀드레이징 조직이 비교적 활성화한 영역은 사회복지 분야와 대학 등 고등교육 기관, 의료기관, 시민사회단체 등이며 문화예술 분야는 소극적인 흐름이 이어지고 있다. 한국문화예술위원회 등 국가 기관과 대형 국공립 예술기관 및 단체 외에는 펀드레이징을 위한 별도 조직을 갖춘 곳은 드문 편이다.

이들 기관의 펀드레이징 전략은 외국에서 비롯된 사례가 적지 않으며, 우드의 '더 포 알스(The Four R's)' 전략을 기반으로 하는 비영리 조직이 흔하다.

<그림 8-1> 일반적인 펀드레이징 전략 단계

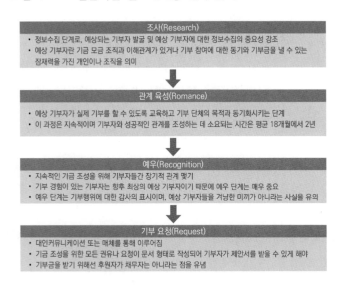

출처: Bruce, W. C., 'Surveying the four R's of major gift solicitation literature: Observations and reflections', Nonprofit Management & Leadership, 7(3), 1997을 참조하여 재구성.

문화대국으로 알려진 미국의 경우 재원조성 수입에서 티켓 판매나 입장료 등의 프로그램 관련 수입이 가장 크지만, 펀드레이징에 의한 기부금 수입도 이에 못지 않다.4) 이러한 현상이 가능한 이유는 정착화한 기부문화에서 찾을 수 있다.

미국은 1970년대 초에 전체 인구의 88%가 기부를 경험했을 만큼

---

4) Krawczyk, K., Wooddell, M., & Dias, A., 'Charitable Giving in Arts and Culture Nonprofits: The Impact of Organizational Characteristics', Nonprofit and Voluntary Sector Quarterly, 46(4), 2017.

기부문화가 뿌리를 내렸으며, 경기불황 여파로 한때 총액이 줄었으나 1987년부터 기부금 증가세가 지속되어 2000년대 후반에 최고치를 경신하기도 했다. 특히 미국은 국제공인모금전문가(CFRE) 자격제도를 운영하면서 모금기법은 물론이고 모금윤리에 관해서도 철저히 교육받은 전문 인력을 다수 배출하는 등 펀드레이징에 특화된 인력 양성 프로그램을 가동하고 있다.5)

　　반면 우리나라는 문화예술단체의 재원 중 사업운영수입에 비해 기부금 수입은 미미하여 단체의 안정적 운영에 위협이 되고 있다. 이는 문화예술 향유와 연관지어 논의할 수 있다. 일반인들의 문화예술에 대한 향유가 영화 등 대중예술에 여전히 편중되어 있어 순수예술 작품을 창작하고 있는 문화예술단체의 사업운영 수입은 낮을 수밖에 없는 구조를 보인다. 이와 같은 구조는 문화예술단체의 공공지원 의존을 높이는 문제로 이어지면서, 역설적으로 기부금 모집 등을 통한 외부 재원조성의 필요성을 부각시키고 있지만 현실적인 한계가 적지 않다.

| 표 8-1 | 한국과 미국의 문화예술단체 재원 비교

구분	한국(2017년)	미국(2013년)
자체 수입	21.2%	60%
공공 지원	76%	9%(연방 3%, 주 2%, 지역 4%)
기부금	2.8%	31%

출처: Americans for the Arts, 『Source of Revenue for Nonprofit Arts Organizations』, 2016. 예술경영지원센터, 『2018 전문예술법인·단체 백서』, 예술경영지원센터, 2018.

---

5) 배도, '나눔문화 활성화를 위한 법제정비방안', 한국비영리연구, 제10권 1호, 2011.

재원조성 과정과 유형

본격적인 재원조성 활동에 앞서 비영리단체 등 문화예술 조직이 외부 재원을 확보하기 위해선 공익성, 비영리성, 투명성 등을 충족하는 게 필요하다.

공익성은 문화예술 조직의 설립취지와 활동이 해당 조직이 기반으로 삼는 지역사회의 존속과 발전에 기여할 수 있어야 한다는 개념이다. 비영리성은 문화예술 조직의 활동을 통해 얻어지는 수익이 조직 구성원 개인의 이익으로 돌아가는 것이 아니라 조직의 설립취지를 실현하기 위해 사용되어야 한다는 의미로 읽을 수 있다. 투명성은 문화예술 조직이 외부 지원금 사용 내역을 비롯하여 재정적인 운영 상황을 투명하게 공개하는 것을 말한다.

이와 같은 세 가지 조건을 갖춘 문화예술 조직은 기부 등 외부의 지원을 끌어내는 데 유리하고 타당한 위치를 점할 수 있다.

문화예술 조직이 재원조성 정책을 추진하려면 일정한 준비가 필연적으로 요구된다. 이를 위해선 우선적으로 조직체제를 구비해야 한다. 여기에는 조직의 설립취지를 명확하게 규정해야 하고, 추진하고 있는 사업들이 구체적으로 정리되어 있어야 하며, 중장기 계획과 손익계산서 등 각종 재무 관련 자료가 포함된다. 이 가운데 조직의 설립취지 규정은 조직 내부는 물론 지원을 원하는 외부의 이해를 도와 재원조성의 결과물을 만들어 낼 수 있는 첫 번째 단계라는 중요성을 갖는다.

또한 재원조성 활동 업무를 담당할 전문인력을 확보해야 한다. 문화예술 조직에서 일차적으로 재원조성 책임이 부여된 직제는 조직의 대표와 이사진이라고 할 수 있다. 이들에게는 재원조성 목표 설정과 전략 수립, 실행 독려 등의 의무가 주어진다. 그러나 실질적인 재원조성 활동에 투입되는 인력은 조직의 상근직원이라는 점을 염두에 두어야 한다. 재원조성에 필요한 사전 조사와 기획서 작성 등 서류 준비, 지원요청 레터 작성 및 발송 등은 상근인력 없이는 불가능하다는 점에서 이를 맡을 상근전문인력 배치는 필수적이다.

문화예술 조직은 이러한 외·내형적 조건을 구비한 뒤 재원조성 취지서 작성 준비에 나서는 단계를 밟게 된다.

재원조성 취지서에는 해당 문화예술단체의 설립취지와 설립배경, 발전과정, 주요 사업활동을 기본으로 적시한다. 여기에다 재원조성의 목적과 구체적인 재원조성 목표액, 계획 중인 사업 프로그램 등 지원요청서 작성에 필요한 주요 내용을 담는다.

이러한 재원조성 취지서는 문화예술 조직이 지원을 받기를 원하는 기업이나 개인, 정부와 공공기관 등 잠재적 지원자에게 전달된다. 재원조성에 직접적으로 기여할 잠재적 지원자는 현재지원자, 과거지원자, 특별관계자, 관심층 등으로 분류할 수 있다.

재원조성의 유형으로는 크게 사업별 재원조성, 연례 재원조성, 특별 기금조성 등 세 가지로 나눌 수 있다.

사업별 재원조성은 공연이나 전시 등 하나의 단위 사업을 추진하는 데 필요한 재원을 마련하기 위한 재원조성 활동으로 이해할 수 있다.

연례 재원조성은 1년 동안 조직을 운영하는 데 필요한 재원을 마련하기 위한 활동으로, 당해연도 예산편성과 연관성이 매우 높기 때문에 상당수 문화예술 조직은 회계 연도와 연동하여 계획하는 게 통상적이다. 하지만 규모가 작은 문화예술단체는 1년 단위의 재원조성 활동보다는 사업별 재원조성이라는 단기간 활동에 매달리는 경우가 적지 않다. 이것은 소규모 예술단체 재정에 대한 신뢰도를 떨어뜨리는 결과로 이어질 수 있다는 점에서 연례 재원조성의 필요성을 높인다고 볼 수 있다. 특별 기금조성은 짧게는 2년, 길게는 5년 이상 소요되는 계획을 이행하는 데 필요한 예산을 확보하기 위한 재원조성 활동이다. 건물 신축이나 구입, 리노베이션, 고가 기자재 마련 등에 소요되는 대규모 예산은 일상적인 운영비로는 감당하기 힘들기 때문에 일정 기간 시간을 두고 재원조성에 나서야 하는 특수성을 띠고 있다.

특별 기금조성 전략으로는 기부자의 이름을 남길 수 있도록 하는 네이밍이 주로 활용되고 있다. 예컨대 미국 뉴욕의 세계적인 복합공연시설 링컨센터는 2007년 주요 공연장 리노베이션 공사가 필요했고, 여기에 들어가는 막대한 공사비를 기금조성을 통해 조달하기로 했다. 링컨센터는 기금조성 활동에 나서 당시로서는 거액인 1,050만 달러를 기부한 앨리스 털리의 이름을 따서 2009년 2월 1,096석의 공연장을 재개관하면서 그 이름을 앨리스 털리홀로 명명했다.

| 그림 8-2 | 링컨센터 앨리스 털리 홀

출처: 링컨센터 홈페이지(.https://www.lincolncenter.org), 캡처 2024년 6월 27일.

II. 재원조성 주요 체계

우리나라 문화예술 분야 재원조성 논의는 국가 예술지원기관인 한국문화예술위원회가 시행하고 있는 후원 관련 주요 사업에서 그 방향성을 찾을 수 있다.

한국문화예술위원회

한국문화예술위원회는 문화예술진흥기금이라는 공공지원금을 통해 문화예술단체와 예술가를 사실상 후원하는 역할이 최우선적으로 부여되어 있다. 그러나 문화예술진흥기금은 기금 예산의 한계로 인해 모든 문화예술단체의 창작 활동을 돕는 마중물이 되기엔 부족한데다, 예술단체 또한 외부 후원을 통한 재원 확보가 절실한 현실적 상황이 전개되었다.

한국문화예술위원회는 이와 같은 후원 관련 환경을 감안하여 예술단체의 재원조성을 돕는 다양한 정책을 수립하여 추진하고 있다. 이것은 국가 문화예술지원기관의 재원조성 체계로 파악할 수 있다.

한국문화예술위원회의 재원조성 체계의 핵심은 예술단체들이 민간 재원을 유치하여 자생력을 강화할 수 있도록 하기 위한 방안을 지원하는 것으로 모아진다.

이와 관련한 구체적인 실행 방안으로는 조건부(지정)기부금 사업을 들 수 있다. 조건부기부금은 기부자의 조건대로 해당 기부금을 수혜자에게 전달하는 개념이다.

이러한 조건부기부금 사업을 위해 기부금통합관리시스템이 구축되어 예술단체에 행정 편의를 제공하고 관리시스템을 지원한다. 또한 조건부기부금 홍보 및 이용 프로세스 안내로 시스템 활용을 극대화하고 있다.

조건부기부금 우수사례를 발굴하고 부정사용 방지를 위한 현장 모니터링 강화 체계도 구축되어 있다.

또한 정기후원(CMS) 지원사업도 문화예술단체의 재원조성 체계에 들어와 있는 시책으로 분류된다. 이 사업은 70개 예술단체에 온라인 모금 플랫폼과 역량 강화 프로그램을 제공함으로써 예술단체 충성 고객 확보를 유도하고, 최종적으로는 예술단체 자생력 및 모금역량 강화를 이끌어내는 데 목표를 두고 있다.

| 그림 8-3 | 기부금 통합관리 체계 주요 프로세스

출처: 한국문화예술위원회 내부 자료.

| 표 8-2 | 한국문화예술위원회 기부금 사업 현황(2016~2022년)

구분		2016	2017	2018	2019	2020	2021	2022
모금	모금액 (억원)	207	225	232	307	182	182	170
	모금 건수(건)	19,157	17,809	17,784	22,595	22,342	22,905	29,591
배분	지원금 (억원)	184	159	154	155	79	109	101
	지원 건수(건)	465	461	438	520	382	383	476

출처: 한국문화예술위원회 내부 자료를 참조하여 재구성.

　　예술가치를 확산하기 위한 사업과 예술후원을 매개하는 사업은 간접적인 재원조성 체계로 이해할 수 있다.

　　우선 한국문화예술위원회의 예술가치 확산 사업은 '예술나무 캠페인' 이름으로 운영되고 있다. 이 사업은 예술의 사회적 가치와 역할을 알려 문화예술 후원을 유도하는 온·오프라인 캠페인이다. 예를 들어 오프라인에서는 인천공항에서 실시한 국민 대상 캠페인 '예술나무 운동 신나는 캠페인'과 인사동에서 개최한 마중물 캠페인 '펀딩 포 아트' 등이 있으며, 온라인에서는 소셜미디어 채널을 통해 '세상을 바꾸는 예술', '예술을 이끄는 후원', '문화예술 후원 우수사례 소설가의 방' 등을 소개하면서 예술이 지니는 가치를 확산하고 있다.

　　또한 예술후원 매개사업은 협력 모델을 개발하고 인력양성 사업을 확대함으로써 후원 매개 플랫폼으로서의 한국문화예술위원회 역할을 확대하는 데 초점을 맞추고 있다.

　　이와 관련한 후원 매개 협력 모델로는 SGI서울보증보험과의 시범 사업 개발을 들 수 있다. SGI서울보증보험과 한국문화예술위원회 간의 협력을 통해 시각·청각장애인 관객이 장벽 없이 대학로 연극 공연을 관람할 수 있도록 수어 및 문자 통역, 음성 해설 등 배리어프리6) 제작이 가능해졌다. 이 협력 모델로 4개 예술단체가 총 5,000만 원의 제작비 지원 성격의 현금기부를 받게됨으로써 재원조성의 효과를 누릴 수 있었다.

지역문화재단

지역문화재단은 지방자치단체가 조례에 의해 재단법인 형태로 설립하고 매년 운영비와 사업비를 출연금 및 보조금7) 형식으로 지원하는 비영리기관이자 공익법인으로, 법률적으로는 민간 비영리기관이지만 실제론 지방자치단체의 관리감독을 받고 있기 때문에 사실상 공공기관으로 보는 시각이 대체적이다. 지역문화재단은 지역의 공공 문화서비스를 주민에게 전달하는 대표적인 조직으로 평가받는다.

지역문화재단은 광역지방자치단체가 설립한 광역문화재단과 기초지방자치단체가 설립한 기초문화재단으로 구분할 수 있다.

2024년 기준 광역문화재단은 서울문화재단과 경기문화재단을 비

---

6) '배리어프리'는 배리어(barrier)의 장벽과 프리(free)의 자유를 뜻하는 합성어이다. 장애인, 고령자를 포함한 사회적 약자들이 겪는 물리적, 심리적인 요소들을 제거한다는 의미로 1960년대 이후 미국, 유럽 내에서 장애인을 대상으로 건물 내의 물리적 요소를 없앤다는 의미로 건축 용어로써 사용되어 왔다. 최근 배리어프리의 개념이 확장되어 물리적 장벽을 넘어 장애인, 비장애인과 같은 대상의 구분과 경계를 허무는 의미로 사용되고, 문화예술 분야에서는 사회와 문화 소외계층의 다양한 문화향유 시도 속에 물리적 장벽의 의미보다 공연예술의 접근을 향상하는 의미를 포괄하는 접근성 공연의 명칭으로 사용되고 있다. 즉 배리어프리 공연은 접근성 공연으로 이해되는 측면이 강하다.
7) 출연금은 문화재단의 설립 목적과 역할에 부합하는 사업을 수행하기 위한 예산을 말하고, 보조금은 국가나 지방자치단체가 공공서비스의 목적을 달성하기 위해 교부하는 돈이다.

롯하여 총 17곳, 기초문화재단은 부천문화재단, 강릉문화재단 등 모두 125곳에 설립되어 있다.

지역문화재단은 지방자치단체 출연금 및 기부금 등으로 예산을 조달하여 지역의 문화예술진흥 등을 위한 각종 사업에 활용하고 있다.

사업 유형을 보면 일반 문화예술단체와 예술인 등 민간 부문의 예술창작 활동에 직접적으로 지원하는 사업이 한 축을 이루고 있으며, 다른 한 축은 민간에서 추진할 수 없는 자체 공익성 기획사업 등 장기적이고 간접적인 지원사업이 자리한다.

여기에 들어가는 제반 사업비가 이를 지원받는 문화예술단체 입장에선 핵심적인 운영 재원이 되는 것이다.

여기서 지역문화재단의 재원 구조를 구체적으로 살펴볼 필요성이 있다.

먼저 광역문화재단은 통상적으로 국고 및 지방자치단체 보조금(출연금)과 자체자금으로 재원을 구성한다.

광역문화재단은 정부와 지방자치단체로부터 받는 보조금의 규모가 2012년 69%, 자체자금은 16% 수준을 보였으나 이 가운데 보조금 규모는 매년 늘어 2020년에 90.3%에 육박하였으며, 반면 자체자금은 2022년 5.2%로 지속적으로 감소했다.

하지만 광역문화재단 중에서도 서울문화재단과 경기문화재단은 자체자금이 매우 높은 편이다. 2022년 기준 서울문화재단 830억 원, 경기문화재단 870억 원의 자체자금을 보유하고 있다.

기초문화재단의 경우 지방자치단체의 보조금과 정부 기금의 규모가 전체 예산에서 큰 부분을 차지하고 있으나, 지방자치단체 보조금이 국고에 비교해보면 높다. 2012년 59% 수준이었던 기초문화재단에 대한 지방자치단체의 보조금은 2022년 74.8%로 급격한 증가세를 나타냈다. 이러한 수치는 기초문화재단이 지방자치단체 보조금에 재원의 상당 부분을 의존하고 있음을 시사한다.

| 표 8-3 | 지역문화재단 재원 구조(단위: 억원, 괄호안은 %)

구분	재원			
	국고	지방자치단체 보조	자체자금	기타
전체평균	20.3(16.1)	88.9(70.5)	16.6(13.2)	12.6(10.0)
광역	95.9(24.1)	251.5(63.1)	20.8(5.2)	33.8(8.5)
기초	6.5(7.6)	64.4(74.8)	15.9(18.4)	8.6(10.0)

출처: 문화체육관광부, 『전국문화기반시설총람』, 문화체육관광부, 2022를 참조하여 재구성.

　　지역문화재단이 지방자치단체 보조금과 국고가 주요한 재원이라는 사실은 두 가지 관점에서 살필 수 있다.

　　첫째, 지역문화재단이 지역의 문화예술 발전을 위한 다양한 정책사업을 추진하기보다는 문화재단 운영에 필요한 예산을 확보하기 위해 지방자치단체의 시설관리와 위탁사업 관리, 정부와 지방자치단체의 각종 공모사업 등에 치중하게 된다. 이 경우 지역의 문화적 특성과 인프라를 활용한 다양한 사업 추진[8]이라는 지역문화재단 설립 목적에 배치될 수 있다.

---

8) 지역문화진흥법 시행령(제21조 지역문화재단 및 지역문화예술위원회 설립·운영)과 각 지방자치단체의 자치법규는 지역문화재단 및 지역문화예술위원회 사업범위에 포함되어야 하는 사업을 다음과 같이 명시하고 있다. 지역문화진흥을 위한 사업의 개발과 추진 및 지원, 지역문화 관련 정책 개발 지원과 자문, 지역문화전문인력의 양성 및 지원, 지역문화예술단체 지원 및 활성화 사업 추진, 지역문화 협력 및 연계·교류에 관한 업무, 지역 내 공정한 문화환경의 조성, 그 밖에 지역문화진흥을 위하여 필요하다고 인정하는 사업 등이다.

둘째, 지역문화재단 자체의 재원조성 노력의 결여를 불러올 수 있다. 지역문화재단이 지자체 보조금에 절대적으로 기대고 있는 현상은 기부금 모집과 후원 활동 등 자체 재원조성의 필요성을 강조하고 있는 측면이 크지만, 대다수 지역문화재단은 재원조성에 적극적이지 않은 모습을 보이고 있다. 이는 신규 재원조성의 필요성보다는 기존 지자체 보조금을 유지하는 접근으로 볼 수 있다. 앞에서 살펴본 문화예술 후원 활성화법 시행에 따른 지방자치단체의 관련 조례 제정이 부진한 것도 이러한 맥락에서 파악할 수 있다.

그러나 이와 같은 지역문화재단의 재원 구조는 지역 문화예술단체의 창작 활동을 위한 지원에 한계를 노출할 수밖에 없다. 지방자치단체의 공모사업과 위탁사업 중심의 운영이 지속되면 신규 사업을 위한 재원조성이 부진할 수밖에 없고, 이것은 재원 부족에 시달리는 지역 문화예술단체에 영향을 미치게 되는 것은 자명하다.

III. 재원조성 방식

민간기부

민간기부는 기업과 개인, 재단 등 크게 세 가지로 분류하여 각각의 재원조성 방식을 논의할 수 있다.

우선 기업의 문화예술 분야 지원은 최근 몇 년 사이 ESG경영 도입으로 사회적 책임 이행과 사회공헌 차원에서 이루어지는 경향이 커졌지만 대가성 지원은 여전하다.

기업의 지원 결정에 영향을 미치는 요소로는 고위층의 관심이 가장 크게 작용하고 있으며, 기업 내 구성원들의 호응, 기업의 재정상태, 문화예술 이외 다른 분야의 지원요구 압력 등이 있다.

기업의 문화예술 지원은 근본적으로 기업 홍보마케팅과 연결되는 협찬의 성격을 지닌다는 특성을 지니고 있기 때문에 기부를 유도해야 하는 문화예술 조직은 이를 이해하고 대처하는 전략이 필요하다.

우리나라는 한국메세나협회가 설립되어 기업의 문화예술 지원 활동이 보편적인 현상이 되어 있지만 내용적으로는 문화예술 지원의 당위성을 확보하고 있다고 보기는 어렵다. 대기업들이 기부행위를 통해 문화예술단체를 직접 지원하기보다는 박물관, 미술관, 아트센터 등 기업이 소유한 예술시설 인프라를 지원하는 데 많은 예산을 사용하고 있음을 주시해야 한다.

따라서 기업의 문화예술 분야 기부 등 지원을 촉진하기 위해서는 예술지원이 사회공헌 활동이라는 인식이 정착될 필요가 있다. 기업의 사회공헌 활동이 기업 이미지를 높이기 위한 선택이 아니라 기업의 사회적 책임 일환으로 필수적인 행위라는 인식이 기업 내부에 뿌리를 내려야 하는 것이다.

기업의 기부 등 후원을 필요로 하는 문화예술 조직도 대중과의 호혜적인 관계를 유지함으로써 기업 지원을 유도할 수 있다. 기업이 대중에게 친숙하고 좋은 이미지를 보유한 예술단체 등 문화예술 조직에 대한 기부는 해당 기업에 대한 일반적인 소비에도 긍정적인 영향을 미치게 된다.

다음은 개인기부에 대한 논의로, 개인의 문화예술 지원은 특별한 동기가 크게 작용한다. 개인기부의 주요한 동기로는 '자기만족'과 '다른 사람들로부터의 인정', '종교적·가정적 기부 전통', '노블레스 오블리제의 실천' 등 다양한 사유가 있는 것으로 알려져 있다.

기부와 연관된 심리적 용어로는 '따뜻함이 커지는 효과(warm glow effect)'가 있다. 이것은 다른 사람들에게 무언가를 주는 것은 즐거운 일이며 더 많이 줄수록 더욱 기분이 좋아지는 현상을 일컫는다. '따뜻함이 커지는 효과'는 기부의 심리적 혜택을 보여주는 것으로 이해할 수 있다.[9]

기부자는 기부를 통해 관계 맺은 문화예술단체의 명성을 개인적 명성과 연결되기를 원하는 경향이 있다. 이는 이름이 알려진 문화예술단체와 기관이 그렇지 않은 단체 및 기관에 비해 상대적으로 기부를 받기 쉬운 이유가 되기도 한다.

개인이 기부를 요청할 때는 어떤 사람과 접촉하느냐보다 어떤 방식을 택하느냐가 더 중요하다. 기부요청 시 효과적인 대화방식을 먼저 고려해야 하는 건 이런 이유 때문이다. 예를 들어 잠재적 기부자의 성별에 따라 대화 스타일에 차이를 두는 식이다. 일반적으로 남성들은 결과나 사실에 집착하며, 여성들은 원인이나 감정을 더 중시하는 경향이 있다.

통상적으로 외부 지원을 통해 재원조성을 원하는 문화예술단체는 소규모 단체를 중심으로 거액 기부자를 겨냥한 활동에 집중하는데, 그것은 기부금의 80%는 20%의 기부자에게서 나온다는 통계 수치에 기인한다. 그러나 소수의 거액 기부자에게 기부를 과다 의존하는 것은 잠재 기부자 시장을 잃을 수 있다는 점에서 바람직하지 않다.

소액기부는 재원조성 기관의 수입이 되며, 동시에 대중들의 기관 인지도 향상의 계기로 작용한다. 재원조성 활동을 하는 문화예술 조직

9) Walker, Catherine et al, 『A Lot of Give-Trends in Charitable Giving for the 21st Century』, London: Hodder & Stoughton, 2002.

은 소액기부자나 잠재적 소액기부자와 접촉하는 과정에서 고액기부자를 알게 되는 경우도 적지 않다.

민간기부 주체의 하나로서 민간재단은 기업처럼 홍보마케팅 같은 대가를 바라고 기부를 하는 것은 아니지만 공공지원에 비해 대부분 지원규모가 작고 지역이나 지원분야가 한정되어 있다.

재단은 비교적 단순한 조직구성과 빠르고 자유로운 지원 결정시스템으로 국가나 지방자치단체의 지원이 미치지 못하는 틈새 문화예술 분야를 융통성 있게 지원하는 장점을 지닌다.

문화예술단체 등이 재단 지원 성공률을 높이기 위해선 각 재단의 특성을 파악해 특정 성격의 기관이나 프로젝트에 대한 지원가능성이 가장 높은 곳을 찾는 게 무엇보다 중요하다.

재단은 프로젝트 중심의 지원이 일반적이다. 민간재단은 문화예술의 발전과 유지에 대한 근본적인 임무는 정부에 있다고 판단하고 있으며, 이에 따라 원칙적으로는 문화예술단체의 경상비 등 운영비 지원은 하지 않는다. 기업도 프로젝트 지원을 하고 있으나 그것은 주로 기업의 상업적 이익과 연관성이 있는 특별 프로젝트나 프로그램에 국한하는 경우가 많다.

재단이 지원 과정에서 특히 주목하는 지점은 프로젝트의 질적인 부분이다. 문화예술단체가 요구하는 사업 프로젝트가 예술발전을 도모할 정도의 수준이 된다고 판단하면 지원에 크게 주저함이 없다.

| 표 8-4 | 국내 기업문화재단의 문화예술 지원 규모(단위:억 원)

구분	재단의 지원금액	기업과 재단의 지원 금액	재단 비중(%)
2012년	649	1,602	41
2013년	714	1,753	41
2014년	737	1,771	42
2015년	787	1,805	44
2016년	919	2,052	45
2017년	864	1,943	44
2018년	1,047	2,039	51

출처: 한국메세나협회, 『연차보고서』, 2012~2018을 참조하여 재구성.

지원제안서

문화예술단체나 기관 등 문화예술 조직의 재원조성은 프로젝트 등을 실현시킬 수 있는 수단으로서의 재원을 보유한 누군가에게 판매를 하는 행위로 규정할 수 있다. 이러한 재원조성을 위해선 지원제안서가 필수적이다.

기업이나 개인, 재단 등을 상대로 한 지원제안에 앞서 필요한 절차도 있다. 담당자와 만나 지원이 필요한 특정 프로젝트의 의미와 중요성을 사전에 설명하거나 잠재기부자 모임 같은 행사에 참석하여 지원을 요청하는 등의 방식이 있다. 이처럼 재원조성에 필요한 사전 접촉이 있다고 하더라도 지원제안서 작성은 반드시 필요하다.

재원조성 활동의 성패를 가르는 주요 관문이기도 한 지원제안서는 지원 기관에 따라 별도의 양식이 존재하거나 특별한 양식이 없는 곳도 있지만 일반적으로 포함되어야 하는 주요 내용을 숙지해야 한다.

지원제안서의 기본구조를 보면 제목과 내용 요약, 서문(지원신청단체와 관련한 설명), 지원의 필요성, 재원조달 방안, 구체적인 지원요청 금액, 지원 주체(지원 기관)와 프로젝트와의 연관성, 맺음말 등이 포함되어 있다.

또한 프로젝트가 마무리된 후 평가에 대한 언급과 함께 미래 발전계획 등도 부수적으로 제시할 필요가 있다.

재원조성은 당장의 재원 확보를 위한 성격이 있지만 미래를 위한 일종의 투자로서 지원 기관 등과의 네트워크 구축을 위한 작업으로 이해할 수 있다. 이러한 측면에서 지원제안서는 지원 기관의 지원 여부 판단에 영향을 미칠 수 있는 기제가 될 수 있다.

| 표 8-5 | 지원제안서 구성 요소

구성요소	내용	분량(페이지)
실행 개요	지원제안서 포괄적 서술	1
필요성 설명	프로젝트의 필요성 요약	2
프로젝트 설명	프로젝트 실행 및 평가방법에 대한 세부내용	3
예산	프로젝트 재무측면의 기술과 간단한 설명	1
조직 정보	지원제안서 기관의 역사와 운영구조, 주요 활동 및 고객서비스 등	1
결론	지원제안서의 핵심 내용 요약	2분의 1

출처: 김경욱, 『문화정책과 재원조성』, 논형, 2011. 재인용.

관객 개발

관객의 사전적 의미는 '흥행물을 구경하는 사람'으로, 개발은 '여러 가지 능력, 자원 등을 캐낸다'는 사전적 의미를 각각 지닌다.

이와 같은 사전적 의미를 적용한 관객 개발은 잠재된 기능을 발달하게 하여 단순 구경꾼에서 지속적인 구경꾼으로 발전시키는 것이다.

관객 개발은 문화예술의 특성과 연관지어 살필 필요성이 있다. 문화예술은 단기간에 사람들과 깊은 관계를 맺게 되는 것이 아니라, 점진적이고 반복적인 경험(교육)을 통하여 일정한 기호(취향)가 형성되어야 비로소 소비가 가능해지는 경험재로 특징지어진다. 관객 개발은 이러한 문화예술의 특성을 반영하여 추진되어야 함을 시사한다. 즉 문화예술 분야의 관객 개발은 새로운 관객들을 끊임없이 창출해내고, 이를 점점 확대시켜 관객들과의 관계를 지속적으로 유지해야 가능한 것이다.

관객은 공연·전시 등 문화예술의 다양한 장르가 지속적으로 생명력을 갖기 위한 경제적 지원자로 파악할 수 있다. 이것은 관객 개발을 문화예술 재원조성의 관점에서 이해해야 하는 이유이기도 하다.

시간과 금전을 투자하여 기꺼이 문화예술을 관람하는 관객이 존재하지 않는다면 해당 예술기관과 예술단체는 경제적으로 어려움에 직면할 수밖에 없다. 따라서 관객 개발 등을 통해 관객 기반을 공고히 하는 것은 문화예술 분야가 경제적으로 생존하기 위한 필수 요건이라고 할 수 있다.

<표 8-6>은 국립 문화예술단체인 국립극단의 수입구조를 보여주는 통계이다. 국립극단 공연수입은 국고보조금을 제외하곤 전체 수입의 대부분을 차지하고 있음을 확인할 수 있다. 2022년 기준 공연수입은 총 13억 5,840만 원 수준으로, 국고보조금을 빼면 전체 수입(23억 4,981만 원)의 58%를 차지한다. 특히 기타수입에 기부금 수입과 프로그램 판매 수입 등이 포함되어 있음을 감안할 때 관객이 티켓값이나 기부금 등으로 지불한 금액이 국립극단의 주 수입원이 되고 있다.

| 표 8-6 | 국립극단 수입 현황(2018~2022년, 단위: 1,000원)

구분	2018년	2019년	2020년	2021년	2022년
국고보조금	9,061,000	9,091,000	11,085,000	10,234,000	11,451,000
이월금	1,431,578	1,293,607	1,388,334	798,633	1,039,660
공연수입	1,739,570	1,723,142	313,345	1,069,810	1,358,404
기타수입	78,503	75,377	106,449	95,568	149,650
합계	12,310,651	12,181,313	12,640,129	11,857,711	13,800,815

출처: 국립극단 홈페이지(https://www.ntck.or.kr/ko/ntck/information)를 참조하
여 재구성.

이러한 현상은 공공예술조직에 비해 국고보조금 지원 비중이 낮은
비영리 민간 예술법인과 예술단체에서 더욱 두드러진다.

2022년 기준 '공연예술조사' 결과에 따르면, 총 3,407개에 달하는
민간 공연단체의 자체 수입 비중은 37%로 국립 예술단체(12.8%), 공립
(광역) 예술단체(4,6%)에 비해 크게 높았다. 민간 예술단체의 자체 수
입은 대부분 공연티켓 수입이며, 여기에 기부금과 후원금 10.6%까지 합
치면 전체 수입의 절반에 가까운 48.3%가 관객에 의해 발생하였다.

반면 국·공립 예술단체는 공공지원금 비중이 월등히 높게 나타나
고 있다. 국립 예술단체는 83.4%, 공립(광역) 예술단체는 94%에 달하고
있으며, 특히 기초 지방자치단체에 있는 공립 예술단체의 공공지원금
비중은 무려 98.8%를 기록하고 있다.

이와 같은 민간 예술단체와 국·공립 예술단체의 수입 구조는 문화
예술 재원조성 과정에서 관객 개발의 중요성을 시사하는 측면이 강하
다. 그것은 두 가지 관점에서 논의할 수 있다.

첫째, 민간 예술단체는 공공지원금 의존에 한계가 있기 때문에 관
객 개발을 통해 티켓 판매와 기부금 모금, 기타 교육 프로그램 운영 등

의 방식으로 재원을 조성할 수밖에 없는 당위성에 직면해 있다.

둘째, 국·공립 예술단체는 대부분 재단법인 체제로 운영되기 때문에 지금처럼 공공지원금 비중이 과도하게 높은 현상이 지속되리라 기대하기 어려울 수 있다. 이 경우 자체 수입 확보를 통해 재원을 조성해야 하는 노력을 기울여야 하고, 신규 관객 개발과 기존 관객에 대한 체계적인 관리로 후원을 유도하는 전략이 필수적으로 요구된다.

| 표 8-7 | 공연예술단체 수입 구성(단위: %)

구분	단체수(개)	자체수입	공공지원금	기부/후원금
국립	14	12.8	83.4	0.8
공립(광역)	66	4.6	94.0	0.1
공립(기초)	282	1.2	98.8	0.0
민간	3,407	37.0	42.1	10.6

출처: 문화체육관광부·예술경영지원센터, 『2023 공연예술조사』, 2023을 참조하여 재구성.

관객개발은 관객의 신규 참여를 유도하고 참여 빈도를 높이며, 그 규모를 점차 확대하고 유지하는 것으로 정의할 수 있다.

이러한 정의에 입각할 때 문화예술기관과 예술단체의 관객개발 방식은 개발 대상이 현재의 참여관객인지, 잠재관객인지에 따라 달라지기 마련이다.

모리슨은 어떤 종류의 관객이든 참여도를 높이기 위해선 예술교육의 과정이 필요하다는 입장을 내놓고 있다. 관객의 참여빈도를 높이려면 일정한 수준의 교육이 지속되어야 하며, 특히 잠재관객을 참여시키기 위한 수단으로 예술에 대한 취향 형성에 도움이 되는 예술교육은 필수적이다.

관객개발을 위한 여러 방법론 중에서 문화예술 교육프로그램은 가장 중요하게 부각된다. 그것은 인간의 창의성과 능동성을 문화예술 안에서 습득하고 고취시키는 다양한 단계적 발전노력이라고 할 수 있는 관객개발 자체가 교육의 가치를 이미 내포하고 있기 때문이다.

신규 관객을 개발하기 위한 방안으로 관객 지원 시스템도 빼놓기 힘들다. 관객 지원 시스템은 관객 개발 및 관객 저변 확대를 위한 다양한 지원 제도 및 인프라를 의미한다. 문화예술정책의 관점에서 보자면, 일반 관객의 문화예술 분야 접근을 보장하는 '문화 민주주의'의 실천과 맞닿아 있다. 즉 공연장과 전시장 등 문화 관련 인프라를 늘리고 다양한 방법으로 관객이 예술을 접할 수 있는 기회를 확대하기 위한 조치로 이해할 수 있다.

관객 지원 시스템은 회원 제도와 공공 보조금 지원 등의 방법을 통해 구축될 수 있으며, 좀 더 많은 관객을 끌어 모아 관객의 양적 팽창은 물론 지속적이면서 열성적인 관객을 양산하는 질적 성장 모두 가능할 수 있다.

또 다른 관객개발 방법으로는 마케팅을 들 수 있다. 비영리 예술단체에게 마케팅이란 '다양한 예술시장에서 일어나는 대중과의 교화활동을 효과적으로 경영하는 것'으로 정의된다. 이러한 측면에서 예술단체의 마케팅은 효과적이고 합리적인 예술경영을 도모하기 위한 장기적 관객개발 관점이 부여되어야 한다.

이와 같은 과정을 거쳐 결과물을 생성하게 되는 예술단체는 재원조성과 함께 수익의 재투자로 예술작품의 예술적 완성도에 기여할 수 있다. 관객개발 마케팅은 특히 공연장의 딱딱한 분위기를 쇄신하고 보

다 적극적으로 세분화된 시장을 가지고 관객에게 다가감으로써 관객개
발 교육프로그램과 관객 지원 시스템의 상호작용이 가능하다는 점에서
'관객개발' 시너지 효과를 내기에 부족하지 않다.

예컨대 국립극장의 레퍼토리 시즌제[10) 방식은 제작 극장으로의 변
화라는 의미 외에도 관객개발 마케팅 측면에서 살필 수 있다.

국내 대표적인 예술단체인 국립극장의 레퍼토리 개발은 공연장 수
익성 제고에 두 가지 효과를 가져온 것으로 파악된다. 첫째, 직접 효과
로 2012년 레퍼토리 시즌 도입 이후 관객 수와 작품당 유료 객석 점유
율 같은 운용 효율성이 제고되어 극장의 수익성이 개선되었다.

둘째, 간접 효과로 국립극장의 레퍼토리는 공연장의 브랜드 가치
에 긍정적으로 영향을 미쳤다. 공연장의 브랜드 가치는 충성 관객을 확
대하고, 기존 관객의 충성도를 높이는 것을 의미하는데, 국립극장 전속
단체가 제작한 레퍼토리 공연은 공연장의 부가가치를 상승시키면서 궁
극적으로는 관객개발의 효과를 이끌어냈다.[11)

---

10) 레퍼토리 시즌제는 공연장이 일정한 기간을 정해두고 전체 프로그램을 미리 구성해
    제공하는 방식을 의미한다.
11) 안호상, '전속 단체의 레퍼토리 공연을 통한 공공극장의 경제적 효과분석: 국립무용단
    과 국립극장을 중심으로', 우리춤과 우리기술 제31집, 한양대학교 우리 춤 연구소,
    2015.

제9장

문화예술 재원조성 쟁점

I. 문화예술 재원 구조의 균형성

　　문화예술 분야 재원조성은 여러 방식으로 이루어지고 있음을 　살펴보았다. 정부와 지방자치단체를 중심으로 하는 공공지원금과 개인, 기업, 재단 등으로부터의 기부 같은 민간 지원금 등 크게 두 가지가 문화예술 재원조성의 양대 구조를 형성하고 있다.

　　앞에선 논의한 바와 같이 문화예술은 기본적으로 공공지원금에 의존하는 재원 구조에서 벗어나지 못한다. 이것은 정부와 지방자치단체 등 공공 섹터가 비영리적 성격을 지닌 문화예술단체에 대한 공공의 지원 및 협력을 통해 시장실패를 최소화하려는 노력으로 이해할 수 있을 것이다. 비영리적인 특성을 보유한 문화예술 활동에 대한 정부의 공적 지원을 통해 좀 더 다양하고 많은 사람이 문화예술을 즐기고 이해할 수 있도록 하는 측면도 상존한다.

실제로 국내 전문예술법인·단체의 재원 구조를 보면 공공재원 의존도가 높아지고 자체 수입, 즉 자체 재원 조성은 반대로 감소하는 추세를 보인다.

특히 문화예술 후원에서 그 역할이 갈수록 커질 수밖에 없는 기부금의 비율이 2017년 이후 거의 변화가 없다는 점을 주목할 필요가 있다. 이와 같은 결과는 기존 기부자 외에 새로운 기부자 발굴 및 유입이 사실상 이루어지지 않았다는 의미로, 전문예술법인·단체들의 근본적인 기부 전략 수정이 필요한 대목이다.

이와 반대로 공공지원금은 꾸준히 늘어나는 추세가 이어지고 있다. 국가와 지방자치단체 차원의 공적 지원이 이루어지고 있는 전문예술법인·단체의 공공재원 증가 현상은 2014년 제정된 지역문화진흥법과 연관지어 논의할 수 있다. 이 법령의 골격은 국가와 지방자치단체는 지역문화 진흥을 위한 정책을 수립하고 그에 필요한 지원을 하는 것이다. 이 법령은 또한 지역문화진흥에 관한 중요한 시책을 심의하거나 지원하고 지역문화진흥 사업을 수행하기 위하여 지역문화재단을 설립 운영할 수 있도록 하고 있다.

지역문화진흥법의 이러한 목적과 방향성에 따라 국가와 지방자치단체 외에도 지역문화재단이 속속 설립되면서 공공재원 투입을 통한 문화예술 지원은 늘어나게 되었다.

전문예술법인·단체의 재원 구조

3장에서 살펴보았던 전문예술법인·단체도 이와 같은 정책적 환경 변화의 수혜자가 되었다고 할 수 있다.

여기서 전문예술법인·단체의 기부금 모집 관련 내용을 세부적으로 살펴볼 필요가 있다. 법령을 통해 전문예술법인·단체가 합법적으로 기부금을 모집할 수 있도록 한 것은 이들 법인과 단체들이 자체적으로 재원 조성을 추진하도록 한 측면이 있다고 보인다.

전문예술법인·단체는 '기부금품의 모집 및 사용에 관한 법률'을 적용받지 않고 기부금품을 모집할 수 있는데, 이것은 '기부금품의 모집 및 사용에 관한 법률' 제3조에 근거한다.

<기부금품의 모집 및 사용에 관한 법률 제3조>

제3조(다른 법률과의 관계) 다음 각 호의 법률에 따른 기부금품의 모집에 대하여는 이 법을 적용하지 아니한다.

<개정 2010. 6. 8., 2016. 2. 3., 2021. 10. 19.>

1. 「정치자금법」
2. 「결핵예방법」
3. 「보훈기금법」
4. 「문화예술진흥법」
5. 「한국국제교류재단법」
6. 「사회복지공동모금회법」
7. 「재해구호법」
8. 「문화유산과 자연환경자산에 관한 국민신탁법」
9. 「식품기부 활성화에 관한 법률」
10. 「한국장학재단 설립 등에 관한 법률」
11. 「고향사랑 기부금에 관한 법률」

2022년 기준으로 전문예술법인·단체의 재원 구조를 살펴보면, 공공지원금 비율이 82.6%로 가장 높게 나타나고 있으며, 자체 수입 16.1%에 이어 기부금은 1.3%로 매우 낮은 수준에 머물고 있다. 기부금은 기업 기부금 66.3%, 개인 기부금 33.7%로 기업 기부금이 개인 기부금에 비해 두 배 가까이 높은 편이다.

지정 형태별 재원 구조는 전문예술법인의 경우 공공지원금 비중이 83%나 되는 데 비해 기부금은 1.1%에 그쳤으며, 전문예술단체는 공공지원금 68.1%, 기부금 8.1%를 보인다.

법적 형태별 재원 구조에서도 공공지원금에 대부분 의존하는 반면 기부금은 빈약한 현상이 나타난다.

예컨대 재단법인의 공공지원금 비중은 83.9%, 기부금 0.7%였으며, 사단법인의 경우 공공지원금 71.0%, 기부금 7.4%, 임의단체는 공공지원금 68.3%, 기부금 7.4% 등이었다.[12] 법적 형태별 기부금에 국한하자면 재단법인의 기업 기부금이 83.7%로 가장 높았으며, 임의단체의 경우 개인 기부금 비중이 63.5%로 높게 나타났다. 이 같은 결과는 기업 기부금은 법인격을 갖춘 재단법인 등에 집중되고 있으며, 전문예술단체 활동을 하고 있지만 법인화가 되어 있지 않은 임의단체는 개인 기부가 상대적으로 몰리는 것으로 분석할 수 있다.

---

12) 예술경영지원센터, 『2023 전문예술법인·단체 백서』, 2023.

| 표 9-1 | 전문예술법인·단체 재원 구조 변화 추이(단위: %)

구분	2017년	2018년	2019년	2021년	2022년
공공지원금	73	76	78.8	81.3	82.6
자체 수입	22.8	21.3	19.0	17.1	16.1
기부금	4.2	2.7	2.2	1.6	1.3

출처: 예술경영지원센터, 『전문예술법인·단체 백서』, 2017~2022.

이러한 수치가 보여주듯 전문예술법인·단체가 기부금 등 외부 후원 모금에 필요한 법적·제도적 여건을 갖추고 있음에도 공공지원에 재원의 상당 부분을 의존하는 구조가 계속되고 있는 것은 아이러니한 측면이 있다.

전문예술법인·단체들이 공공재원에 의존하여 활동하는 구조가 지속될 경우의 부작용도 짚어볼 수 있다. 기부 등 후원 활성화를 통한 자체 재원 조성보다는 공공지원금에 치중한 재원 구조는 문화예술단체의 재정 건전성에 좋지 않은 영향을 미치게 된다. 물가 상승과 예술단체 수의 증가 등에 따라 재정 수요 증대를 불러오게 되고, 이렇게 되면 공공 재정의 뒷받침도 한계를 노출할 수밖에 없는 상황이 도래하게 된다.

| 표 9-2 | 전문예술법인·단체의 기부금 현황(2022년 기준)

구분		기부금(만원)	기부금 비율(%)
지정 형태	전문예술법인	3,298,002	1.1
	전문예술단체	628,787	8.1
법적 형태	재단법인	1,845,567	0.7
	사단법인	1,438,893	7.4
	임의단체	617,967	8.1
	사회적협동조합	24,362	8.8
활동유형	공연단체	1,817,956	6.2
	공연장 운영단체	225,058	0.6

전시기획 및 전시장 운영단체	279,527	4.8
지원기관 및 기타 단체	1,604,248	0.7

출처: 예술경영지원센터, 『2023 전문예술법인·단체 백서』, 2023.

II. 문화예술 후원 인식

문화예술 분야의 재원조성은 교육이나 복지 등 다른 분야에 비해 수월한 과제로 보기엔 어려운 측면이 적지 않다. 그것은 근본적으로 문화예술 분야의 기부가 다른 분야에 비해 정체되어 있는 것에서 원인을 찾을 수 있다.

2021년 기준으로 우리나라의 기부분야 순위를 살펴보면 자선단체, 해외구호, 시민단체, 지역사회, 의료, 교육, 문화예술 순으로, 문화예술 분야가 가장 낮다.

기부분야 중 자선단체가 차지하는 비율은 최소 44%에서 최대 99%로 기부분야 가운데 월등히 높은 것으로 나타나고 있다. 시민단체에 대한 기부도 크게 늘어나는 모습을 보인다. 2003~2007년 1%, 2009~2013년 3%에서 2015년 10%, 2017년 15%, 2019년 22%로 2015년을 기점으로 급속하게 증가하고 있다.13)

---

13) 시민단체 기부가 급증한 시기는 국내 기부자들의 기부동기 중 사회적 책임감이 상승하는 시점과 유사하다. 아름다운재단 기부문화연구소 홈페이지(https://research.beautifulfund/org/13866). 검색일 2024년 1월 25일.

| 그림 9-1 | 국내 분야별 기부순위 변화 추이(2001~2021년)

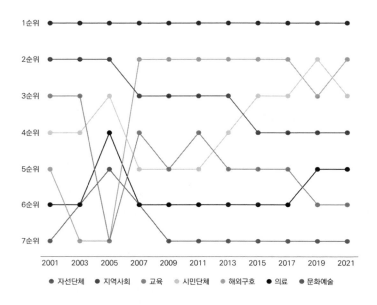

출처: 아름다운재단 기부문화연구소 홈페이지(https://research.beautifulfund/org/13
866). 캡처 2023년 12월 10일.

우리나라 문화예술 분야 후원이 복지 등 다른 영역에 비해 가장 순위가 낮은 결과는 기부 선진국으로 알려진 미국과 비교하여 논의할 필요성이 있다. 여러 분야에 걸쳐 기부 문화가 정착된 미국과 우리나라의 영역별 기부 현황을 단순 비교하는 것은 경제력이나 기부문화에 대한 인식 차이 등을 감안할 때 무리한 접근일 수 있으나, 문화예술을 대하는 시각 등을 파악할 수 있는 유의미한 시도이기도 하다.

　미국은 기부 대상 분야 중 종교 분야의 기부가 가장 높은 비율을

차지하고 있으며 복지, 교육, 재단, 건강, 사회 공익, 국제 분야 등이 뒤
를 잇고 있다. 인문 영역과 함께 묶여 있는 문화예술 분야는 매년 5%
수준의 기부 비율을 보이면서 전반적으로 낮은 기부 순위를 보인다.

그러나 이 같은 데이터를 세부적으로 분석해 보면 다른 논의가 가
능하다. 다른 영역과 비교하여 문화예술에 대한 기부 의사가 지나치게
낮은 우리와 달리 미국의 문화예술 분야 기부 순위는 타 영역에 비해
뒤처져 있지만, 기부 비율은 국제 분야나 환경 분야와 비슷하거나 높게
유지되고 있다. 이것은 미국 사회가 오랫동안 개인 기부와 같은 문화예
술에 대한 후원 분위기가 확산했음을 추정할 수 있다.[14]

│ 표 9-3 │ 기빙 유에스에이의 분야별 기부비율(단위:%)

구분	2017년	2018년	2019년	2020년	2021년	2022년
종교	31	29	29	28	27	27
교육	14	14	14	15	14	13
복지	12	12	12	14	13	14
재단	11	12	12	12	12	11
건강	9	10	9	9	8	10
사회공익	7	7	8	10	11	9
국제	6	5	6	5	5	6
문화예술, 인문	5	5	5	4	5	5
환경/동물	3	3	3	3	3	3
개인	2	2	2	3	2	2

출처: 한미회계법인,『한국문화예술위원회 문화예술가치확산 사업진단 및 개선방안 연
구』보고서, 한국문화예술위원회, 2023, 재인용.

---

14) 한미회계법인,『한국문화예술위원회 문화예술가치확산 사업진단 및 개선방안 연구』
보고서, 한국문화예술위원회, 2023.

　　우리나라 문화예술에 대한 기부는 개인 기부가 2% 미만,[15] 기업 기부는 4%대[16]로 나타나 있다. 이러한 수치는 일반인들 사이에 문화예술 분야가 기부의 영역으로 사실상 인식되고 있지 않다는 의미로 이해할 수 있다.

　　여기서 문화예술 분야의 낮은 인식과 관련한 정부의 한 조사 결과를 구체적으로 살펴본다.

　　한국문화예술위원회가 지난 2022년 전국의 20세 이상 성인남녀 2,500명을 대상으로 실시한 '예술가치 및 후원 인식도 조사'에서 정부의 문화예술 후원 확산 캠페인인 '예술나무운동'에 대한 인지 비율은 28.6%에 불과했다.

　　또한 예술후원 활동의 필요성을 수치화한 점수는 낙제점 수준인 평균 63.8점이었으며, 향후 예술후원 참여 의향은 평균 53.0점으로 조사되었다. 이러한 결과는 문화예술 분야보다는 사회복지와 교육 분야 등 후원이 시급한 분야에 기부하는 것이 낫다는 인식이 강하게 작용하는 것으로 볼 수 있다. 특히 문화예술 후원 미경험자 대상의 분석에서는 향후 예술후원 의향이 없다는 의견이 53.2%로 전체의 절반이 넘은 반면 후원 의향이 있다는 비율은 46.8%에 그쳤다.

---

15) 한국조세재정연구원 재정패널조사의 연도별 가구조사의 문화예술 분야 기부금 지출액 비율(2017~2020년 평균)은 1.66%이다.

16) 한국메세나협회가 500개 기업(중소기업 400개, 대기업 100개)의 세제 관련 담당자를 상대로 설문조사를 실시한 결과, 법인 기부금 중 문화예술분야 지출액 비중은 4.14%로 산출된 바 있다.

III. 개인과 기업의 후원 동기

개인과 기업 등 외부의 문화예술 후원을 유도하여 재원조성의 결과물을 내려면 이들의 기부 동기를 면밀하게 이해하는 게 필수적이다.

개인의 기부 동기는 내적 동기와 외적 동기로 나누어 논의할 수 있다. 내적 동기로는 사회에 대한 책임감, 종교적 신념, 동정심, 개인적 행복감, 가족의 전통과 문화 등이 주된 요인으로 꼽힌다. 이 가운데 개인적 행복감은 일종의 자선적 가치를 의미하는데, 개인이 가진 신념이나 가치를 자신의 기부와 동일시 한다. 외적 동기로는 경제적 여유와 세제 혜택, 중요한 인물의 자극, 기부 요청, 주변적 상황 등이 작용한다. 세제 혜택은 여러 국가에서 차이는 있지만 세액 공제 또는 감면의 혜택을 부여하고 있다.

기업의 기부는 개인 기부와는 다르게 목표와 가치, 구조적인 차이 등으로 인한 상이적인 요인이 자리한다고 볼 수 있다. 기업의 기부는 대략 CSR로 요약되는 기업의 사회적 책임 구현, 전략적 자선 활동, 직원의 참여를 통한 조직역량 강화, 홍보마케팅, 협력 및 파트너십 등 다양한 동기들이 작동한다.

기업의 사회에 대한 의무는 크게 경제적 책임, 법적·윤리적 책임, 자선적 책임 등으로 구분할 수 있다. 기업은 보통 정부와 주주 등 이해관계자들이 해당 기업에 요구하는 이와 같은 사회적 의무를 충족시키기 위해 노력한다. 경제적 책임은 기업의 생존과 직결된 이슈를 의미하며, 법적·윤리적 책임은 윤리경영과 연결되어 있다. 자선적 책임은 정부의 영향력이 미치지 못하는 영역에서 기업이 수행하는 각종 복지활동을 통한 사회공헌의 수행이라는 의미를 지닌다.

기업의 전략적 자선 활동은 경영목표와 연계하여 기업의 미션이나 구체적인 사업 목표와 일치하고자 하는 명분에 기여하는 기부 활동으로 나타나고 있다. 지역사회 공헌도 이와 같은 전략적 자선 활동의 일환으로 볼 수 있는데, 기업이 소재한 지역을 중심으로 지역에 대한 지원을 통해 지속가능한 경영 기반을 구축하기 위한 노력을 하고 있다.

문화예술 분야에서 기업이나 기업 재단의 지역사회 공헌 사례도 어렵지 않게 찾아볼 수 있다. 예컨대 6장에서 살펴보았던 현대차정몽구재단의 예술마을 프로젝트 '계촌 클래식 축제'는 지역문화 진흥을 통한 지역사회 공헌의 대표적인 프로그램으로 자리잡아가고 있다.[17]

이 외에도 기업의 구성원들이 직장에 소속감을 느끼고 긍정적 분위기를 조성하기 위해 기부활동을 시행하거나, 기업의 브랜드 홍보를 위한 수단과 자사의 제품 판매를 위한 마케팅 차원에서도 기부가 활용된다.

이와 같은 개인과 기업의 기부 동기는 문화예술 분야에 100% 적용된다고 보기엔 어렵다. 기업이 문화예술 분야를 후원하는 이유는 사회공헌의 실행 등 일반적인 기부의 동기와 유사하다고 볼 수 있지만, 개인은 '문화예술 활동에 관한 관심'이 기부의 가장 큰 동기로 파악되고 있다.[18] 개인의 문화예술 후원의 또 다른 이유로는 문화예술분야 환경

---

17) 강원 평창군 방림면 계촌리는 해발고도 700m에 위치한 마을로 전교생이 오케스트라 단원으로 활동하는 계촌초등학교와 계촌중학교가 있다. 계촌초교는 2009년 방과 후 학생들을 돌볼 수 있는 교육적 환경을 마련하기 위해 전교생이 참여하는 현악중심의 계촌별빛 오케스트라를 창단했고, 계촌중은 2013년부터 클래식 연주활동을 이어오고 있다. 2015년 계촌 클래식 마을로 선정된 후 마을주민들이 모여 '계촌 클래식 축제위원회'를 조직했으며, 현대차정몽구재단이 이 행사를 매년 후원하고 있다. 현대차정몽구재단 홈페이지(https://www.hyundai-cmkfoundation.org/usr/com/plCulture), 검색일 2024년 2월 3일.

의 열악함이나 지인의 부탁 등이 높은 편이다.

| 그림 9-2 | 계촌 클래식 축제

출처: 현대차정몽구재단 계촌 클래식 축제 홈페이지(http://artvillage.or.kr). 캡처
2024년 3월 2일.

지금까지의 논의를 종합할 때, 외부 후원 유치를 통한 재원 조성이 필요한 문화예술 조직은 개인 기부자와 기업 기부자의 기부 동기와 기부 목적, 기부액과 기부처 등 기부 관련 요인을 파악하여 이에 적절한 방식으로 접근해야 한다. 개인과 기업의 기부 동기에 영향을 미치는 정서와 배경 등을 고려해야 하고, 이를 고려하여 적절한 접근 전략을 수립할 때 기부가 늘어나고 기부 요청이 성공에 이를 수 있다.

최근에는 개인 기부나 기업 기부의 특성뿐만 아니라 우리나라의 역사에서 발견할 수 있는 전통적 기부문화의 특성도 기부문화 활성화를 위한 전략 형성에 중요한 시사점을 제공한다.

---

18) 엠브레인퍼블릭, 『2020년 기부금 사업 고객 인식도 조사』, 한국문화예술위원회, 2020.

우리나라 기부자들은 사회적 의식이나 공적 의무감보다는 감성적이고 정서적 차원의 호소에 기부를 결심하는 경우가 여전히 많다는 점을 주목해야 한다. 세금 공제나 세금 면제 등의 제도적 유인 방안도 기부 친화적인 방식으로 개선해야 하지만, 전문예술법인·단체를 포함하여 문화예술 분야의 기부금 모금단체나 공익단체가 개인과 기업을 대상으로 실천할 수 있는 프로그램으로 접근해야 하는 이유가 여기에 있다.[19)]

---

19) 황창순, '문화적 양극화 해소를 위한 기부문화 활성화 정책', 한국문화관광연구원, 2010.

제**4**부

국내 · 외
문화예술조직의
재원조성 현황

제10장   한국 문화예술기관·단체의 재원조성

I. 예술의 전당

　대표적인 국립 문화예술기관인 예술의 전당은 공연장을 갖춘 복합 문화예술공간으로, 1987년 설립되었다. 재단법인으로 출범하여 지금은 특별법인[1]으로 운영되고 있는 예술의 전당은 설립 목적과 관련하여 '문화예술의 창달과 국민의 문화 향수 기회 확대를 위한 문화예술공간 운영과 문화예술진흥을 위한 사업을 추진하는 데 목적을 둔다'라고 규정해 놓고 있다.

　주요한 기능과 역할은 공연 및 작품 전시 활동과 보급을 비롯하여 문화예술 교육사업, 문화예술 관계자료의 수집관리 및 보급과 조사연

---

[1] 특별법인은 국가의 의사에 근거하여 설립되고, 개별 법률인 특별법에 따라 법인격이 부여된다. 국가의 재정 지원을 받기 때문에 공공성이 강하지만 법인 운영과 관련해선 독자적인 성격을 지닌다. 특별법인의 설립 주체는 국가이고 재원은 정부와 지방자치단체의 출연금, 출자금, 보조금 형태로 이루어져 있다.

구, 문화예술의 국내·외 교류사업, 상주단체의 설립과 운영, 후원회 운영 등을 통한 운영보존 자금의 적립 사업 등이다.

예술의 전당은 특별법인 형태로 운영되고 있지만 전체 수입 중 국고보조금이 절반에 육박할 정도로 공공지원 의존율이 높은 편이며,[2] 특히 정부 보조금은 해마다 늘어나는 추세를 보인다.

이러한 구조 속에서 예술의 전당은 자체적으로 재원을 조성하기 위해 다양한 후원사업을 펼치고 있다.

예술의 전당 후원사업은 후원회, 객석 기부사업, SAC 나눔 사업 등 크게 세 가지로 분류할 수 있다.

첫째, 후원회는 법인회원과 개인회원 구분은 없지만 법인회원은 가입비 3,000만 원 이상부터 가능하다는 것이 특징이다. 또한 가입비 1,000만 원~1억 원 이상, 연회비 100만 원 등 가입비에 따른 등급 부여 정책을 시행하고 있다. 연회비와 관련해선 3차례 이상 납부하지 않으면 회원 자격이 소멸하며, 가입 시 가입신청서 제출 후 입회 심사 및 후원금 납부 후 입회 절차를 밟게 된다.

예술의 전당의 이 같은 후원 정책은 입회 조건 및 자격 유지 조건이 비교적 까다롭다는 것을 의미하는 것으로, 국립 문화예술기관의 특이 사항으로 이해할 수 있다.

후원회원들에게는 다양한 예우 조치들이 시행되고 있다. 기본적인 예우 사항으로는 멤버십 카드 발급, 무료 주차 등록, 기획 공연 및 전시 최대할인율 적용, 아카데미 수강 할인, 무료 및 할인 대관, 후원회 전용 라운지 이용, 제휴업체 할인 등이 있으며, 후원 등급별로 무료 공연, 전

---

2) 2023년 예술의 전당 총수입은 659억 6,600만 원으로 이 가운데 정부 보조금이 전체 수입의 49.9%인 329억 1,200만 원에 달한다.

시 초대, 아카데미 수강 할인, 대관 할인 등을 차등 적용하고 있다.

이처럼 후원자 대상의 예우 사항들은 비후원자들과는 매우 차별화한 혜택으로 이해할 수 있다.

| 표 10-1 | 예술의 전당 수입 내역(단위: 100만 원)

구분	2018년	2019년	2020년	2021년	2022년	2023년
정부 보조금	11,652	11,735	13,092	20,843	20,712	32,912
전체 수입	39,683	39,550	26,892	42,907	47,853	65,966

출처: 예술의 전당 연도별 경영공시 자료를 참조하여 재구성.

둘째, 객석 기부 사업은 콘서트홀과 오페라극장을 대상으로 기부자에 대해 기부 희망 좌석을 지정하고 명판 문구를 작성하여 기부금 확인 후 명판을 부착해 준다. 좌석 등급은 최저 50만 원에서 최고 1억 원까지 기부 금액에 따라 다양하게 지정하고 있다.

객석 기부자에게도 향후 리노베이션을 할 때까지 기부 좌석에 명판을 부착하거나 예술의 전당 골드회원권을 제공하며, 일부 기획 공연에 기부자 이름이 노출되도록 하고 있다.

셋째, SAC 나눔 사업은 '무대를 잃은 예술인 지원'이라는 목표를 설정해 놓고 이에 공감하는 개인 소액 기부자를 타기팅으로 1만 원~10만 원의 기부금 모집을 하고 있다. 이 사업은 코로나 팬데믹으로 무대에 설 기회가 줄어든 예술인들을 직접적으로 지원하는 지정기부금 사업으로, 여타 후원사업과는 다르게 구체성을 띠고 있다.

예술의 전당은 이처럼 객석 기부 사업 등 다양한 후원사업을 통해 재원 조성 활동을 시행하고 있으나, 그 규모는 저조한 수준이다.

예술의 전당에 투입되는 국고보조금은 매년 늘고 있지만 기부금 수입은 오히려 줄고 있다. 2020년 기부금 수입은 16억 9,500만 원 수준 이었으나 2021년에는 6억 6,600만 원으로 격감하였다.

이와 같은 결과는 국립 문화예술기관 후원 관련 인식이 부족한 현 상과 함께 전반적으로 순수예술에 관한 낮은 기부 현실을 반영한 측면 이 있다.

| 표 10-2 | 예술의 전당 기부금 수입 현황(단위: 100만 원)

구분	2018년	2019년	2020년	2021년
기부금 수입	1,324	1,063	1,695	666

출처: 예술의 전당, 연도별 운영보고서.

II. 세종문화회관

세종문화회관은 공연장을 갖춘 공립 문화예술기관으로 재단법인 형태로 운영되고 있다. 시민의 문화 향수 기회를 확대하고, 문화 창달에 기여할 수 있는 문화예술 공간의 조성 및 운영 등을 통해 서울시민 문 화복지 구현에 이바지함을 설립목적으로 하고 있다.

비영리법인이기도 한 세종문화회관의 주요 재원은 서울시의 출연 금과 수입금으로 구성된다.

재단법인화는 일반적으로 기존의 비효율적인 운영체제를 개선하여 성과 창출을 이끌어내는 사적 개념의 변화로 이해할 수 있다.

1999년 재단법인으로 전환한 세종문화회관은 서울시의 출연기관으로 대지 및 시설과 매년 출연금(세금)을 지원받아 운영하고 있다. 세종문화회관의 이 같은 재무적 특성은 공공성과 경제성이 서로 충돌하는 모순을 낳기도 한다.

세종문화회관 운영의 주된 재원인 서울시 출연금 비중이 전체 수입에서 차지하는 비율은 매우 높다. 2022년 기준 세종문화회관의 총수입은 634억 9,900만 원이며, 이 가운데 서울시 출연금 수입은 403억 7,200만 원으로 전체 수입의 63.5%를 차지하고 있다. 공연 사업수익 등 영업 수입은 34%, 대관사업과 임대 사업, 대행사업 등이 15.7% 수준을 보인다.

이처럼 공공 제작극장인 세종문화회관은 서울시 출연금 비중이 전체 수입에서 압도적으로 높은 데 비해 영업 수입 등 다른 수입은 이에 크게 미치지 못하고 있다. 이러한 수입구조는 세종문화회관이 후원 유치 등 다른 재원 발굴에 나설 수밖에 없는 이유로 작용한다.

2022년을 기준으로 세종문화회관의 기부와 협찬을 통한 재원 조성 규모는 총 13억 5,500만 원에 달한다. 기부가 4억 8,500만 원, 협찬은 8억 7,000만 원으로 협찬이 기부를 크게 앞서고 있다.

세종문화회관 기부는 대부분 사용 목적이 정해져 있는 지정기부금이다. 예컨대 기부자 '울림'이 기부한 8,000만 원은 서울시오페라단을 위한 기부금이며, 한화생명의 기부금 6,000만 원은 국내 창작공연 제작 지원 및 문화 나눔 사업 용도로 활용되었다.

협찬의 경우 현대자동차가 '세종문화모터갤러리 시즌 8'에 3억 원을 협찬한 것을 비롯하여 크라운해태는 '창신제'에 2억 3,000만 원을, 신한은행은 '온쉼표 S클래식 데이'에 4,000만 원을 협찬하였다.

세종문화회관은 이와 같은 기부와 협찬 등 외부 후원을 이끌어내기 위해 후원회와 기업파트너십 등 두 가지 후원사업을 병행하고 있다.

후원회는 법인회원과 개인회원으로 구성되며, 법인회원은 최저 1,000만 원에서 최고 5억 원까지 후원금 규모가 다양하다. 개인회원은 최저 300만 원에서 최고 5,000만 원까지 구성되어 있다. 후원회에 가입하기 위해선 가입신청서를 서면으로 작성하여 제출하면 후원회 운영위원회 승인 및 후원금 납부 후 가입이 마무리된다.

세종문화회관은 이러한 후원회 제도를 운용하면서 '후원회 예우 사항'을 별도로 규정하고 있다. 우선 기본적 예우는 후원회에 특화된 주요 행사에 초대하는 것이다. 예컨대 살롱음악회, 송년의 밤 문화예술프로그램, 기획전시 오프닝 초대 및 특별 도슨트 제공, 세종문화회관 기획 공연 및 전시 관람 혜택(연 3회), 세종문화회관 S멤버십 제휴업체 할인 등이 기본적 예우에 해당한다.

특별 예우 사항은 후원 금액에 따라 혜택이 차등적인 게 특징이다. 법인회원의 경우 세종문화회관 공간 활용 프로모션, 세종문화회관 시즌 프로그램 스폰서 타이틀, 메세나룸 사용 및 리셉션 혜택, 공연 패키지권 제공 및 임직원 할인 등이 있다. 개인회원은 세종문화회관 자체 제작 공연 VIP석 우선 초대, 티켓 최대 40% 할인, 세종문화회관 자체 기획 제작 공연 초대(연 5회) 등의 혜택이 주어진다.

세종문화회관은 후원과 협찬에 매우 적극성을 드러내고 있는데, 이것은 메인 홈페이지 상단 기관소개에 '후원·협찬' 탭을 설치한 것에서 확인할 수 있다. 세종문화회관은 특히 세계적인 제작극장을 표방하는 비전을 실천하기 위해 후원금 사용 용도를 예술가의 작품 창작, 음악제, 오케스트라 등으로 구체화하고 있다. 예를 들어 연습실 환경 개선과 서울시국악관현악단 창작지원금, 송년의 밤 제야음악회 후원금 등으로 사용한다고 명시하고 있다.

| 그림 10-1 | 세종문화회관 기관 소개 홈페이지의 후원 · 협찬 탭

출처: 세종문화회관 홈페이지(https://www.sejongpac.or.kr/organization/main/main.
　　do), 캡처 2024년 6월 30일.

　　세종문화회관의 또 다른 후원사업인 기업파트너십은 다양한 콘텐
츠와 예술단, 공연장, 미술관 등 인프라를 활용하여 기업의 문화공헌과
문화마케팅 가치 창출을 도모하는 모습이 두드러진다. 예컨대 세종현대
모터갤러리는 극장 외부 벽면에 미디어파사드를 설치하여 미디어아트
를 상영하고 있다.

　　세종문화회관은 이와 같은 기업 파트너십 후원사업과 관련한 내용
을 전달하기 위해 메세나 뉴스레터를 온라인으로 발행하고 있으며, 기
업 파트너십 등 후원회 브로슈어를 제작하여 후원회 운영 방식이나 설
립 목적을 한눈에 파악할 수 있도록 하고 있다.

　　기업의 후원 목적은 대체로 기업적 목적과 마케팅적 목적 등 두 가

지로 구분할 수 있다. 기업적 목적은 브랜드 인지도 증대, 마케팅적 목적은 브랜드 이미지 향상을 통한 매출 증대로 요약된다.

지금까지 논의한 세종문화회관의 후원사업은 기업의 이 같은 후원 목적을 충족시키기 위한 일련의 조치로도 이해할 수 있을 것이다.

| 표 10-3| 세종문화회관 주요 수입 내역과 후원금, 기부 및 협찬 규모(단위: 100만 원)

구분	2022년
총수입	63,499
서울시출연금	40,372
영업수입	21,642
후원금	829
기부	485
협찬	870

출처: 세종문화회관, '2022년 운영보고서'를 참조하여 재구성.

III. 국립극장

국립 문화예술기관으로 공연장을 보유한 공공극장인 국립극장은 국립극장진흥재단을 통해 후원회라는 정식 직제를 두고 있다. 후원회에서는 기부 금액에 따라 법인회원과 개인회원으로 구분하고 있으며, 이들에 대한 예우 역시 상이하다.

우선 국립극장 회원 종류로는 별님·달님·햇님·하늘회원 등 네 가지가 있다. 하늘회원은 법인의 경우 1억 원 이상, 개인은 1,000만 원 이상의 기부금을 기준으로 한다. 특히 하늘회원 법인은 해당 법인사원을 대상으로 연 1회 특별공연 제공이라는 파격적인 조건이 제시되어 있

다. 국립극장에 1억 원 이상을 기부하는 법인에 대해선 국립극장 측이
이들만을 위한 특별공연을 하겠다는 내용이다.

특히 1억 원 이상 기부 법인회원 중 기부 해당연도 말 최고 금액을
납부한 회원은 1년간 극장 내에 해당 법인의 제품 전시 공간을 제공하
고 있다.

하늘회원 사례에서 보듯 국립극장은 다른 회원 프로그램에서도 고
액을 기부하는 법인을 최대한 예우하려는 의도가 읽힌다. 5,000만 원
이상 기부 법인을 대상으로 하는 햇님회원은 국립극장 3개 전속단체[3]
공연 및 기획 공연의 연간 모든 프로그램에 법인 광고 무상 제공 조건
을 내걸고 있다.

개인 회원 예우 사항으로는 하늘회원의 경우 극장 전속단체 공연
및 기획 공연 연 초대권 6매 추가제공과 극장의 모든 공연 관람 시 VIP
룸 제공 혜택을 주고 있다.

국립극장 기부자에 대한 공통적인 예우로는 특별공연 또는 행사
및 축제 초대, 소득세법에 따른 세금 감면용 기부금 영수증 발행, 1,000
만 원 이상 후원 시 극장장 명의의 감사장 증정 등이 있다.

국립극장 후원회를 운영하는 국립극장진흥재단은 문화예술진흥법
에 따라 지정을 받은 전문예술법인으로 지정기부금 단체이다. 이것은

---

3) 국립창극단, 국립무용단, 국립국악관현악단 등을 일컫는다. 전속 예술단체는 단독 법인
의 형태가 아니라 일반적으로 국립 문화예술기관에 전속되어 활동한다. 국립 문화예술
기관의 정규 조직으로 편제되어 있어 기관과는 수직적 위계 관계에 가깝다. 이에 비해
상주 예술단체는 기관 편제 조직이 아니면서 기관에 상주하고 있는 연극, 무용, 오케스
트라 등의 예술단체로, 보통 국립 문화예술기관의 필요와 요구 등에 의한 기획 공연을
공동 제작하는 특징을 보인다. 상주 예술단체는 대부분 재단법인 형태로 독립된 운영을
하고 있어 전속 예술단체와 다르게 국립 문화예술기관의 지휘나 감독에서 자유로운 수
평적 관계를 유지하는 게 일반적이다. 예술의 전당에 상주하고 있는 국립오페라단, 국
립발레단, 국립합창단, 국립현대무용단, 국립심포니오케스트라 등이 대표적인 사례.

재단에 후원하는 법인이나 개인은 법인세법, 소득세법에 따라 일정한도 내에서 세액공제 혜택이 부여됨을 의미한다. 법인 후원자는 법인 소득의 10% 한도 내에서 손금으로 인정되며, 기부금의 손금산입 한도 초과액은 10년간 이월공제된다. 개인 후원자는 1,000만 원 이하 기부자 소득의 30% 한도에서 15%를 세액공제하고, 1,000만 원 초과분은 30%를 세액공제 받을 수 있다. 또한 기부금 한도를 넘어 세액공제를 받지 못한 기부금은 10년간 이월공제한다.

이 외에 감동기부제 '소오름'은 공연 관람 후 감동의 여운만큼 기부하면 이에 해당하는 혜택을 주는 프로그램이다. 예컨대 월 5만 원을 기부하면 본인만 기획 공연 연간 5회 초대하는 식이다.

| 표 10-4 | 국립극장 기부금 규모(2023년 기준, 단위: 100만 원)

구분	2023년
기부금 수입	56.251

출처: 국립극장진흥재단, '2023년 연간 기부금 모금액 및 활용 실적 명세서'를 참조하여 재구성.

Ⅳ. 지역문화재단과 기관

지역문화재단은 사업목적에 따라 문화시설운영기관과 문예진흥사업기관, 시설운영과 사업을 수행하는 복합기관 등으로 구분할 수 있다. 문화시설운영기관으로 주로 운영되는 성격을 지니고 있는 곳은 기초문화재단이다. 문예진흥사업은 광역문화재단을 중심으로 대체적으로 이루어지고 있으며, 광역문화재단 중 일부는 복합기관으로 운영하는 흐름도 나타난다.

이와 같은 구분은 문화정책의 패러다임이 문화다양성을 중시하고 문화의 영역을 포괄적으로 파악할 필요가 있다는 논의가 급부상하면서 그 경계가 점차 흐려지는 분위기와 연관성을 지닌다. 즉 광역문화재단과 기초문화재단으로 분류하여 각각의 고유한 역할에 충실하기보다는 지방자치단체가 추진하고 있는 문화예술진흥과 문화향유기회 증진, 문화교류 확대, 문화사각 지대 감소 등에 필요한 사업을 추진해 나갈 필요성이 커진 것이다.

하지만 이럴 경우 광역문화재단과 지역문화재단의 사업이 유사·중복되면서 예산 낭비를 초래할 수 있다는 우려도 있다. 이러한 논의는 광역문화재단과 기초문화재단이 협업하여 중복사업을 조정하고, 지역 고유의 문화와 지역 인프라 등을 활용한 균형적인 문화사업 추진을 도모하는 측면이 있다.

지역문화재단은 이와 같은 다양한 사업들을 수행하기 위해 충분한 재원 확보가 요구되고 있지만, 현실은 이를 충족시키지 못하고 있다.

지역문화재단의 재원은 국가 및 지방자치단체 출연금, 위탁사업 등에 필요한 보조금, 지역문화진흥을 위해 조성된 기금, 기부금, 기타 수입 등으로 구성되어 있으나 재원 부족 현상은 계속되고 있다.

지역문화재단은 지방자치단체의 출연금과 보조금 수입은 한계가 있는만큼 다른 재원을 발굴해야 하고, 그것의 일환으로 후원사업을 벌여 나가고 있다.

서울문화재단

서울문화재단은 기업후원 프로그램인 '아트서울기부투게더'를 운영하고 있다. 이 프로그램은 서울문화재단을 통한 기업의 예술단체 및 예술인 후원 사업인 동시에 서울 지역 메세나 지원사업의 성격을 띠고 있다. 현금 외에 기업이 생산하는 대표 물품을 기부하기도 한다. 예컨대 한국무역협회가 '서울미디어아트 프로젝트'를 협회 측이 운영하는 옥외 광고를 통해 송출하는 식이다.

서울문화재단의 연간 기부금 수입 규모는 2022년 말 기준 9억 9,500만 원에 이르고 있다.

'아트서울기부투게더'에 기부 형태 등으로 참여하는 기업은 다양한 예우 서비스를 제공받는다. 예컨대 서울문화재단이 발간하는 월간지 '문화＋서울'에 기업 단독 인터뷰를 게재하거나 재단 SNS 채널을 활용하여 이러한 내용을 집중 홍보한다. 또한 CSR 우수기업으로 선정하여 서울시장 표창을 수여하며, 서울메세나의 밤을 개최하여 후원의 주체인 기업 관계자와 후원 혜택을 받는 예술인이 만나는 장을 마련한다.

이러한 후원 예우 외에도 기업 내부 임직원과 가족을 대상으로 찾아가는 문화예술체험 및 교육 프로그램인 '아트투어'를 운영함으로써 후원 효과를 직접적으로 경험할 수 있도록 하고 있다.

경기문화재단

경기문화재단의 문화예술 후원 프로그램은 '문화이음'이라는 브랜드를 통해 추진되고 있다. '문화이음'은 경기문화재단 기부금과 경기문화예술 기부금으로 분류할 수 있다.

경기문화재단 기부금의 경우 일반기부금, 조건부기부금 등 두 가지로 나뉜다. 일반기부금은 기부자가 재단의 발전을 위해 지원사업, 사용 방법 등을 재단에 일임하는 기부금을 의미하며, 조건부기부금은 기부자가 재단의 지원사업과 뮤지엄 등 소속기관을 지정하여 기부하는 형태를 띤다. 박물관, 미술관 등의 기업 후원금을 비롯하여 현금 및 현물 등이 조건부기부금4)에 해당한다.

경기문화예술 기부금으로는 지정기부금, 순수기부금, 기타기부금 등이 있다. 지정기부금은 기부자가 지원 대상, 지원 방법, 지원액을 지정하는 기부금이다. 순수기부금은 기부자가 경기문화예술의 발전을 위해 경기문화재단에 조건 없이 기부하는 기부금이며, 기타기부금은 한국 문화예술위원회와 한국메세나협회 등이 시행하는 공모사업을 통해 들어오는 기부금을 뜻한다.

요약하자면 경기문화재단은 서울문화재단처럼 기업후원 전용 프로그램 등 다양한 후원 프로그램을 운영하기보다는 일반기부금, 지정기부금 등 단순한 기부캠페인 형식을 취하고 있음을 확인할 수 있다. 다만 기부금의 종류를 보다 세분화하고 있다. 이는 기부자의 의사를 최대한 반영하겠다는 의미로 해석할 수 있다.

기부자에 대한 예우혜택으로는 기부금 영수증 세제혜택과 소식지 발송 및 기념품 증정, 후원회원 명단 연차보고서 기재, 문화이음 기부후원행사 및 경기문화재단 공식 행사 우선초대 등이 있다.

---

4) 경기문화재단이 2022년 시행한 '경기창작센터- 한국수자원공사 공공예술 프로젝트'에 한국수자원공사가 9,000만 원을 기부한 사례가 여기에 해당한다.

부산문화재단

부산문화재단은 기업은 300만 원 이상, 개인은 1만 원부터 기부가 가능한 후원 프로그램을 운영하고 있다. 이러한 운영 방침 속에서 일반 회원은 매월 1만 원 정액 납부제를 시행하는 것을 비롯하여 연간회원은 연 20만 원~50만 원 정액 납부, 그리고 500만 원 이상 일시불 납부하는 경우 평생회원 예우를 하고 있다. 또한 기업 등 단체가 1,000만 원 이상을 일시불 납부하면 단체회원이 되고 있다.

후원 회원들에게는 재단이 추진하는 문화예술 행사와 문화예술교육 프로그램에 우선 참여할 수 있는 기회를 제공하며, 연말정산 시 기부금 세제 혜택, 재단 발간도서 무료발송 등의 다양한 예우가 적용되고 있다. 특히 후원자가 재단 문화행사를 평가하고 홍보할 수 있는 자리를 직접 마련하는 등 재단 사업에 주도적으로 참여하는 모습은 두드러진 특징으로 볼 수 있다.

부산문화재단의 후원 프로그램은 메세나 활성화 지원 사업에서도 확인할 수 있다. 이 사업은 지원형과 기획형 등 두 가지로 나누어 진행되고 있다. 지원형은 기업체와 예술단체 간의 결연을 바탕으로 한 예술 프로젝트 지원 사업인 '메세나 프로젝트'가 대표적이다. 이 사업을 통해 총 12개 기업이 후원한 기부금 1억 500만 원 중 8,140만 원을 12명의 예술인에게 지원했으며, 후원 기업에는 기부금 영수증 발행, 재단 자체 행사 초청, 언론홍보 등 이미지 제고 같은 간접지원 혜택이 부여된다.

또다른 지원형 메세나 활성화 지원사업으로는 시민들의 소액 참여형 기부 프로그램인 '시민크라우드 펀딩'이 있다. 펀딩모금액은 기부자

1인당 최대 20만 원으로 설정되어 있으며, 기부금 범위는 펀딩 모금액 최소 300만 원 이상, 지원금 범위는 펀딩 성공 프로젝트 대상 100만 원~300만 원을 지원한다.

기획형은 기업의 ESG경영 실천과 예술의 사회적 가치 실현을 목적으로 문화예술 후원 매개단체 지원 사업과 연계하여 진행되고 있다.

인천문화재단

광역문화재단인 인천문화재단은 '아트레인'이라는 이름의 후원사업을 통해 모두 다섯 가지의 기부 프로그램을 시행하고 있다. 그것은 '문화동행 기부금', '예술날개 기부금', '일상너머 기부금', '키움가꿈 기부금', '협력 파트너십' 등으로 개별 프로그램 모두 사용처가 지정되어 있는 사실상의 조건부 기부금이다.

예컨대 '문화동행 기부금'은 문화소외계층, '예술날개 기부금'은 미술은행 프로그램과 레지던시, 신진아티스트 발굴 등에 사용해야 하며, '일상너머 기부금'은 시민지원사업 등 생활문화예술 용도로만 집행토록 하고 있다. 특히 '일상너머 기부금'은 시민들이 제작하고 무대위에 오르는 참여형 예술 프로그램을 지정해서 후원할 수 있다. '키움가꿈 기부금'은 문화교육에, '협력 파트너십'은 공유가치 창출에 각각 기부금을 쓸 수 있다.

인천문화재단도 다른 광역문화재단처럼 메세나 프로그램을 선보이고 있다. 인천문화재단은 '아트레인 메세나'를 통해 지역의 문화예술 진흥을 위한 문화예술 후원 사업과 재단 공동기획 메세나 사업을 병행하고 있다.

이러한 기업 후원에 대한 예우로는 기획공연(유료공연은 할인 또는 초청)과 전시 우선 초청, 기부금 관련 사업 행사 우선 초청, 주요 기부자 클럽 운영 등이 대표적이라고 할 수 있다.

V. 예술단체

문화예술단체는 국·공립 예술단체와 민간 예술단체로 나누어 논의할 수 있다. 국·공립 예술단체는 정부와 지방자치단체의 지원금이 최대 재정 수입이자 고정 수입으로 역할하고 있지만 민간 예술단체는 재정적 불안에서 벗어날 수 없는 한계를 지닌다.

민간 예술단체는 운영적 측면에서 국·공립 예술단체에 비해 훨씬 불리한 위치에 자리한다. 우선 재원 흐름이 단절되고 있는 측면을 살펴볼 필요가 있다. 고정적 수입이 보장되지 않는 민간 예술단체는 재원이 순환하지 못하고 단절을 겪고 있기 때문에 지속적인 사업을 위해선 별도의 재원 마련이 필수적이다.

또한 자체 재원 조성 역량의 부족은 민간 예술단체들의 재원 확보 노력을 성공으로 이끄는 데 근원적 걸림돌로 작용하고 있다. 예술 분야 전문 모금기관이 부재하고 예술단체 내 재원 조성 부서 및 전문인력 부족, 단체의 불투명한 운영 등의 단점을 지니고 있다.

민간 예술단체는 대부분 소규모 조직으로 구성되어 있고, 프로젝트 단위 근로자가 많아 근로의 지속성이 떨어지는 특성도 함께 나타나고 있다.

이처럼 열악한 재원 환경에 처해있지만 민간 예술단체는 각종 후원사업을 통해 재원 조성 노력을 이어가는 모습도 찾아볼 수 있다.

국·공립 예술단체는 민간 예술단체에 비해 상대적으로 재원 여건 이 양호한 편이지만, 자체적으로 후원 프로그램을 운영하면서 재원 확충을 시도하고 있다.

예컨대 국립 문화예술기관인 예술의 전당에 상주하는 예술단체인 국립심포니오케스트라는 전체 수입 중 국고보조금에 대한 의존도가 매우 높다. 2022년 기준 국립심포니오케스트라의 전체 예산은 총 86억 5,390만 원으로, 이 중 77.5%에 해당하는 67억 원이 국고보조금 수입이다. 자체 수입은 공연을 통한 수입 18억 2,300만 원이며, 협찬 및 후원을 통한 기타 수입은 1억 3,000만 원 수준으로 나타나 있다.

국·공립 예술단체와 민간 예술단체의 후원사업을 구체적으로 살펴본다.

국립오페라단

1962년 설립된 국립오페라단은 오페라 공연을 통해 공연예술을 발전시키고 공연예술 인재를 양성하여 민족문화창달에 기여하는 것을 목적으로 하고 있다. 예술의 전당 상주 예술단체인 국립오페라단은 2000년 재단법인으로 독립한 이후 '오페라를 통한 문화 향유 기회 확대와 공공성 증대'를 경영전략으로 설정하면서, 주요 목표로 지역 순회 오페라 공연으로 지역문화 균형 발전을 도모하고 있다. 이 같은 경영전략은 국립오페라단의 활동 무대가 예술의 전당 공연에 국한되는 것이 아닌 전국 단위임을 시사한다.

국립오페라단은 후원회를 통해 조직의 재원 조성을 도모하고 있다.

국립오페라단 후원회는 연회비와 가입비 규모에 따라 체어맨, 패트런, 어필리에이트 등 세 가지로 구분하여 운영하면서 각종 혜택도 차등적으로 부여하고 있다.

체어맨은 가입비 1,000만 원, 연회비 200만 원을 기부하면 회원이 될 수 있다. 체어맨 회원에게는 연간 정기공연 R석 2매 제공을 비롯하여 '후원의 밤' 행사 초청, 살롱콘서트 초청 등의 예우와 함께 티켓 추가 구매시 40% 할인 혜택이 주어진다. 살롱콘서트는 체어맨 회원들을 위한 전용 콘서트로 이해할 수 있다.

패트런은 별도의 가입비 없이 연회비 200만 원 조건이며, 연간 정기공연 R석 2매 제공, '후원의 밤' 행사 초청, 티켓 추가구매 시 30% 할인 혜택을 제공한다. 어필리에이트는 연회비 100만 원 기부에 연간 정기공연 R석 2매(4회) 제공 혜택이 있으며, 티켓을 추가로 구매하면 20% 할인해 준다.

특히 국립오페라단은 이와 같은 후원자들을 위해 정기공연 관람 전 작품에 대한 이해를 돕기 위해 강의 프로그램을 제공하고 후원회를 위한 라운지를 제공하고 있다. 이는 후원자에 대한 교육적 기능 제공이라는 측면에서 주목할 필요가 있다.

국립오페라단은 지정기부금 단체로서 법인세법 시행령과 소득세법 시행령에 따라 후원금 소득공제를 받을 수 있음을 명시하고 있다.

국립심포니오케스트라

국립심포니오케스트라는 1985년 국내 최초 민간 교향악단인 코리안심포니오케스트라로 창단되었다가 2001년 재단법인 출범과 함께 문

화체육관광부 산하 예술단체로 지정되었다는 점이 예술의 전당 다른 상
주 예술단체와 구별되는 특이점이다. 이것은 민간 예술단체가 국립 예
술단체로 그 유형이 변화한 경우에 해당한다.

매년 60억 원이 넘는 규모의 정부 예산을 지원받으며 우리나라를
대표하는 국립 예술단체의 역할을 충실히 수행해 왔던[5] 국립심포니오
케스트라는 '국립'이라는 정체성을 확고히 하겠다는 목적으로 2022년
코리안심포니오케스트라에서 그 명칭이 변경되었다.

국립심포니오케스트라는 네 가지 부류의 후원회원 제도를 통해 자
체 재원 확보를 시도하고 있다.

블랙 후원회원은 5,000만 원 이상 기부자에 해당하며 2년 동안 다
양한 혜택이 주어진다. 정기·기획공연별 티켓 4매 제공과 국립예술단
체 협력 공연 티켓 연 2회 제공, 프로그램북 지면광고 매회 제공 등이
주요한 예우라고 할 수 있다. 블랙 후원자들은 또한 예술감독과의 만남
과 공연 전 리셉션 제공 혜택을 받을 수 있다.

퍼플 후원회원은 1,000만 원 기부 조건이며, 블랙 후원자들과 혜택
이 동일하지만 예술감독이 아닌 단원과의 만남이 제공된다. 500만 원
기부에 해당하는 브라운 후원회원에게는 정기·기획공연별 티켓 4매 제
공, 국립예술단체 협력 공연 티켓 연 1회 제공, 공연 전 리셉션 제공 등
이 주어지며, 100만 원 기부 조건인 그린 후원회원은 정기·기획공연별
티켓 2매 제공의 혜택이 있다.

---

5) 국립심포니오케스트라 설립 목적은 '교향악 활동을 통한 우리 민족의 음악적 역량 향상
발전'으로 규정되어 있다. 국립심포니오케스트라 홈페이지, https://www.knso.or.kr/
front/M0000043/content/view.do, 검색일 2024년 2월 20일.

유니버설 발레단

1984년 5월 창단된 국내 최초의 민간 발레단인 유니버설 발레단은 연간 후원과 정기 후원 U랑 등 두 가지 후원 프로그램을 운영하고 있다.

연간 후원은 100만 원~3,000만 원의 다액 후원금 체제로, 연간 후원자에게는 정기공연 초대권 제공, 티켓 추가 구매 시 회원 할인, 티켓 예약 서비스, 공연 프로그램 제공, 공연 리셉션 초대 등의 혜택을 부여한다.

정기 후원 U랑은 월 1만 원~5만 원의 소액 후원 프로그램이지만 금액에 따라 후원에 대한 혜택이 차등화되어 있다. 정기 후원자는 오픈 리허설 및 주요 행사 초청, 발레단 투어, 원데이 클래스, 유니버설 발레단 정기공연 초청, 정기공연 티켓 할인, 연 4회 프로그램북 제공, U랑 후원자 명단 기재 등의 예우가 뒤따른다. QR코드를 통해 연간 및 정기 후원 프로그램에 접근할 수 있다.

유니버설 발레단은 후원금 사용처를 레퍼토리 개발, 공연 제작, 무용수 지원, 장학 사업 등으로 명시해 놓고 있으나, 연간 후원의 경우 다른 재단과 예술단체에 비해 혜택이 상대적으로 적다고 볼 수 있다.

LDP 무용단

2001년 창단한 LDP무용단은 한국예술종합학교 무용원 실기과 현대무용 전공 출신자들로 구성된 젊은 무용단이다. 이 무용단의 궁극적 목적은 한국의 현대무용을 글로벌 네트워크로 펼쳐나가는 것으로, 인터내셔널 댄스 프로젝트를 지향하고 있다.[6]

---

6) LDP무용단은 창단 첫해부터 독일 뮌헨에서 해외 공연했으며, 이후에도 만하임 페스티

LDP무용단의 후원 프로그램은 50만 원~1,000만 원 이상의 후원금을 모집하는 단일 후원사업으로, 후원 금액에 따라 후원자에 대한 예우는 상이하다.

기획 공연 초대권을 비롯하여 기획 공연 포스터, 전단, 프로그램북을 제공하며, 뉴스레터 발송, 후원 등급별 멤버십 카드 제공, 무료 주차권 등의 혜택이 주어진다.

특히 1,000만 원 이상의 고액 후원자에게는 웹사이트와 프로그램북에 명단을 기재하며, 공연 오픈리허설에 초대하고 있다.

VI. 기업 문화재단

문화예술의 발전을 도모하며 창조적인 예술을 지원할 목적으로 설립된 기업 문화재단은 기업의 부를 사회에 환원하는 동시에 문화예술에 대한 기부가 활성화되지 못한 우리나라의 현실에서 중요한 예술지원 기능을 담당하는 민간 조직으로 인식되고 있다. 기업 문화재단 사업의 규모와 범위는 갈수록 확대되는 양상을 보인다.

국내 기업 문화재단은 1960년대에 삼성문화재단과 LG연암문화재단을 시작으로 1970년까지는 금호아시아나문화재단, 두산연강재단, 대상문화재단 등 대기업이 설립한 재단이 주축이었다. 1980년대에는 성보문화재단(성보화학), 수석문화재단(동아제약), 일신문화재단(일신방직) 등 중견기업들이 출연한 재단들이 설립되면서 기업 문화재단들이 경쟁

벌, 하노버 페스티벌에 초청되는 등 지속해서 한국과 독일 간의 예술적 교류를 유지하였다. 2012년에는 미국 뉴욕 시티 센터의 '폴 포 댄스 2012'에 초청받아 북미에 진출하였다. LDP무용단 홈페이지(http://www.ldp2001.com), 검색일 2024년 2월 23일.

적으로 만들어졌다. 2000년대 이후부터는 CJ문화재단, GS칼텍스문화재단, 현대차정몽구재단, 세화예술문화재단(태광그룹), 네이버문화재단, 롯데문화재단 등이 속속 설립되었다.

기업 문화재단의 재원은 대부분 기업이나 창업주 등 기업인의 출연금이 바탕을 이루는 특징을 보인다. 모기업이나 창업주 등이 출연한 재원이 사실상 기업 문화재단의 전체 자산으로 파악되고 있는 것이다.

2018년 기준 기업 문화재단의 자산 규모는 삼성문화재단이 2조 원을 훌쩍 넘어 가장 많고, 현대차정몽구재단(8,014억 원)과 성보문화재단(2,992억 원), 두산연강재단(2,244억 원), LG연암문화재단(1,960억 원) 등이 기업 문화재단으로서는 비교적 큰 자산을 보유하고 있다.[7]

기업 문화재단의 활동은 기업의 직접적인 예술지원 사업과 비교할 때 몇 가지 특징을 지니고 있다. 첫째, 사회의 공익 향상을 보다 객관적으로 실현하여 자원배분이 왜곡될 우려를 최소화할 수 있다. 둘째, 재단은 공공의 재산이기 때문에 기업과의 이해관계에서 독립적일 수 있다. 셋째, 지원 활동의 전문성을 확보할 수 있다. 넷째, 기업 이윤과는 별개로 예술 분야에 대한 순수한 지원 활동을 할 수 있다.

기업 문화재단은 또한 지속적인 사업을 수행해야 하므로 단기적인 이벤트성 사업보다는 장기적인 기획이 많고, 조직의 수익과 매출액 등에 구애받지 않고 지원을 지속할 수 있다는 장점이 있다. 기업의 협찬과 달리 재단은 직접적인 반대급부를 바라지 않고 근본적으로 문화예술과 예술단체 발전을 목적으로 지원하기 때문에 수혜자에게 프로젝트를 운영할 최대한의 자유를 보장해 줄 수 있는 속성을 지닌다.[8]

---

7) 이충관, '공익법인으로서의 기업문화재단 활성화 및 사업 개선 과제에 관한 연구', 한국예술종합학교 예술전문사 학위논문, 2020.
8) 김정은, '한국과 일본 기업 문화재단의 메세나 활동 비교 연구', 고려대학교 대학원 석사

| 표 10-5 | 주요 기업 문화재단의 자산규모(2018년 기준, 단위: 억 원)

재단	출연기업	설립연도	자산규모
삼성문화재단	삼성그룹	1965년	21,551
현대차정몽구재단	정몽구회장	2007년	8,014
KT&G복지재단	KT&G	2003년	3,140
성보문화재단	성보화학	1981년	2,992
두산연강재단	두산그룹	1978년	2,244
LG연암문화재단	LG그룹	1969년	1,960
세화예술문화재단	태광그룹	2009년	1,076
태성문화재단	호반건설	2004년	918
CJ문화재단	CJ그룹	2006년	426
롯데문화재단	롯데그룹	2015년	269
송강재단	LS그룹	2013년	265
대림문화재단	대림산업	1996년	555
한솔문화재단	한솔그룹	1995	464

출처: 이충관, '공익법인으로서의 기업문화재단 활성화 및 사업 개선 과제에 관한 연구', 한국예술종합학교 예술전문사 학위논문, 2020을 참조하여 재구성.

학위논문, 2013.

제11장 　　　　　주요 국가 문화예술단체의 재원조성

I. 카네기홀

　　미국 뉴욕의 미드타운 맨해튼에 위치한 카네기홀은 음악 공연장이다. 철강 사업가인 앤드루 카네기가 기부한 200만 달러[9]가 공연장 건립의 시드머니가 된 카네기홀은 1891년 5월 개관 축하 공연이 열리게 되었다. 이후 카네기홀은 뉴욕시가 인수했으나 운영 적자가 불가피했다.

　　1960년부터 1980년 초반까지 20여 년간 적자에 시달린 카네기홀은 정부와 공공 보조금, 이사회의 지원에 조직 운영을 의존할 수밖에 없었다.

　　이처럼 재정적 어려움이 가중되자 카네기홀은 기부금 모집을 검토

---

9) 카네기는 당시 아내와의 신혼여행에서 우연히 만난 월터 담로시라는 지휘자와 친해졌다. 담로시가 뉴욕에 공연장을 짓고 싶다고 하자 예전부터 예술에 관심이 많던 카네기는 200만 달러를 내놓으며 그를 돕기로 했다.

하기 시작했으나, "펀드레이징 같은 기부금 모집은 자금을 구걸하는 품위 없는 행동"이라는 이사회의 거센 반발에 직면하게 되었다.

하지만 이러한 흐름은 오래도록 지속되지 않았다. 1982년 샌포드 웨일이 이사회 회장으로 합류한 이후 카네기홀은 적극적인 기부금 모집 활동을 시작하게 되었고, 웨일의 이사 재임 기간 카네기홀의 기부금은 초기 200만 달러에서 2억 5,000만 달러까지 급증하는 놀라운 결과를 불러왔다.[10] 카네기홀 이사회는 웨일을 중심으로 한 적극적인 인적 네트워크를 활용하여 기업과 개인과의 체계적인 연결을 통해 기부금을 늘리는 전략을 사용했다. 웨일이 주도하는 기부캠페인에 참여한 기부자들은 카네기홀의 기부금과 자본 프로젝트를 위해 2019년에만 2,500만 달러를 모금하였고, 신탁 관리 전문가의 기금 관리가 더해져 카네기홀의 기부금은 1991년 400만 달러 규모에서 최근 3억 2,000만 달러 이상으로 늘었다.

카네기홀은 기부금 모집을 전담하는 팀을 더욱 세분화하고 35명의 모금 전문가를 투입할 정도로 기부 유치를 통한 재원 확충에 공을 들이고 있다. 민간 공연장으로서 카네기홀의 이와 같은 재원 조성 노력은 매년 33억 달러 규모의 기부금을 유지하고 있는 것과 무관치 않다고 볼 수 있다.

카네기홀의 기부금 모집 전담팀은 개인과 기업, 재단, 정부 담당

---

10) 카네기홀 이사회 회장을 맡은 웨일은 성공적인 카네기홀 운영을 위한 기부금 모집의 중요성을 이사회에 강조하면서, 한편으로는 기부금 모집 프로젝트에 부정적인 이사진들을 설득하였다. 웨일은 자신부터 기부금을 기꺼이 내지 않는다면 다른 사람들에게 선의적 기부금을 요구할 수 없다는 논리를 제시하며 기부금 프로젝트 시작과 함께 250만 달러를 카네기홀에 기부하였다. 이는 다른 이사진들과 기부자들에게 큰 영향을 미치게 되었다. 이사회의 적극적 기부금 모집을 통해 1986년에만 6,000만 달러의 기부금을 모으는 데 성공해 메인 콘서트홀 수리 비용까지 마련할 수 있었다.

등으로 나누어 그 역할에 전략적으로 접근하는 모습을 보인다. 예컨대 개인 기부 담당은 기부자의 연령, 기부 액수 등에 따라 마케팅 및 접근 방식을 다르게 적용하고 있다. 멤버십과 같은 형태의 패트런과 익스플로러, 노터블, 프렌즈 등으로 세분화해 각 멤버십에 적합한 고객 맞춤형 형태의 기부금 모집을 시도하고 있다.

멤버십 가입 연령에 제한이 없는 프렌즈는 최소 후원 금액이 100달러이며, 노터블은 20~40대의 젊은 층을 겨냥한 멤버십으로 최소 기부 금액은 20달러다.

카네기홀 후원자들은 멤버십을 통해 티켓 할인, 무료 리허설 관람 등과 같은 다양한 부수적 혜택을 받게 된다. 소액 후원자들은 후원금을 통해 자신들이 문화예술에 기여한다는 자부심과 여러 혜택을 통한 즐거움을 누리게 되고, 카네기홀은 다수의 충성 고객을 확보할 수 있다는 장점이 있다.

패트런과 익스플로러는 고액 기부자들을 위한 후원 프로그램으로, 최소 3,000달러부터 5만 달러 이상의 후원자가 그 대상이다. 카네기홀은 패트런과 익스플로러 고객만을 위한 라운지를 별도로 제공하고 있으며, 좌석 업그레이드, 연중 리포트 후원자 이름 게재 등 외에도 유명 연예인과 정치인, 재계 인사들이 참석하는 '오프닝 나이트 갈라 쇼', '어린이들의 독백' 같은 특별 행사에 초대한다.

또한 재단 담당 부서는 카네기홀 내 프로그램 스태프들과 협력하여 재단의 기부를 유도할 수 있는 새로운 프로젝트를 기획하고 있으며, 이 과정에서 수준 높은 제안 및 보고서가 생성되고 있다.

카네기홀은 기부금 모집에 전략적이고 적극적인 공연장으로 분류되고 있다. 기부금 모금 전담팀의 뛰어난 맞춤 고객서비스와 기부금 행사로 매년 기부금 증가세를 이어간다.

카네기홀은 해마다 자선모금 행사를 위해 거액을 지출하지만, 행사를 통한 수익은 지출액보다 평균 10배 이상으로 파악되고 있다.

2016년에 열린 카네기홀 오픈 125주년 기념 기부금 캠페인에 웨일과 그의 아내는 카네기홀 역사상 최초로 1억 달러를 기부한 민간 기부자로 이름을 올렸다. 웨일 부부의 이와 같은 기록은 수많은 문화예술 분야 개인 기부자를 자극하며 기부금 모금에 참여하도록 독려하는 긍정적인 효과를 가져왔다.

| 그림 11-1 | 카네기홀 패트런 가입

출처: 카네기홀 홈페이지(https://www.carnegiehall.org/Support/Membership/Patrons). 캡처 2024년 2월 15일.

| 표 11-1 | 카네기홀 고액 후원자 예우(단위: 달러)

예우 항목	3,000~	6,500~	12,500~	30,000~	50,000~
카네기홀 콘서트 및 만찬 초대(2인)					
공연장 내 후원자 전용 라운지 이용					
예매 좌석 업그레이드 오픈리허설 초대(20회)	O	O	O	O	O
아티스트 프라이빗 밋업					
신진 아티스트 대상 카네기홀 전문 트레이닝 워크숍 참관 초대(2인)		O	O	O	O
후원회장 주최 프라이빗 연주회를 동반한 만찬 초대(2인)			O	O	O
내부 공연장 네이밍 스폰서십 기회(프로그램북 명시)				O	O
콘서트 애프터파티					O

출처: 한국문화예술위원회 내부 자료.

| 표 11-2 | 카네기홀 소액 후원자 예우

특징	예우 항목
• 연간 100~1,500달러(한화 약 13만~2,000만 원 규모) 선에서 선택하여 후원 가능 • 할인, 행사 초대 등 관객에게 다양한	카네기홀 플러스 및 프리미엄 채널 접근 권한
	할인 혜택 제공(공연, 굿즈숍, 공연장 인근 식당 등)

혜택 제공, 기존 미술관 '멤버십제도'와 유사한 기능을 하고 있음 • 고액 후원자는 '프라이빗 네트워킹'에, 소액 후원자는 '극장 프로그램'에 초점	공식 티켓 오픈 전 사전 예매 기회 제공
	공연 할인 혜택
	멤버 전용 이벤트(파티, 네트워킹, 좌담회 등) 초대
	뉴스레터, 디지털 콘텐츠 정기발송

출처: 한국문화예술위원회 내부 자료를 참조하여 재구성.

II. 링컨센터

링컨센터는 1956년 미국 뉴욕 맨해튼 어퍼 웨스트사이드 링컨광장에 세워진 비영리 공연장으로, 존 록펠러 3세의 기부가 설립의 기폭제가 되었다.

링컨센터에는 뉴욕 필하모닉 오케스트라, 메트로폴리탄 오페라, 미국 발레 학교, 영화 협회, 링컨센터 극장, 뉴욕시 발레단, 줄리아드 음악 학교, 링컨센터 재즈, 뉴욕 시립 오페라, 뉴욕시 예술 공연 도서관 등 11개의 상주 예술단체와 교육기관이 들어서 있다. 링컨센터 상주 예술단체는 해당 영역에서 세계 최고 수준의 예술적 역량을 갖추고 있다는 공통점이 존재한다.

이와 같은 링컨센터 상주 예술단체는 독립된 기관이지만, 링컨센터 전체 운영은 9개의 개별 이사회와 50여 명의 전문가로 구성된 링컨센터 시니어 매니지먼트팀이 맡고 있는 구조다.

링컨센터 시니어 매니지먼트팀은 상주 예술단체를 지원하는 업무가 중심이 되고 있으며, 링컨센터가 주최하는 모스트리 모차르트 페스티벌 같은 축제 공연 시리즈를 기획하기도 한다.

특히 링컨센터 시니어 매니지먼트팀은 구체적이고 명확한 업무 분담으로 정평이 나 있다. 재정, 콘서트 관리, 마케팅, 관객 서비스 등으로 나뉘진 업무 분장은 링컨센터 경영의 효율성과 전문성을 증대시키고 있다.

그러나 링컨센터도 다른 비영리 예술기관처럼 재정적 문제에서 자유롭지 못한 상황에 직면하면서 최근 7년간 CEO가 다섯 번이나 교체되었고, 대표적인 여름 페스티벌이 취소됐으며, 12억 달러 규모의 센터 리노베이션이 무기한 연기되는 고충을 겪기도 했다.

링컨센터는 이 같은 재정적 어려움을 기부금 확충으로 풀어나가는 시도를 계속하고 있다.

링컨센터는 전술한 카네기홀처럼 기부금 전담팀을 운영하고 있는데, 그 규모가 42명이나 된다.

링컨센터 부사장이 지휘하는 기부금 전담팀의 역할은 비교적 구체적이다. 기관의 연간 기금 관리, 기부금 유치 캠페인 기획, 기업 및 개인 기부 유치 계획 수립 등을 비롯하여 특별 기부 행사, 후원 서비스, 회원 가입, 기업 파트너십 조성, 링컨센터 통합 기업 기금 관리 등이 주요한 사업으로 잡혀 있다.

또한 링컨센터의 시즌별 프로그램과 사업 전략에 따른 기부금 모집계획을 수립하기 위해 센터 내 다른 사업팀과 협력하는 등 부서 간 소통을 강화하고 있다.

링컨센터는 다양한 형태의 후원과 기부금 모집 프로그램을 운영하는 모습이 나타난다. 가장 기본적인 후원 형태는 연간 멤버십이며, 장기간 계획 기부, 기업 기부 등도 함께 시행하고 있다.

예를 들어 어린이부터 성인까지 서비스 연령대가 비교적 넓은 멤버십 제도는 가입비(100달러~2,000달러)를 내면 티켓 사전 발매가 가능하며 수수료 무료 및 회원전용 이벤트 초대 등의 혜택이 부여된다.

최저 500달러, 최고 3,000달러를 내면 가입할 수 있는 키즈 멤버십은 보다 차별적인 운영이 두드러진다. 아이들과 가족들이 접근하기 쉽고 흥미로운 프로그램들을 제공하고, 특별한 이벤트를 통해 가족 전체에 공연예술 참여의 즐거움을 주는 데 초점이 맞춰져 있다.

스튜던츠 아츠 카운슬은 13세 이상 청소년을 대상으로 하는 멤버십으로 링컨센터 연말 리포트 이름 게재, 링컨센터 공연 할인티켓, 자원봉사 기회 제공 등의 혜택이 주어지며 가입비는 500~3,000달러이다.

영 패트런 멤버십은 2016년에 선보인 프로그램으로 '세계 최고의 공연예술센터인 링컨센터에 대한 열정을 공유하며 문화를 생각하는 뉴욕 젊은이'라는 모토를 내세우고 있다. MZ세대인 20~30대 젊은 예술애호가를 대상으로 하는 이 멤버십은 최저 250달러, 최고 5,000달러의 가입비로 운영되는데, 젊은이들의 부담을 줄이기 위해 12개월 할부 결제 제도를 도입하고 있다. 멤버십 회원들에게는 패트런 101 시리즈, 사교행사, 갈라쇼, 징글 앤 밍글 파트 등이 제공되고, 후원금 액수에 따라 이사회장 자택 저녁 식사 초대, CEO와 함께하는 아침 식사 등이 제공된다.

패트런은 가장 높은 가입비의 멤버십으로 최저 3,000달러에서 최고 2만 5,000달러를 내면 링컨센터 주최 페스티벌 무료 티켓 제공, 플레이빌과 애뉴얼 리포트 이름 게재, VIP 공연 좌석 제공 및 공연 전 특별파티 초대, 각종 콘서트 이벤트와 디너 파티 초대 등의 혜택이 주어진다.

링컨센터의 갈라쇼는 기부금 모집 프로그램 못지않은 재원 확충 수단으로 기능하는 측면이 있다. 문화예술기관과 단체들이 주최하는 상당수 갈라쇼가 거액의 후원자나 기부자를 초대하는 폐쇄적 운영을 하는데 비해 링컨센터 갈라쇼는 테이블 티켓 판매 방식을 도입하여 '오픈형'으로 운영하는 특징을 보인다. 이것은 기존 후원자나 기부자가 아니더라도 참석할 수 있다는 의미로, 새로운 기부자를 창출하는 효과를 지닌다.

링컨센터 갈라쇼에 참석하려면 한 명당 최소 2,500달러에서 최대 25만 달러에 이르는 티켓 가격을 지불해야 하며, 티켓 소지자들은 공연 관람과 함께 칵테일파티 참석 등을 자유롭게 할 수 있다.

링컨센터는 이와 함께 테크기업인 아마존닷컴을 활용한 기부 프로그램 '아마존 스마일'을 운영하고 있다. 이 프로그램은 아마존닷컴에서 상품을 구매할 때 구매자가 원하는 비영리기관을 미리 선택한 뒤 스마일아마존닷컴이라는 특별 링크를 사용하여 구매가의 0.5%를 자동으로 본인이 후원하려는 단체에 기부할 수 있게 한 시스템이다. '아마존 스마일' 기부 프로그램은 일반인의 문화예술에 관한 관심과 기부의 필요성을 유도하는 역할과 함께 비영리 예술단체의 기부금 유치를 통한 재원 확충에 일조한다는 관점에서 이해할 수 있다.

역대 링컨센터의 CEO는 재원 확충에 사활을 걸다시피 한 행보를 보여 왔다. 예를 들어 레이놀드 레비 대표는 2013년 임기를 끝낼 때까지 링컨센터 내 레스토랑 운영, 각종 기념품 제작, 중국이나 유럽의 예술 단지 조성을 위한 자문 활동 등을 통해 링컨센터 브랜드를 수익화했다. 레비 대표는 또한 링컨센터 인근 레스토랑 주인이나 건물주도 공략 대상으로 삼았다. 링컨센터를 찾는 사람이 많아졌기 때문에 손님도 늘고 부동산 가치도 올랐다는 점을 상기시키면서, 링컨센터 발전에 기여해 달라고 설득한다. 정중하면서도 유머감각이 있고 확고한 의지를 보이는 레비 대표에게 넘어가지 않는 사람은 없었다. 그는 한 번 거절당

했다고 포기하지 않았으며, 다시 방문하고 서신을 보내며 전화를 걸 만큼 집요하게 기부금 모집 활동에 주력했다.

　예술창작 분야에 대한 지원이 점점 축소되고 있는 유럽에서는 어떻게 링컨센터가 공공지원 없이도 공연을 지속하고 세상에서 가장 담대한 창작품을 만들 수 있는지 궁금할 수밖에 없었다. 그 해답을 레비 대표가 제시한 것이다.

| 그림 11-2 | 링컨센터 후원 프로그램

출처: 링컨센터 홈페이지(https://www.lincolncenter.org/i/support), 캡처 2024년 3월
　　3일.

| 표 11-3 | 뉴욕 메트로폴리탄 오페라 후원자 예우(단위: 달러)

예우 항목	85~	600~	2,750~	25,000~	35,000~
커뮤니티 프로그램 할인	O	O	O	O	O
티켓 우선 예매 및 할인					
예매 좌석 업그레이드 기회					
가상 멤버십 라운지 접근 권한(아티스트, 공연 관련 영상 제공)					
전용 시즌 프로그램		O	O	O	O
오페라 뉴스 1년 구독권					
주변 호텔, 레스토랑, 상점 골드카드 특전					
멤버십 라운지(벨몬트 룸) 이용권리					
드레스 리허설 및 백스테이지 투어 초대					
총괄 매니저와 함께하는 시즌 프리뷰			O	O	O
아티스트 프라이빗 밋업					
전용 파티 및 만찬 초대					O
프라이빗 연주회					

출처: 한국문화예술위원회 내부 자료를 참조하여 재구성.

III. 영국 왕립미술아카데미

1786년 창립되어 영국을 대표하는 미술 기관으로 명성을 쌓아온 왕립미술아카데미(Royal Academy of Arts)[11]는 런던 피카딜리 서커스와 그린파크 사이에 위치한 벌링턴 하우스에 자리한다. 전시 장르는 회화, 조각, 판화 등이 중심을 이루고 있고, 역사적으로는 고대부터 현재에 이르기까지 그 범위가 매우 광범위하다.

영국 왕립미술아카데미는 멤버십을 통해 미술 본연의 가치를 지켜온 예술기관으로 정의할 수 있다.

대부분의 유럽 미술 아카데미처럼 왕립미술아카데미 역시 보수적인 미적 취향과 엘리트 중심의 멤버십으로 인해서 대중적인 취향이나 미술계의 현실적인 동향과는 소원한 관계를 맺어왔다.

내셔널 갤러리나 테이트모던뮤지엄 같은 공공 미술관이 영국 국립 미술 컬렉션을 소장·관리하고 일반 대중을 겨냥한 운영 철학을 강조한 것과는 달리 왕립미술아카데미는 창립부터 현재까지 일관되게 엘리트 미술가 혹은 건축가에 의해 운영되고 있다. 이는 독립 예술기관으로서의 위상과 역할이라는 관점에서 살필 필요가 있다.

그렇다고 왕립미술아카데미의 예술적 영향력과 프로그램 인지도가

---

11) 왕립미술아카데미 초대 수장을 역임한 조슈아 레이놀즈 경은 당시 귀족 및 왕실의 초상화가로 활동하며 회화 부문에서 영국을 대표한 화가로, 아카데미를 통해 예술의 진흥과 예술가 육성에 크게 기여했다. 레이놀즈는 동료 화가 토마스 게인즈버러와 함께 미술가 협회에서 활동하던 중 왕립미술아카데미 필요성을 절감하고 당시 국왕이던 조지 3세의 후원에 힘입어 아카데미를 성공적으로 창립하였다. 레이놀즈의 이력이 말해주듯 그의 사회적 영향력은 상당한 수준이었고, 아카데미는 당대의 주요 미술가들과 건축가들로 이루어진 멤버십을 통해 조직의 기반을 탄탄히 구축할 수 있었다.

떨어지는 것은 아니다. 주로 미술의 독립적 가치와 예술적 이슈에 집중한 왕립미술아카데미 전시 프로그램이나 컬렉션은 많은 미술 애호가에게 미술 본연의 가치에 대한 모델로 받아들여진다.

독립성을 갖춘 예술기관으로서의 왕립미술아카데미는 공적인 기금에 의존하는 다른 예술기관에 비해 정치적 환경과 대중의 압력 등에서 벗어난다는 특성이 있다. 그러나 상류층 중심의 엘리트주의를 옹호하거나 미래지향적인 미술을 포용하지 못한다는 비판은 풀어야 할 과제로 여겨진다.

영국의 미술과 건축을 세계 최고 수준으로 육성하기 위해 설립된 예술기관답게 왕립미술아카데미는 18세기 말부터 지금까지 최고 수준의 멤버십을 유지하고 있다.

왕립미술아카데미 후원 프로그램은 두 가지 개인 멤버십으로 구성된다.

첫 번째는 아카데미안스 룸으로 1년에 450파운드를 후원하면 가입할 수 있다. 가입비와는 별도로 운영되는 이 멤버십의 회원은 예술가와 예술애호가들과 만나 편안하게 대화할 수 있는 카페인 클럽룸을 독점적으로 이용할 수 있으며, 왕립미술아카데미가 주최하는 모든 전시회 우선 입장 및 무제한 입장 혜택이 부여된다. 입장 과정에서 게스트 1명과 16세 미만 어린이 및 청소년 최대 4명 동반이 가능하다. 전시회 미리보기 프로그램인 VIP 모닝 뷰스와 왕립미술아카데미 매거진 구독 예우도 주어진다.

두 번째는 RA패트런 멤버십으로, 이는 연 2,000파운드 이상을 후원하면 회원이 될 수 있지만 등급별 혜택은 다르게 적용하는 게 특징이다.

예컨대 실버 후원자는 큐레이터와 함께 전시 관람과 전용 클럽룸을 이용할 수 있다. 도서관 이용과 왕립미술아카데미 학교 오프닝 파티 초대, 아티스트 및 큐레이터 주도 만찬 초대, 가족 워크숍 초대, 비하인드 씬 투어 초대, 예술행사 티켓 우선 예약 가능 등의 혜택도 빼놓을 수 없다.

골드 후원자 혜택은 더욱 다양하다. 실버 후원자가 받는 모든 혜택이 적용되며, 연 1회 메인 갤러리 전시를 소규모 그룹과 함께 프라이빗하게 관람하는 기회가 부여된다. 이 밖에 왕립미술아카데미 회장이 주관하는 여름 전시회 기념 독점 행사에 초대되고, 정기적인 전시 프리뷰 및 작가의 스튜디오, 개인 소장품 국제 투어 초대, 연중 왕립미술아카데미 식사 자리 초대 등의 혜택을 받을 수 있다.

플래티넘 후원자는 골드 후원자가 받은 혜택이 그대로 적용되는 것은 기본이며, 벌링턴 하우스와 벌링턴 가든 및 키퍼스 하우스의 블록 버스터 전시회 기간에도 전시 공간대여 관람이 가능한 예우가 마련되어 있다.

연 1,500파운드 이상 기부한 청년을 대상으로 하는 영 패트런 후원자는 실버 후원자가 받는 혜택이 똑같이 적용되며 매 시즌 독점적으로 운영하는 영 패트런 이벤트에도 초대된다.

왕립미술아카데미는 이처럼 다양한 후원 프로그램을 운영하면서 한편으로는 아카데미 공간을 적극적으로 활용하는 모습이 두드러진다. 이것은 아카데미 공간을 통해 아티스트와 예술애호가들의 만남의 장을 마련함으로써 예술인과 후원자 간의 소통을 활성화하고 이해의 폭을 넓히고, 궁극적으로는 기부의 확대로 연결하게 하는 흐름으로 파악할 수 있다.

| 그림 11-3 | 영국 왕립미술아카데미 패트런 관련 내용

출처: 영국 왕립미술아카데미 홈페이지(https://www.royalacademy.org.uk/page/patrons), 캡처 2024년 3월 5일.

IV. 영국 국립극장

영국 최고의 공공극장으로 불리는 국립극장(National Theatre)은 멤버십과 개인 후원, 기업후원, 미국 국립극장협회(AANT)를 통한 후원 등 세부적인 후원 프로그램을 운영하는 것이 특징이다.

멤버십은 프라이오리티(Priority · 연 80파운드), 디지털 플러스(연 180파운드), 프라이오리티 플러스(연 200파운드), 서포팅 캐스트 (Supporting Cast · 연 600파운드) 등 네 가지 종류로 세분되어 있다. 프라이오리티 멤버는 일반 관객보다 일주일 앞서 예약할 수 있으며, 연말 멤버 모임과 특별 이벤트 등에 참여할 수 있는 자격이 부여된다. 프라이오리티 플러스 멤버는 프라이오리티 멤버와 동일한 혜택과 함께 일년에 한 차례 멤버 전용 룸인 '포일 룸'을 3명의 게스트와 함께 이용할 수 있다. 서포팅 캐스트 멤버는 프라이오리티 플러스 멤버의 혜택 외에 최우선 예약과 관람에 가장 좋은 좌석이 부여되며, 연말에 열리는 후원인 행사 리셉션에 초청받게 된다.

기업후원의 경우 기업 파트너십, 기업 멤버십, 기업 이벤트 등으로 나누어 운영하고 있다. 영국 국립극장은 기업 파트너십을 통해 기업 브랜드 제고 기회를 부여하는 것은 물론 기업의 직원과 주주 등 이해관계자 그룹을 위해 잊지 못할 수준 높은 공연 제공을 목표로 하고 있다.

이를 위해 영국 국립극장은 파트너십을 맺은 기업에 실험적인 브랜드 협력, 타이틀 스폰서십 제공, 교육 프로젝트 시행 등 다양한 프로그램을 실시한다.

기업 멤버십은 골드(1만 5,000파운드부터), 플래티넘(3만 파운드부터), 프리미엄(5만 파운드부터) 등 세 가지로, 해당 기업에는 최우선 예약 부여와 최고의 관람석 제공, 백스테이지 투어, 영국 국립극장 내 프라이빗 다이닝 및 바 이용 등의 예우가 주어지고 있다.

뉴욕에 근거지를 두고 있는 미국 국립극장협회(AANT)를 통한 후원은 영국 국립극장의 재정적 뒷받침이라는 측면에서 이해할 수 있다. AANT는 2005년 이후 영국 국립극장에 2,500만 달러 이상을 후원해 왔다. AANT 후원은 개인 멤버십과 기업 및 재단 후원, 기부 등으로 나눌 수 있다. AANT 개인 멤버십은 우선 연 1,000달러를 후원하면 자격을 얻을 수 있는 AANT 멤버가 있다. 이들에게는 영국 국립극장 우선 예약, 시즌 바우처 제공 등 여러 혜택이 부여된다. 연 2,500달러 후원자를

대상으로 하는 AANT 드레스 서클은 모든 영국 국립극장 쇼에 대한 컨
시어지 예약 서비스와 런던 패밀리 이벤트 및 제작자 인사이트 이벤트
에 초대된다. AANT 프리미어 서클 자격은 연 1만 달러 이상 후원자에
해당하며, 매년 두 차례의 런던 오프닝나이트 티켓 제공과 매년 8월 열
리는 에든버러 프린지 페스티벌에서 영국 국립극장에 합류할 기회를 얻
게 된다. 연 2만 달러 이상을 후원하면 자격이 부여되는 AANT 올리비
에 서클은 프리미어 서클에 주어지는 혜택과 함께 영국 국립극장 아티
스트의 미국 독점 공연 초대와 연말 올리비에 서클 디너 초대, 영국 국
립극장 로비 후원자 명단 게재 등의 예우가 뒤따르고 있다.

| 그림 11-4 | 영국 국립극장의 다양한 후원 프로그램

Support today

Individual members
& supporters ›

Current appeals ›

Corporates,
businesses &
brands ›

Grant-makers ›

Support from
America ›

출처: 영국 국립극장 홈페이지(https://www.nationaltheatre.org.uk/join-support/wh
y-support), 캡처 2024년 6월 15일.

V. 뉴욕 현대미술관

미국 뉴욕 맨해튼의 중심 53번가에 위치한 현대미술관(MoMA)은
근현대 미술 거장들의 작품이 총망라되어 있다. 미국을 대표하는 뮤지

엄인 뉴욕 현대미술관은 건축과 디자인, 드로잉, 회화, 조각, 사진, 프린트, 일러스트 북, 영화, 미디어 등을 포함한 소장품은 15만 점에 이른다. 도서관은 7만여 명의 작가 파일에서부터 정기간행물, 작가도록, 근현대 역사 관련 서적 30만 권에 이르는 방대한 아카이브를 구축하고 있다.

뉴욕 현대미술관은 지난 2023년 입장 티켓 가격을 11년 만에 인상했다. 오프라인 현장 판매 기준으로 성인 입장 티켓은 25달러에서 30달러(온라인 구매 28달러), 학생 17달러(온라인 구매 15달러), 65세 이상 시니어 22달러(온라인 구매 20달러)로 각각 올렸으며, 16세 이하는 무료를 유지했다.

뉴욕 현대미술관의 이례적인 티켓 가격 인상은 재정적 어려움을 반영한다. 실제로 글렌 로리 뉴욕 현대미술관장은 전시 혁신과 공공 프로그램, 재정 안정을 위한 불가피한 결정이었다는 점을 공개적으로 설명하기도 했다.

대체로 미국의 미술관은 개인과 기업의 기부 방식으로 재원을 마련하는 게 일반적이다. 뉴욕 현대미술관도 이러한 범주에서 벗어나지 못한다.

뉴욕 현대미술관은 재원 확충을 위해 개인과 기업 멤버십, 스폰서십, 주요 파트너십 등의 여러 후원 프로그램을 운영하고 있다.

기업 멤버십은 기업 및 근로자에 대한 혜택을 제공함으로써 기업 내 문화복지와 자연스럽게 연결될 수 있도록 하고 있다. 기업 구성원들에게는 기업이 후원하는 곳을 알게 하는 효과도 있다.

뉴욕 현대미술관의 기업 멤버십 회원이 되면 미술관이 소유한 공간에서 다양한 행사를 개최할 수 있고 장소 예약도 가능하다. 가이드 투어와 토크 세션 초대도 기업 멤버십에 부여된 혜택이며, 멤버십을 갖고 있는 기업의 모든 근로자에게는 1인 2매의 전시 티켓이 제공된다.

 기업 파트너십은 파트너십을 맺고 있는 기업들에 대한 목록과 협력 내용, 감사 내용을 구체적으로 홈페이지를 통해 공개하고 있다. 뉴욕 현대미술관의 이러한 조치는 미술관을 찾는 관람객에게 미술관과 파트너십 관계인 해당 기업에 대해 긍정적 이미지를 갖게 함으로써 홍보 효과를 톡톡히 누리게 하는 결과로 이어지는 데 부족하지 않다.

| 그림 11-5 | 미국 뉴욕 현대미술관 후원사업 현황

MoMA

Membership Tickets

Visit **What's on** **Art and artists** **Store** Q

MoMA fuels imaginations, both at The Museum of Modern Art and MoMA PS1 and all over the world. With help from generous friends like you, we are able to share our collection and programs with millions of visitors from around the world each year, helping the widest possible audience understand and enjoy modern and contemporary art.

From award-winning online and on-site educational offerings, to free programs that enable a child's first experience with modern art, your support makes a difference every day.

There are many ways to give to MoMA—whether you are an individual, a family foundation, a corporation, or somewhere in between—with many custom benefits and privileges available in recognition of your generosity. We thank our members and donors for their loyalty and enthusiasm, and look forward to working with new friends as we build for a future of even more extraordinary art and experiences.

The Museum's U.S. tax identification number is 13-1624100 and Dutch RSIN id #823854716

Donate

Member experience

Corporate support and partnerships

Entertaining and benefits

Patron Program and Affiliate Groups

출처: 미국 뉴욕현대미술관 홈페이지(https://www.moma.org/support), 캡처 2024년 2월 18일.

제5부

결 론

제12장   문화예술 후원 활성화 전략

I. 기부자 전략

    문화예술 작품은 일반인이 소양을 키우는 데 기여하고 후세에 남겨줄 문화유산이 되며, 특히 예술가가 이뤄내는 예술혁신의 놀라운 성과는 모든 사람에게 집단적인 편익을 가져다준다.[1]

    문화예술 분야는 일반적인 산업과 다르게 전체 생산에서 노동의 비중이 매우 높아 인건비 부담이 클 수밖에 없는 한계를 지닌다. 이것은 앞에서 논의한 것처럼 '비용질병'이라는 개념으로 설명할 수 있으며, 대부분의 문화예술기관과 예술단체들이 공공재원을 비롯하여 후원과 기부 등 외부 재원을 통해 단체 운영과 작품 제작 등에 소요되는 재정을 확보할 수밖에 없는 현실적 사유가 되기도 한다.

---

1) 제임스 헤일브런·찰스 M. 그레이 저, 이흥재 역, 『문화예술경제학』, 살림출판사, 2000.

그러나 문화예술기관과 예술단체는 기부금 모집 등을 통한 재원 확충보다는 국고보조금이나 지방자치단체 출연금 같은 공공지원에 의존하는 현상이 지속되고 있으며, 이 때문에 외부 재원 확보의 필요성은 더욱 커지고 있다.

문화예술기관과 예술단체의 열악한 재정은 예술작품의 질 저하로 이어져 관객의 외면을 가속화할 수 있다는 점에서 후원 활성화 전략은 필수적인 과제라고 할 수 있다. 이 가운데 후원의 대표적인 방식인 기부자에 대한 전략은 정교하고 치밀하게 접근해야 할 것이다.

문화예술 분야 기부자에 대한 전략은 개인기부와 기업기부로 나누어 논의할 수 있다.

개인은 기업과 달리 문화예술의 가치를 인식하고 향유할 줄 아는 예술애호가 또는 평소 예술에 대해 관심이 있는 일반인이 기부하는 경우가 일반적이라는 사실을 주목해야 한다. 문화예술기관과 예술단체는 예술 기부와 관련한 이 같은 개인적 특성을 감안하여 기부 전략을 수립할 필요가 있다.

기부자 전략에서는 비영리 예술기관과 예술단체 등 예술조직의 행정효율성이 중요하게 다뤄져야 한다. 비영리조직의 기부 관련 행정효율성이란 기부금을 보다 효율적으로 사용한다는 의미를 지닌다.

기부자는 대체로 예술조직의 기부금 사용현황을 검토하여 가장 효율적이고 바람직한 곳에 기부금을 사용한 조직에게 기부를 하게 된다. 예술조직은 이와 같은 기부금을 해당 단체의 설립목적에 따라 사업비, 홍보비, 운영비 등으로 사용하고 그 지출내역을 일반에 공개하게 되며, 기부자 입장에서 비영리 예술조직의 행정효율성은 기부자들이 원하는 사업에 기부금을 많이 사용함으로써 달성된다. 즉 예술조직의 행정효율성은 기부금의 사용내역 중에서 행정비용의 사용을 줄이고, 목적사업비 지출을 늘리는 것으로 이룰 수 있다. 이를 역으로 예술조직의 기부금 대비 행정비용이 늘어나면 기부자들은 그 단체에 기부금을 줄이거나 다른 단체에 기부를 하게 되는 것이다.

일반적으로 고액기부자는 자신의 기부금 사용내역에 관심이 높기 때문에 예술조직의 행정효율성에 민감하게 반응하게 된다. 따라서 고액기부자가 많은 예술조직은 행정운영의 효율성이 낮아지면 기부금 모금에 큰 타격을 입을 수 있다는 점을 기부자 전략 설정 시 고려해야 한다.[2]

특히 교육수준이 높거나, 젊은 기부자의 경우 자신의 기부금에 대한 권리를 무엇보다 중요하게 인식하기 때문에 예술조직의 행정운영비용에 더 많은 관심을 갖게 된다. 이는 청년층 기부회원이 많은 예술조직은 보다 전략적인 기부금 운영계획을 통해 행정효율성을 높이는 노력을 요구한다고 볼 수 있다.

이러한 논의와 함께 재정과 후원 업무를 담당할 인적자원이 부족한 예술단체들이 기부자 전략을 수립하여 시행하는 게 여의치 않다고 한다면 문화예술 후원 매개단체들이 중심이 되어 예술기부협의체 구성을 통해 이를 시도할 수 있다.

예술기부협의체 구성

예술기부협의체의 중심이 되는 문화예술 후원 매개단체는 한국문화예술위원회와 지역문화재단 같은 지정기부금 단체와 사회적 기업이 포함되어 있다. 이와 같은 매개단체의 주요한 역할을 보면, 지역문화재

---

2) 신현재·이석원, '비영리단체의 행정효율성이 기부금 모금에 미치는 영향 분석', 한국정책과학학회보 제12권 제3호, 한국정책과학학회, 2008.

단은 기업과 예술단체의 매개 프로그램 참여 활성화에 기여하고 있고, 지정기부금단체는 기부금 모집 기회를 확대하고 있으며, 사회적 기업은 기부 참여를 활성화하는 역할이 주어져 있다.

우리나라는 문화예술 후원 매개단체 인증 사업을 운영하는 한국문화예술위원회에 의해 2024년 현재 총 8개의 매개 단체[3])가 지정 운영되고 있다.

이러한 문화예술 후원 매개단체들이 예술기부협의체를 구성하게 되면 정부는 자신이 수행해야 할 역할을 예술기부협의체에 위임하여 사회 전반에 예술기부가 활성화될 수 있는 인프라 구축에 나설 수 있다.

이 과정에서 선결해야 할 과제는 예술기부협의체 주도 주체라고 해야 할 것이다. 정부가 주도하는 경우와 문화예술 후원 매개단체가 자체적으로 협의체를 설치하는 방안 모두 검토될 수 있다.

정부가 예술기부협의체를 주도하게되면 문화예술 후원 활성화 관련 정책의 방향성 설정과 소요 예산의 원활한 책정 등이 장점으로 꼽힐 수 있다. 반대로 문화예술 후원 매개단체가 주도하여 예술기부협의체를 구성하면 정부 간섭에서 벗어나 자유롭고 독립적인 운영이 가능하겠지만, 협의체 운영에 필요한 예산 확보가 수월하지 않을 수 있다.

예술기부협의체 구성을 주도할 주체는 향후 충분한 논의와 검토를 거쳐 결정할 사안으로, 그것의 설치 필요성에 대한 정부와 문화예술계, 기업 간의 공감대 형성이 요구된다.

예술기부협의체는 기부금 모집, 예술단체와 기부자 간의 매개 등 기본적인 역할 외에도 전 국민을 대상으로 다양한 문화예술교육 프로그

---

3) 한국메세나협회, 경남메세나협회, 제주메세나협회, 부산문화재단, 대구문화예술진흥원, 세계청소년문화재단, 세아이운형문화재단, 전주문화재단 등이다.

램을 선보임으로써 새로운 예술애호가[4]를 개발하고, 한편으로는 기존 예술애호가의 충성도를 제고함으로써 잠재 기부층 개발로 이어지게 할 수 있다.

특히 개인기부와 관련해선 세제 혜택이 기업기부에 비해 상대적으로 폭넓은 이점을 활용하여 개인기부를 늘리는 캠페인을 중점적으로 실시할 필요성이 있다. 이러한 활동을 위해선 예술기부협의체가 중심이 되어 일종의 예술애호가 네트워크(가칭)를 구성하는 방안도 고려할 수 있다.

앞에서도 살펴보았듯이 규모가 큰 문화예술기관과 예술단체는 국내·외를 막론하고 자체적으로 후원회를 운영하는 흐름이 일반적이다. 하지만 예술기부협의체의 예술애호가 네크워크는 일반적인 후원의 개념이 아니라 예술기부 캠페인을 선도적으로 이끌어 나가는 조직으로서 기능하는 쪽으로 방향을 설정해야 한다. 이와 같은 역할이 가능하려면 예술애호가 네트워크를 셀럽 등 오피니언 리더 중심으로 구성할 필요가 있다. 스타급 대중예술인들이 참여한다면 예술기부 캠페인 확산 효과를 배가시킬 수 있는 기반이 마련될 수 있다.

문화예술공동기금회

문화예술계 일부에서는 사회복지 분야의 '사회복지공동모금회'처럼

---

4) 예술애호가는 예술소비자 집단 분류의 관점에서 이해할 수 있다. 니콜라스 애버크롬비와 브라이언 롱허스트는 예술소비자 집단을 TV 등 매체에 참여하는 자발성의 정도에 따라 크게 다섯 가지로 분류하였다. ① 소비자: 매체를 소량 사용하는 일반적인 사용자 ② 애호가: 스타와 프로그램에 맞추는 사용자 ③ 열광자: 관련된 사회 활동을 하는 다량의 전문적 사용자 ④ 매니아: 조직적 활동을 하며 전반적 매체 형태에 진지한 관심을 가진 사용자 ⑤ 소극적 생산자: 매체 형태의 아마추어 제작자. 김진각, 『문화예술산업 총론- 창조예술과 편집예술의 이해』, 박영사, 2022.

문화예술 분야도 '문화예술공동기금회'5)를 설치해야 한다는 시각도 있다. 이와 관련하여 전술한 예술기부협의체가 '문화예술공동기금회' 역할을 담당하는 것이 필요하다는 논의 역시 뒤따른다. '사회복지공동모금회'가 많은 기업으로부터 기부금을 받아 사회복지시설에 배분하는 사회복지 차원의 공동모금회 역할을 한다면, '문화예술공동기금회'는 기업기부금으로 주로 소외계층의 문화예술 향유를 지원하는 문화복지 차원의 모금회 역할을 할 수 있을 것이다.

그러나 '문화예술공동기금회'의 역할이 저소득층 등 소외계층 문화예술 향유에 맞춰지면 현행 문화예술진흥기금을 통한 문화예술 향유사업과 충돌할 소지가 있다.

현행 문화예술진흥기금을 통한 문화예술 향유 대표 사업은 흔히 문화누리카드 사업으로 불리는 '통합문화이용권사업'으로, 복권기금 전입금으로 예산을 충당한다. 이러한 상황에서 '문화예술공동기금회'가 구성되어 소외계층 문화예술 향유 사업을 주로 하게 되면 통합문화이용권사업과의 중복 지원 논란이 불가피하다.

따라서 '문화예술공동기금회' 설치 검토 논의 과정에서 기존의 사업과의 역할 및 기능의 중첩 여부를 파악해야 하며, 특히 특정계층 대상의 문화예술 향유 사업에 국한되는 것이 아닌 예술기부 확산에 초점이 맞춰져야 할 것이다. 즉 '문화예술공동기금회' 설치 목적을 분명하게 명시해야 예술분야 기부 확산을 도모할 수 있으며, 이 조직이 만들어지면 기존 소외계층 대상의 문화예술 향유 사업에 소요되는 복권기금과의

---

5) '문화예술공동모금회'가 아닌 '문화예술공동기금회'인 이유는 '공동모금회'가 법적 용어로 '사회복지공동모금회'에만 사용할 수 있기 때문이다. 윤정국, '문화예술단체의 모금활동을 위한 예술기부 활성화 전략-매개기관의 역할을 중심으로', 문화정책논총 제26집2호, 한국문화관광연구원, 2012.

통합 여부도 신중히 검토해야 한다.

II. 비영리 예술조직의 역량 강화

문화예술단체를 비롯한 비영리 예술조직은 작품 제작을 비롯하여 운영에 필요한 예산을 조달하기 위해 자체 역량 강화를 통해 외부 재원 확충에 적극적으로 나서야 하지만 실제로는 소극적인 모습에 머물고 있다. 정부와 지방자치단체의 출연금 및 보조금 등 공공지원이라는 '달콤한 선물'에 익숙해져 있는 상황은 비영리 예술조직의 자생력을 약화시키는 원인으로 작용하기도 한다.

비영리 예술조직이 내부 역량을 강화하여 스스로 재원 확충을 본격화하기보다는 외부 공공재원에 기대어 현실에 안주하고 있는 현상은 재원 조성의 당위성을 역설적으로 말해준다.

정부와 지방자치단체 등 공공지원 지급 주체도 비영리 예술조직이 자생력을 확보할 수 있도록 하기 위해 직접적이고 단기적인 지원에서 간접 지원 및 장기 지원으로 지원 정책의 방향성을 수정하고 있지만, 그 효과는 아직 미미한 실정이다.

비영리 예술조직이 스스로 역량을 강화하여야 하는 이유는 공공지원의 효과 논의와 맞닿아 있다. 제3장에서 논의한 구축효과와 구인효과 이론은 공공지원이 민간기부에 미치는 여러 측면의 영향을 보여주고 있으나, 궁극적으로는 비영리 예술조직의 자체 역량 강화를 주문한다고 볼 수 있다.

이와 관련해선 구체적인 논의가 필요하다.

첫째, 문화예술기관과 예술단체에 지급되는 공공지원금은 예술조직의 운영에 유의미한 영향을 주고 있다. 특히 문화예술진흥기금 같은 정부 보조금은 상당부분 이미 보장된 공공지원의 성격을 띠고 있기 때문에 예술조직의 혁신에 대한 동기부여 효과가 적다.

둘째, 정부 보조금은 그것이 수반하는 관료적 속성(엄격한 절차와 규정, 기한 준수, 보고의무 등)으로 인해 신축적인 조직운영뿐만 아니라 조직의 창의성과 혁신을 저해하는 경향이 있다.

셋째, 정부의 일률적 지원에 따라 문화예술의 창의성이 저해될 수 있다. 정부가 예술단체 지원 시 동일한 취급방식으로의 접근은 문화예술의 다양성을 제대로 살리지 못하는 한계가 있는 것이다.

민간 기부금 등 비공공지원성 외부 재원도 문화예술단체 운영에 미치는 영향이 나타나고 있지만, 그것의 결과는 공공지원과는 다르다고 볼 수 있다. 민간지원도 기부자의 의견이 강하게 반영될 경우 예술단체의 창의성은 위축될 여지가 있지만, 기부와 예술적 작품 창작은 별개라는 인식이 기부자들 사이에 확산되는 흐름이 나타나고 있다.

기업은 전통적으로 상업성이나 마케팅 차원에서 기부금을 제공하는 경향이 컸기 때문에 수혜자인 문화예술단체의 예술서비스 제공방식은 상당한 제약이 불가피한 측면이 있다.

그러나 최근 ESG경영이 도입되면서 기업의 문화예술 지원은 이미지 제고나 영업 전략에 부합하는 차원으로서의 접근보다는 사회공헌 판단에 따른 것이 대체적인 양상으로 굳어지는 흐름을 보이고 있다. 특히 기업 문화재단의 지원금은 문화예술 진흥이라는 목적하에 지원되기 때문에 상대적으로 그 사용과정에 대한 제약이 적고, 이것은 예술단체의 자율성 존중으로 이어지기도 한다.

문화예술 분야의 공공지원 효과를 둘러싼 논쟁은 공통적으로 예술 기관과 예술단체의 재정과 관련한 논의로 귀결될 수밖에 없으며, 동시에 재원조성의 필요성을 강조한다는 점을 주시해야 한다.

이러한 측면에서 비영리 예술조직의 역량 강화는 재원조성을 위한 필수조건이라고 할 수 있다. 예술조직의 재정을 공공지원에 매달려야 하는 구조에서는 기부금 모집 등 후원 활성화 노력을 등한시하게 되고, 이것은 해당 조직을 수동적으로 움직이게하는 원인으로 작용하게 마련이다. 이 경우 예술조직의 자체적 역량 강화는 점점 요원하게 되는 결과로 나타날 수 있다는 점을 간과해서는 안 된다.

비영리 예술단체 등 우리나라 문화예술 조직이 자체 경쟁력 강화에 소극적인 이유는 경영적 관점을 배제한 것과 무관치 않다고 볼 수 있다. 공연장과 미술관, 박물관 같은 문화예술시설을 구비한 조직의 활동은 정부가 지원하는 공공정책의 대상으로만 취급하면서 경영이나 기업자 정신의 논의에서는 제외시켜왔던 것이 사실이다. 이는 문화예술 조직의 활동이 예술작품 창작을 통해 궁극적으로 공중들에게 문화예술 향유의 기회를 제공하는 데 목적이 있으므로 이윤 창출을 목표로 하는 경영적 관점과는 거리두기를 해야 한다는 인식에 기반한다고 볼 수 있다.[6]

하지만 우리와 다르게 미국과 프랑스 등 선진국에서는 문화예술을 경영학적으로 접근하는 경향이 보편화되어 있음을 주시해야 한다. 이러한 시도는 예술단체와 예술가의 창작물이 일반 공중에게 향유되는 과정에서 사회·경제적으로 발생되는 가치를 고려하여 예술가와 공중 사이의 수요와 공급을 원활하게 조정하는 역할과 기능을 하는 매개자적 역

---

6) 박신의, '예술기업가 정신, 개념과 실천영역', 문화예술경영학연구, 제9권1호, 한국예술 경영학회, 2016.

량이 필요하다는 논의에서 출발하였다. 여기서 언급된 매개자적 역량은 문화예술조직에 부여된 핵심적인 키워드로, 결국 경영적 접근을 기반으로 한다.

이렇게 본다면 선진국의 문화예술 조직은 하나의 '문화기업'으로서 경영적 측면을 강조하면서 그 개념을 진화시켜왔다고 이해할 수 있다.

문화예술 조직이 문화기업으로 포지셔닝하는 과정에는 해당 조직의 역량을 키움으로써 경쟁력을 강화하는 방안이 필수적으로 요구된다. 다시 말해, 문화예술 조직에도 문화기업 형식의 다양한 경영 방식을 적용할 때 재정적 문제 등 조직이 당면한 현안들을 해결하는 토대가 만들어진다.

비영리 문화예술 조직의 역량 강화는 구체적인 경영 전략을 바탕으로 해야 한다. 대부분의 문화예술 조직은 비영리 조직이지만, 직원들에게 임금을 지급해야 하고 작품 제작 등에 적지 않은 운영비가 필요하기 때문에 입장료를 받거나 카페 운영 및 굿즈 판매 등 영리에 가까운 활동을 하지 않을 수 없다. 그러나 문화예술 조직의 이러한 경영 활동은 영리적 기업과는 다르게 경제적 차원에서 측정할 수 없는 가치지향적 활동으로 요약된다.

기본적으로 예술조직의 역량 강화는 세분화한 문화경영 활동이 전제되어야 가능하지만, 10명 이내의 소규모 인력이 대부분인 우리나라 비영리 예술단체의 현실을 고려하면 실행이 쉽지 않은 과제라고 할 수 있다. 조직 체계가 갖추어진 국·공립 문화예술기관과 예술단체를 제외하면 전문적인 경영 능력을 갖춘 전문 운영진은 물론이고 이사회 구성을 통해 공동체적이고 민주적으로 운영하는 모습이 다른 문화예술조직에 나타나고 있다고 보기 힘들다.

또한 기부자와 후원자, 파트너 관리와 여론에 대한 책임까지를 포함하는 인적자원 경영을 실현하기 위한 여건이 마련된 예술조직 역시 비교적 대규모 인력이 배치된 국·공립 문화예술조직 외에는 찾기 어렵다.

따라서 비영리 예술조직의 역량 강화는 일차적으로 경영적 관점의 접근을 통해 재정적 자원 마련 활동이 가능한 방향으로 조직과 인력을 구성하는 것으로 시작되어야 할 것이다.

이러한 조건이 어느 정도 갖춰진 다음에는 조직 철학과 자치적 운영, 이익의 자본화를 통한 재생산을 문화예술 조직 경영의 목적으로 설정하여 재원 확충을 위한 본격적인 활동을 전개하는 것이 필요하다.

문화예술 조직의 재원 확충 활동 과정에서 기부금 확대를 위한 방안으로는 몇 가지를 설정할 수 있다.

우선 어느 정도 조직의 틀을 갖춘 전문예술법인·단체는 이사회를 통한 재원 확보 전략을 구체적으로 구상해야 한다. 이를 위해 재정적 능력을 보유하고 있거나 모금 분야에 경험이 있는 인물 중심으로 전문 이사진을 구성하고, 동시에 연대 책임성을 부여하여 조직의 목적성을 명확히 할 필요가 있다.

이사회의 이사진은 명예직으로 잠시 거쳐 가는 형식적 지위가 아니라 실질적인 조직의사 결정기구의 일원으로 역할해야 한다.

이와 같은 이사회를 운영하기 위해선 이사회 구성 시 재력가(Wealth), 재원조성 전문가(Work), 중량감 있는 유명인사(Weight), 여러 분야의 전문가적 식견가(Wisdom) 등 이른바 '4W' 요소 반영을 적극 고려할 필요가 있다.

후원 활성화 등 재원 확충이 시급한 문화예술 조직은 기업과 협력적 파트너 관계를 유지하는 것도 필수적이다. 기업과 예술단체는 동반자적 입장에서 커뮤니케이션이 필요하며, 이를 위해 예술단체의 핵심적 콘텐츠를 기업과 공유하는 시도는 효과적인 결과를 이끌어낼 수 있다.

상시적 모금시스템을 구축하는 방안도 검토 대상이 되기에 부족하지 않다. 문화예술기관과 예술단체는 소액 기부자들을 위한 다양한 프로그램을 구성함으로써 친밀도를 배가시킬 수 있다.

문화예술 조직의 기부 활성화는 해당 조직의 기부금 모집 역량을 강화함으로써 그 효과를 높일 수 있다.

정부의 기부자 대상 조사에서 나타난 기부를 하지 않는 이유 가운데 하나는 신뢰하거나, 개인이나 기업으로 하여금 쉽게 기부를 결심하도록 공감하는 프로그램이나 명분을 가진 비영리 예술단체를 발견하기 어려웠다는 사실이다.

이러한 결과는 비영리 예술조직의 경영 전문화와 프로그램 운영에 대한 평가 및 책임성 제고가 기부 활성화를 유발하는 전제조건임을 설명하고 있다.

예술후원 활성화를 성공으로 이끌 수 있는 문화예술 조직은 개인이나 기업 등의 잠재적 기부자가 그 조직의 공익적 목적에 쉽게 공감하는 기관이며 기업과 파트너십의 동반자로서 사회문제를 함께 해결할 수 있는 단체여야 한다.

잠자는 기부자를 깨울 전략을 수립하기에 앞서 수혜기관인 문화예술조직이 기부금을 받을 수 있는 여건과 조직적 역량을 강화하고 성숙시키는 것이 기부 활성화를 위한 첫 번째 숙제인 것이다.

미국처럼 개인 기부가 정착된 나라의 문화예술 조직 경영의 핵심기술은 수월하게 기부금 모집을 수행하는 일이다. 미국은 기부금 모집기술에 관한 노하우가 풍부하며, 기부전략과 기부금 모집 관련 연구와 교육, 훈련이 전문적인 수준에 이르고 있다.

우리나라 문화예술 조직이 적극적으로 이를 벤치마킹한다면 개인과 기업, 재단, 정부 기관 등이 기부를 할 수 있도록 매력적인 자체 프로그램을 발굴하는 것이 필요하다.

무엇보다도 기부자에게 흥미와 정보를 제공하고, 프로그램이나 프로젝트의 의미와 중요성, 지원의 시급성을 보여주는 사례를 제시하는 식이다. 기부를 요청하는 문화예술 조직은 제시된 프로젝트를 통해 목적을 달성할 수 있다는 능력과 헌신을 보여주는 것이 중요하다.

III. 문화예술 후원 매개 전문가 양성

문화예술단체는 민간 지원을 늘려 재정적 안정화를 도모하는 것이 무엇보다 중요하며, 이를 위해선 예술과 관객을 '후원'이라는 연결고리로 매개할 수 있는 역할이 필요하다. 이와 같은 미션을 수행하는 인력을 문화예술 후원 매개자로 지칭한다. 문화예술 후원 매개자는 예술후원 활성화를 도모하는 데 적지 않은 기여를 하는 전문 인력으로 이해할 수 있다.

그러나 이러한 미션을 수행할 전문 인력 양성과 이들이 활동할 수 있는 기반은 미비한 상황이다.

문화예술 분야의 기부금 모집이 계획만큼 성과를 거두지 못하는 이유는 여러 가지로 분석할 수 있지만, 예술 후원 매개자의 부재 또는 부족에서 그 원인의 일단을 찾을 수 있다.

2014년 '문화예술 후원 활성화에 관한 법률'이 제정된 이후 예술분야 기부 활성화 캠페인과 정책이 본격화하였으며, 문화예술 후원 매개단체 및 문화예술후원자에 대한 지원의 법적 근거가 마련되었다.

이러한 법령을 바탕으로 한국문화예술위원회를 중심으로 후원매개 전문 인력 양성을 위한 정책과 사업들이 추진되는 흐름이 이어지고 있다.

하지만 문화예술 현장에서 예술의 가치 확산을 적극적으로 홍보하고 민간 후원을 이끌어낼 수 있는 역량을 갖춘 전문 인력은 여전히 부족하다. 특히 문화예술 후원 매개전문가의 개념과 역할에 대한 사회적 공감대도 형성되지 못하고 있다.

| 표 12-1 | 문화예술 후원 활성화에 관한 법률 중 매개단체 조항

제8조(문화예술 후원 매개단체의 육성·지원) ① 국가와 지방자치단체는 문화예술 진흥을 위하여 문화예술 후원 매개단체를 육성·지원할 수 있다.
② 국가와 지방자치단체는 예산의 범위에서 문화예술 후원 매개단체의 운영에 필요한 경비의 전부 또는 일부를 지원할 수 있다.
③ 제1항에 따른 문화예술 후원 매개단체의 육성·지원 등에 필요한 사항은 대통령령 또는 조례로 정한다.
제9조(조세의 감면) 국가와 지방자치단체는 문화예술 후원을 장려하기 위하여 문화예술 후원자 및 문화예술 후원 매개단체에 대하여 「조세특례제한법」, 「지방세특례제한법」, 그 밖의 조세 관계 법률에서 정하는 바에 따라 국세 및 지방세를 감면할 수 있다.

문화예술 후원 매개전문가는 후원자와 예술단체 및 예술가의 특성과 필요를 이해하고 분석함으로써 서로 다른 두 대상을 협력할 수 있도록 연결시켜주는 역할이 주어져 있다. 이 같은 업무는 궁극적으로 기부 등 외부의 재정적 지원을 통해 가시화한다는 점에서 재원조성 전문가로 이해해도 무방할 것이다. 이러한 측면에서 공공기관이자 대표적인 국내 문화예술 매개기관으로서 한국문화예술위원회의 문화예술 후원 매개전문가 양성 프로그램은 주목할 만하다.

문화예술 후원 매개전문가 양성 프로그램은 기획재정부가 2020년 문화예술 후원 매개자를 미래에 AI가 대체할 수 없는 유망 직업으로 선정하기도 했는데, 이러한 흐름에 맞춰 탄생한 측면이 있다.

한국문화예술위원회가 시행하고 있는 문화예술 후원 매개전문가 양성 프로그램은 '아트너스 클럽'7)으로 2023년까지 시즌4를 돌파했다. '아트너스 클럽'은 예술의 사회적 가치 확산 및 건강한 후원문화 조성을 목적으로 하고 있는 문화예술 분야 후원 매개전문가 양성 플랫폼으로, 기초단계인 입문교육을 시작으로 심화교육, 고도화교육으로 이어지는 단계별 방식으로 구성되어 있다.

입문교육은 온라인으로 진행되며, 문화예술 후원 매개 전반에 대한 이해와 후원매개자 인식 제고에 중점을 두고 있다. 심화교육은 입문교육에서 선정된 수료자와 함께 본 모집을 통해 추가 확보된 수강생들을 대상으로 후원 매개 프로젝트 기획 실습으로 구성되어 있으며, 1개월 동안 온·오프라인 병행 교육을 실시한다. 고도화교육은 문화예술 후원 매개전문가 양성과정의 마지막 단계로, 심화교육 우수 수료생들이 실제로 기업 대상 후원 매개 프로젝트를 발표하는 시간으로 이어지는 오프라인 교육을 특징으로 하고 있다.

한국문화예술위원회의 '아트너스 클럽' 프로그램은 우수한 커리큘럼과 교육 내용으로 수강자의 만족도가 비교적 높은 것으로 알려져 있다. 예컨대 문화예술분야 후원의 이해, 후원 매개 사례, 기업의 사회공원 흐름, 기부금품법 등을 주제로 하는 커리큘럼 등은 후원 매개의 필

---

7) 아트너스란 아트(Art)와 가드너스(Gardeners)의 합성어로, 문화예술과 사회공헌 영역을 기획하고 매개하는 사람들의 모임이라는 의미를 갖고 있다.

요성을 크게 부각시킨다.

한국문화예술위원회 '아트너스 클럽'을 통해 배출된 문화예술 후원 매개전문가는 매개 활동이 단순히 후원자와 예술단체 및 예술가를 연결하는 것이 아니라 예술의 가치를 알리고 두 대상이 우호적인 관계를 형성토록 함으로써 예술 후원을 이끌어내는 데 기여할 수 있는 역량을 갖추고 있다.

그렇지만 문화예술 후원 매개 전문가를 활용할 수 있는 여건이 제대로 구축되어 있지 않다는 현실적 문제가 있다. 후원 활성화가 시급한 문화예술기관과 예술단체는 외부 재원확충을 위한 후원 매개전문가 영입의 필요성은 느끼고 있지만 재정적 한계로 실제로 채용까지 이르는 경우는 흔치 않은 실정이다.

'아트너스 클럽' 같은 재원조성 전문가 양성 과정을 운영하고 있는 한국문화예술위원회가 2022년부터 예술단체에서 재원조성 인력을 채용할 수 있는 사업을 시행하고 있으나, 이 사업을 통해 후원 매개전문가가 채용된 사례는 없는 것으로 파악되고 있다.

특히 '아트너스 클럽' 운영의 취지를 살리고 제도의 성과를 거두기 위해선 교육 수료자인 후원 매개전문인력을 현장에 투입하여 활용할 수 있는 구체적인 방안이 함께 수립되어야 하지만, 우수 수료자에 대한 인턴십 기회 외에는 실질적인 인력 채용 기회는 부여되지 못하고 있다.

문화예술 후원 매개전문가 양성과 관련한 이와 같은 논의는 두 가지 시사점을 제공한다.

첫째, '아트너스 클럽' 같은 문화예술 후원 매개전문가 과정을 지역문화재단 등 다른 매개 기관에서 확대 운영할 필요가 있다. 특히 외부 재원 확충이 절실한 예술단체들이 몰려 있는 대도시 지역문화재단을 중심으로 후원 매개전문가 양성 프로그램 운영을 적극적으로 검토해야 한다.

둘째, 문화예술 후원 매개전문가 양성 과정을 통해 배출된 전문인력을 예술 현장에서 채용하여 재원조성 업무에 투입하는 시스템이 구축되어야 한다. 이를 위해서는 문화예술 후원 매개기관의 인식 개선이 무엇보다 요구된다고 할 수 있다. 예를 들어 한국문화예술위원회와 광역문화재단 등 문화예술지원기관의 창작분야 지원사업에 선정된 예술단체를 대상으로 후원 매개전문가 활동 기회를 보장하는 방안 등이 있을수 있다.

| 그림 12-1 | 한국문화예술위원회 '아트너스 클럽' 관련 포스터

출처: 한국문화예술위원회 홈페이지. 캡처 2024년 2월 16일.

IV. 문화예술 후원 지역 간 격차 완화

문화예술 분야는 수도권과 비수도권 간 향유 격차가 주요한 이슈로 다뤄지고 있다. 기부금 등 문화예술 후원도 수도권과 비수도권의 차이는 유의미한 것으로 나타나고 있다.

지방자치단체들이 운영하는 지역문화재단이 매년 신고하고 있는 기부금 수입내역을 살펴보면, 2016~2022년 7년간 기부금은 수도권이 401억 원, 비수도권 301억 원으로 집계되었다. 서울·경기·인천 등 수도권이 전체의 57.1%로 비수도권에 비해 100억 원 가량 많은 기부금 규모를 보였다.

범위를 최근 3년(2020~2022년)으로 좁히면 수도권 209억 원, 비수도권 157억 원으로 수도권 지역문화재단의 기부금 점유 비율은 거의 변동이 없다.

이와 같은 지역 간 문화예술 후원 격차는 수도권과 비수도권 문화예술단체 운영에 직접적인 영향을 미칠 수 있다. 기부금 규모가 큰 수도권은 예술단체에 대한 지원도 이에 비례하여 이루어지는 반면, 비수도권 예술단체는 상대적으로 기부금 지원 혜택에서 불리한 상황이 전개되는 것이다.

문화예술 후원의 지역 간 차이 완화는 수도권과 비수도권 예술단체의 균형적 발전 측면에서 매우 중요한 과제로 설정할 필요가 있다.

특히 문화예술 후원 활성화 사업을 직접적으로 시행하고 있는 한국문화예술위원회의 역할은 지역 간 후원 격차 완화에도 적용되어야 한다. 한국문화예술위원회가 기관에 유입되는 기부금 확대에만 머물지 않고 비수도권 지역에 문화예술 후원이 확대될 수 있도록 하는 방안을 수립하여 선도적으로 추진해야 한다. 한국문화예술위원회의 예술후원 활성화 정책인 '예술나무운동'에 참여하는 다양한 이해관계자들과의 협력을 통해 전국의 문화예술분야 후원 확산을 뒷받침하는 기관의 역할을 제고하는 것이 시급하다.

부록

문화예술후원 활성화에 관한 법률(약칭: 문화예술후원법)

[시행 2023. 8. 8.] [법률 제19592호, 2023. 8. 8., 타법개정]

제1조(목적) 이 법은 문화예술후원을 활성화하기 위하여 필요한 지원 사항을 정함으로써 문화예술의 발전에 기여하고 국민의 문화적 삶의 질 향상에 이바지함을 목적으로 한다.

제2조(정의) 이 법에서 사용하는 용어의 뜻은 다음과 같다. <개정 2023. 5. 16., 2023. 8. 8.>

1. "문화예술"이란 「문화예술진흥법」 제2조제1항제1호에 따른 문화예술 및 「국가유산기본법」 제3조에 따른 국가유산을 말한다.
2. "문화예술후원"이란 문화예술 발전을 위하여 자발적으로 물적·인적 요소를 이전·사용·제공하거나 그 밖에 도움을 주는 모든 행위를 말한다.
3. "문화예술후원자"란 문화예술후원을 행하는 개인, 법인 또는 단체를 말한다.
4. "문화예술후원매개단체"란 문화예술후원을 매개하거나 지원하는 등 문화예술후원 관련 업무를 수행하는 비영리법인 또는 단체로 제5조제1항에 따라 문화체육관광부장관의 인증을 받은 단체를 말한다.

제3조(국가와 지방자치단체의 책무) ① 국가와 지방자치단체는 문화예술후원의 활성화에 필요한 시책을 마련하고, 국민의 문화예술후원을 적극적으로 권장·보호 및 육성하여야 하며, 이에 필요한 재정적 지원을 할 수 있다.
② 국가와 지방자치단체는 제1항에 따른 시책을 마련할 때에는 미리 문화예술과 관련된 기관 및 단체의 의견을 들어야 한다.

제4조(다른 법률과의 관계) 문화예술후원에 관하여 다른 법률에 특별한 규정이 있는 경우를 제외하고는 이 법에서 정하는 바에 따른다.

제5조(문화예술후원매개단체의 인증) ① 문화체육관광부장관은 문화예술후원의 활성화에 필요한 시책을 효과적으로 수행하기 위하여 다음 각 호의 요건을 갖춘 비영리법인 또는 단체를 문화예술후원매개단체로 인증할 수 있다.
1. 「민법」에 따른 비영리법인 등 대통령령으로 정하는 조직 형태를 갖출 것
2. 문화예술후원자를 회원으로 하여 문화예술후원 사업을 하거나 출연재산의 수입 등으로 조성되는 재원으로 문화예술후원 사업을 수행할 것
3. 제6조에 따른 정관이나 규약 등을 갖출 것
4. 그 밖에 운영기준에 관하여 대통령령으로 정하는 사항을 갖출 것
② 제1항에 따라 문화예술후원매개단체로 인증을 받으려는 자는 문화체육관광부장관에게 인증을 신청하여야 한다.
③ 제1항에 따른 문화예술후원매개단체 인증의 유효기간은 3년으로 하되, 대통령령으로 정하는 바에 따라 그 기간을 연장할 수 있다.
④ 제1항에 따른 인증을 받은 문화예술후원매개단체는 문화체육관광부령으로 정하는 바에 따라 인증표시를 할 수 있다.
⑤ 제1항에 따른 인증을 받지 아니한 자는 제4항의 인증표시를 하거나 이와 유사한 표시를 하여서는 아니 된다.
⑥ 제1항에 따른 문화예술후원매개단체의 인증 방법 및 절차 등에 필요한 사항은 대통령령으로 정한다.

제6조(정관 등) ① 문화예술후원매개단체로 인증을 받으려는 자는 다음 각 호의 사항을 적은 정관이나 규약 등(이하 "정관등"이라 한다)을 갖추어야 한다.

1. 목적
2. 사업내용
3. 명칭

4. 주된 사무소의 소재지
5. 기관 및 지배구조의 형태와 운영 방식 및 중요 사항의 의사결정 방식
6. 기부금품 모집 및 배분·사용에 관한 사항
7. 자산 및 회계에 관한 사항
8. 해산 및 청산에 관한 사항
9. 업무감사와 회계검사에 관한 사항
10. 그 밖에 대통령령으로 정하는 사항
② 정관등이 변경된 경우에는 변경일부터 14일 이내에 그 내용을 문화체육관광부장관에게 보고하여야 한다.

제7조(인증의 취소) ① 문화체육관광부장관은 제5조제1항에 따라 인증을 받은 문화예술후원매개단체가 다음 각 호의 어느 하나에 해당하는 경우에는 그 인증을 취소할 수 있다. 다만, 제1호에 해당하는 경우에는 그 인증을 취소하여야 한다.
1. 거짓이나 그 밖의 부정한 방법으로 인증을 받은 경우
2. 제5조제1항의 인증 요건을 갖추지 못하게 된 경우
3. 문화예술후원의 실적 저조 등 대통령령으로 정하는 기준에 미달하는 경우
② 인증 취소의 구체적 기준 및 세부 절차는 대통령령으로 정한다.

제8조(문화예술후원매개단체의 육성·지원) ① 국가와 지방자치단체는 문화예술진흥을 위하여 문화예술후원매개단체를 육성·지원할 수 있다.
② 국가와 지방자치단체는 예산의 범위에서 문화예술후원매개단체의 운영에 필요한 경비의 전부 또는 일부를 지원할 수 있다.
③ 제1항에 따른 문화예술후원매개단체의 육성·지원 등에 필요한 사항은 대통령령 또는 조례로 정한다.

제9조(조세의 감면) 국가와 지방자치단체는 문화예술후원을 장려하기 위하여 문화예술후원자 및 문화예술후원매개단체에 대하여 「조세특례제한법」, 「지방세특례제한법」, 그 밖의 조세 관계 법률에서 정하는 바에 따라 국세 및 지방세를 감면할 수 있다.

제10조(보고 및 서류제출) ① 문화체육관광부장관은 필요한 경우 제5조제1항에 따라 인증을 받은 문화예술후원매개단체에 대하여 업무·회계 및 재산 등에 관한 사항을 보고하게 하거나 관계 서류의 제출을 명할 수 있다.

② 제1항에 따른 보고 및 서류제출의 방법, 절차 등에 관하여 필요한 사항은 대통령령으로 정한다.

제11조(문화예술후원자 포상 등) 국가는 문화예술후원자의 명예를 높이고 우수 문화예술후원자를 인정하기 위하여 「상훈법」에서 정하는 바에 따라 영전(榮典)의 수여 등 필요한 조치를 할 수 있다. <개정 2021. 5. 18.>

제12조(문화예술후원우수기관 인증) ① 문화체육관광부장관은 문화예술후원을 촉진하기 위하여 문화예술후원을 모범적으로 행하고 있는 기업 등 대통령령으로 정하는 기관(이하 "기업등"이라 한다)에 대하여 문화예술후원우수기관 인증을 할 수 있다.

② 제1항에 따른 인증을 받고자 하는 기업등은 대통령령으로 정하는 바에 따라 문화체육관광부장관에게 인증을 신청하여야 한다.

③ 제1항에 따른 인증을 받은 기업등은 문화체육관광부령으로 정하는 바에 따라 인증의 표시를 할 수 있다.

④ 제1항에 따른 인증을 받지 아니한 자는 인증표시 또는 이와 유사한 표시를 하여서는 아니 된다.

⑤ 제1항에 따른 인증의 유효기간은 인증을 받은 날부터 3년으로 하되, 대통령령으로 정하는 바에 따라 그 기간을 연장할 수 있다.

⑥ 인증의 기준 및 절차 등에 필요한 사항은 대통령령으로 정한다.

제13조(인증의 취소) ① 문화체육관광부장관은 제12조제1항에 따라 인증을 받은 기업등이 다음 각 호의 어느 하나에 해당하게 되면 인증을 취소할 수 있다. 다만, 제1호에 해당하는 때에는 인증을 취소하여야 한다.

1. 거짓이나 그 밖의 부정한 방법으로 인증을 받은 경우

2. 제12조제6항에 따른 인증 기준에 적합하지 아니하게 된 경우
② 인증 취소의 구체적 기준 및 세부 절차는 대통령령으로 정한다.

제14조(권한의 위임·위탁) ① 문화체육관광부장관은 이 법에 따른 권한의 일부를 대통령령으로 정하는 바에 따라 지방자치단체의 장에게 위임할 수 있다.
② 문화체육관광부장관은 이 법에 따른 업무의 일부를 대통령령으로 정하는 바에 따라 문화예술후원 관련 기관 또는 단체에 위탁할 수 있다.

제15조(과태료) ① 다음 각 호의 어느 하나에 해당하는 자에게는 500만원 이하의 과태료를 부과한다.
1. 제5조제5항을 위반하여 문화예술후원매개단체 인증표시를 하거나 이와 유사한 표시를 한 자
2. 제12조제4항을 위반하여 문화예술후원우수기관 인증표시를 하거나 이와 유사한 표시를 한 자
② 제1항에 따른 과태료는 대통령령으로 정하는 바에 따라 문화체육관광부장관이 부과·징수한다.

부칙 <법률 제19592호, 2023. 8. 8.> (법률용어 정비를 위한 문화체육관광위원회 소관 43개 법률 일부개정법률)

이 법은 공포한 날부터 시행한다.

문화예술후원 활성화에 관한 법률 시행령(약칭: 문화예술후원법 시행령)
[시행 2014. 7. 29.] [대통령령 제25490호, 2014. 7. 21., 제정]

제1조(목적) 이 영은 「문화예술후원 활성화에 관한 법률」에서 위임된 사항과 그 시행에 필요한 사항을 규정함을 목적으로 한다.

제2조(문화예술후원매개단체의 업무) 「문화예술후원 활성화에 관한 법률」(이하 "법"이라 한다) 제2조제4호에 따른 문화예술후원 관련 업무(이하 "문화예술후원 관련 업무"라 한다)는 다음 각 호의 어느 하나에 해당하는 업무로 한다.
1. 문화예술후원을 매개하거나 지원하는 업무
2. 문화예술후원을 매개하거나 지원하는 인력의 교육 및 양성
3. 문화예술후원에 대한 사회적 인식 제고를 위한 홍보
4. 문화예술후원에 관한 자문 및 정보의 제공 등 문화예술후원을 촉진하기 위한 활동

제3조(문화예술후원매개단체의 요건) ① 법 제5조제1항제1호에서 "「민법」에 따른 비영리법인 등 대통령령으로 정하는 조직 형태"란 다음 각 호의 어느 하나에 해당하는 조직 형태를 말한다.
1. 「민법」 제32조에 따른 비영리법인
2. 「비영리민간단체지원법」 제2조에 따른 비영리민간단체
3. 특별법에 따라 설립된 비영리법인
② 법 제5조제1항제4호에서 "대통령령으로 정하는 사항"이란 다음 각 호의 사항을 말한다.
1. 법 제6조제1항에 따라 정관이나 규약 등(이하 "정관등"이라 한다)에 적힌 목적이나 사업내용에 문화예술후원 관련 업무를 포함하고 있을 것
2. 문화예술후원 관련 업무를 수행하는 전담 조직 및 인력을 갖추고 있을 것
3. 재정 운영의 건전성이 있을 것

제4조(문화예술후원매개단체의 인증 절차 등) ① 법 제5조에 따라 비영리법인 또는 단체가 문화예술후원매개단체로 인증을 받으려면 문화체육관광부령으로 정하는 신청서에 다음 각 호의 서류를 첨부하여 문화체육관광부장관에게 신청하여야 한다.

1. 정관등
2. 문화예술후원 사업계획서
3. 전담 조직 및 인력 보유 현황
4. 문화예술후원매개단체의 운영에 필요한 재산 목록(소유권 또는 사용할 수 있는 권리를 증명할 수 있는 서류를 포함한다)

② 문화체육관광부장관은 제1항에 따른 신청을 받은 경우에는 60일 이내에 심사를 마쳐 법 제5조제1항에 따른 요건을 갖추었다고 인정하면 문화체육관광부령으로 정하는 문화예술후원매개단체 인증서(이하 "매개단체 인증서"라 한다)를 신청인에게 발급하여야 한다.

③ 문화체육관광부장관은 제1항에 따른 신청을 받아 심사한 결과 문화예술후원매개단체로 인증하는 것이 적합하지 아니하다고 인정하는 경우에는 지체 없이 그 사유를 구체적으로 밝혀 신청인에게 알려야 한다.

④ 문화체육관광부장관은 제2항에 따라 문화예술후원매개단체로 인증한 경우에는 다음 각 호의 사항을 문화체육관광부의 인터넷 홈페이지에 게시하여야 한다.

1. 문화예술후원매개단체의 명칭 및 대표자
2. 해당 문화예술후원매개단체가 수행하는 문화예술후원 관련 업무의 범위와 내용

제5조(인증의 유효기간 연장) ① 법 제5조제3항에 따라 문화예술후원매개단체 인증의 유효기간을 연장받으려는 자는 문화체육관광부령으로 정하는 신청서에 다음 각 호의 서류를 첨부하여 인증의 유효기간이 끝나기 6개월 전까지 문화체육관광부장관에게 신청하여야 한다.

1. 제4조제1항 각 호의 서류
2. 문화예술후원매개단체로 인증받은 후 인증 유효기간 동안 문화예술후원 사업을 한 실적에 관한 서류

② 문화체육관광부장관은 제1항에 따른 신청을 받으면 다음 각 호의 사항을 심사하여 인증의 유효기간 연장 여부를 결정하여야 한다.
1. 문화예술후원매개단체로 인증받은 후 인증 유효기간 동안 문화예술후원 사업을 한 실적
2. 인증의 유효기간 연장 후 인증 요건에 맞게 문화예술후원 사업을 할 수 있는지 여부

제6조(매개단체 인증서의 재발급) ① 매개단체 인증서를 발급받은 문화예술후원매개단체는 다음 각 호의 어느 하나에 해당하는 경우 증명자료를 첨부하여 문화체육관광부장관에게 매개단체 인증서의 재발급을 신청하여야 한다.
1. 인증서를 잃어버렸거나 인증서가 헐어 못 쓰게 된 경우
2. 인증서의 기재사항이 변경된 경우
② 문화체육관광부장관은 제1항에 따른 신청을 받으면 신청일부터 7일 이내에 매개단체 인증서를 재발급하여야 한다.

제7조(문화예술후원매개단체 인증의 취소) 법 제7조제1항제3호에서 "문화예술후원의 실적 저조 등 대통령령으로 정하는 기준에 미달하는 경우"란 인증 후 정당한 사유 없이 1년 이상 문화예술후원 관련 업무를 수행하지 아니한 경우를 말한다.

제8조(보고 및 서류제출) 문화체육관광부장관은 법 제10조에 따라 문화예술후원매개단체에 대하여 업무·회계 및 재산 등에 관한 사항을 보고하게 하거나 관계서류의 제출을 명할 때에는 자료의 내용, 제출 기한 등을 구체적으로 밝힌 서면으로 하여야 한다.

제9조(문화예술후원우수기관의 인증) ① 법 제12조제1항에서 "문화예술후원을 모범적으로 행하고 있는 기업 등 대통령령으로 정하는 기관"이란 문화예술후원을 모범적으로 하고 있는 다음 각 호의 어느 하나에 해당하는 기업 등을 말한다.
1. 「상법」 제172조에 따라 설립등기를 마친 회사

2. 「소득세법」 제168조 또는 「부가가치세법」 제8조에 따라 사업자등록을 한 사업체

3. 「공공기관의 운영에 관한 법률」 제4조제1항에 따라 기획재정부장관이 지정한 공공기관

4. 「지방공기업법」에 따라 설립된 지방공사 또는 지방공단

② 법 제12조제1항에 따라 문화예술후원우수기관 인증을 받으려는 기업 등은 문화체육관광부령으로 정하는 신청서에 다음 각 호의 서류를 첨부하여 문화체육관광부장관에게 신청하여야 한다.

1. 문화예술후원 관련 조직·인력 현황

2. 문화예술후원 실적

3. 문화예술후원 운영체계

4. 그 밖에 문화예술후원과 관련된 자료

③ 법 제12조제1항에 따른 문화예술후원우수기관 인증 기준은 다음 각 호와 같다.

1. 문화예술후원에 필요한 조직 및 인력을 갖출 것

2. 문화예술후원의 횟수가 많고 지속성이 높을 것

3. 문화예술후원과 관련된 적절한 운영체계를 갖출 것

④ 제3항에 따른 인증 기준의 구체적인 내용에 대해서는 문화체육관광부장관이 정하여 고시한다.

⑤ 문화체육관광부장관은 제2항에 따른 신청을 받은 경우에는 60일 이내에 심사를 마쳐 제3항 및 제4항에 따른 인증 기준을 갖추었다고 인정하면 문화체육관광부령으로 정하는 문화예술후원우수기관 인증서(이하 "우수기관 인증서"라 한다)를 신청인에게 발급하여야 한다.

⑥ 문화체육관광부장관은 제2항에 따른 신청을 받아 심사한 결과 문화예술후원우수기관으로 인증하는 것이 적합하지 아니하다고 인정하는 경우에는 지체 없이 그 사유를 구체적으로 밝혀 신청인에게 알려야 한다.

⑦ 우수기관 인증서의 재발급에 관하여는 제6조를 준용한다. 이 경우 "매개단체 인증서"는 "우수기관 인증서"로 본다.

제10조(인증의 유효기간 연장) ① 법 제12조제5항에 따라 문화예술후원우수기관

인증의 유효기간을 연장받으려는 자는 문화체육관광부령으로 정하는 신청서에 제9조제2항 각 호의 서류를 첨부하여 인증의 유효기간이 끝나기 6개월 전까지 문화체육관광부장관에게 신청하여야 한다.

② 인증의 유효기간 연장 여부의 결정에 관하여는 제5조제2항을 준용한다. 이 경우 "문화예술후원매개단체"는 "문화예술후원우수기관"으로, "문화예술후원 사업"은 "문화예술후원"으로 본다.

제11조(문화예술후원우수기관 인증의 취소) 문화체육관광부장관은 법 제13조에 따라 문화예술후원우수기관 인증을 취소하였을 때에는 그 사실을 지체 없이 해당 문화예술후원우수기관에 알리고, 문화체육관광부의 인터넷 홈페이지에 게시하여야 한다.

제12조(업무의 위탁) 문화체육관광부장관은 법 제14조제2항에 따라 다음 각 호의 업무를 「문화예술진흥법」 제20조에 따른 한국문화예술위원회에 위탁한다.

1. 법 제5조제2항 및 제3항에 따른 문화예술후원매개단체 인증 신청 및 인증 유효기간 연장 신청의 접수 및 심사

2. 법 제12조제2항 및 제5항에 따른 문화예술후원우수기관 인증 신청 및 인증 유효기간 연장 신청의 접수 및 심사

제13조(과태료의 부과기준) 법 제15조제1항에 따른 과태료의 부과기준은 별표와 같다.

부칙 <대통령령 제25490호, 2014. 7. 21.>

이 영은 2014년 7월 29일부터 시행한다.

문화예술후원 활성화에 관한 법률 시행규칙(약칭: 문화예술후원법 시행규칙)

[시행 2014. 7. 29.] [문화체육관광부령 제176호, 2014. 7. 29., 제정]

제1조(목적) 이 규칙은 「문화예술후원 활성화에 관한 법률」 및 같은 법 시행령에서 위임된 사항과 그 시행에 필요한 사항을 규정함을 목적으로 한다.

제2조(문화예술후원매개단체 인증 신청서 등) ① 「문화예술후원 활성화에 관한 법률 시행령」(이하 "영"이라 한다) 제4조제1항 및 제5조제1항에 따른 문화예술후원매개단체 인증 신청서 및 문화예술후원매개단체 인증 유효기간 연장 신청서는 별지 제1호서식에 따른다.
② 영 제4조제2항에 따른 문화예술후원매개단체 인증서는 별지 제2호 서식에 따른다.
③ 문화체육관광부장관은 별지 제3호서식의 문화예술후원매개단체 인증서 발급대장과 별지 제4호서식의 문화예술후원매개단체 인증대장에 문화예술후원매개단체 인증에 관한 사항을 기록하여 관리하여야 한다.

제3조(문화예술후원매개단체의 인증표시) 「문화예술후원 활성화에 관한 법률」(이하 "법"이라 한다) 제5조제4항에 따른 문화예술후원매개단체 인증의 표시 기준은 별표 1과 같다.

제4조(문화예술후원우수기관 인증 신청서 등) ① 영 제9조제2항 및 제10조제1항에 따른 문화예술후원우수기관 인증 신청서 및 문화예술후원우수기관 인증 유효기간 연장 신청서는 별지 제5호서식에 따른다.
② 영 제9조제5항에 따른 문화예술후원우수기관 인증서는 별지 제6호 서식에 따른다.
③ 문화체육관광부장관은 별지 제7호서식의 문화예술후원우수기관 인증서 발급대장과 별지 제8호서식의 문화예술후원우수기관 인증대장에 문화예술후원우수기관 인증에 관한 사항을 기록하여 관리하여야 한다.

제5조(문화예술후원우수기관 인증의 표시 기준) 법 제12조제3항에 따른 문화예술 후원우수기관 인증의 표시 기준은 별표 2와 같다.

부칙 <문화체육관광부령 제176호, 2014. 7. 29.>

이 규칙은 2014년 7월 29일부터 시행한다.

기부금품의 모집·사용 및 기부문화 활성화에 관한 법률(약칭: 기부금품법)
[시행 2024. 7. 31.] [법률 제20369호, 2024. 2. 27., 타법개정]

제1조(목적) 이 법은 기부금품(寄附金品)의 모집절차 및 사용방법과 기부문화 활성화 등에 관하여 필요한 사항을 규정함으로써 기부금품 모집·사용의 투명성을 높이고 성숙하고 건전한 기부를 통한 사회 공동체의 조화로운 발전을 도모함을 목적으로 한다. <개정 2024. 1. 30.>

제2조(정의) 이 법에서 사용하는 용어의 뜻은 다음과 같다. <개정 2024. 1. 30.>
1. "기부"란 다음 각 목에 따른 공익을 실현하기 위하여 반대급부 없이 재산을 출연(出捐)하는 것을 말한다.
가. 불우이웃돕기 등 자선
나. 천재지변이나 그 밖에 이에 준하는 재난(「재난 및 안전 관리기본법」 제3조제1호가목에 따른 자연재난은 제외한다)의 구휼(救恤)
다. 국제적으로 행하여지는 구제
라. 영리 또는 정치·종교 활동이 아닌 목적으로서 다음의 어느 하나에 해당하는 목적을 위한 출연
1) 교육, 문화, 예술, 과학 등의 진흥
2) 소비자 보호 등 건전한 경제활동
3) 환경보전
4) 사회적 약자의 권익 신장
5) 보건·복지 증진
6) 남북통일, 평화구축 등 국제교류·협력
7) 시민참여, 자원봉사 등 건전한 시민사회 구축
8) 그 밖에 대통령령으로 정하는 목적

2. "기부금품"이란 환영금품, 축하금품, 찬조금품(贊助金品) 등 명칭이 어떠하든 반대급부 없이 취득하는 금전, 물품, 그 밖에 이와 유사한 금전적 가치를 갖는 물

건 등 대통령령으로 정하는 것을 말한다. 다만, 다음 각 목의 어느 하나에 해당하는 것은 제외한다.

가. 법인, 정당, 사회단체, 종친회(宗親會), 친목단체 등이 정관, 규약 또는 회칙 등에 따라 사원·당원 또는 회원 등으로 가입되어 있는 자로부터 모은 가입금, 일시금, 회비 또는 그 구성원의 공동이익을 위하여 모은 금품

나. 사찰, 교회, 향교, 그 밖의 종교단체가 그 고유활동에 필요한 경비에 충당하기 위하여 신도(信徒)로부터 모은 금품

다. 국가, 지방자치단체, 법인, 정당, 사회단체 또는 친목단체 등이 소속원이나 제3자에게 기부할 목적으로 그 소속원으로부터 모은 금품

라. 학교기성회(學校期成會), 후원회, 장학회 또는 동창회 등이 학교의 설립이나 유지 등에 필요한 경비에 충당하기 위하여 그 구성원으로부터 모은 금품

3. "기부금품의 모집"이란 서신, 광고, 정보통신망(「정보통신망 이용촉진 및 정보보호 등에 관한 법률」 제2조제1항제1호에 따른 정보통신망을 말한다. 이하 같다), 그 밖의 방법으로 기부금품의 출연을 타인에게 의뢰·권유 또는 요구하는 행위를 말한다.

4. "모집자"란 제4조에 따라 기부금품의 모집을 등록한 자를 말한다.
5. "모집종사자"란 모집자로부터 지시·의뢰를 받아 기부금품의 모집에 종사하는 자를 말한다.

제3조(다른 법률과의 관계) 다음 각 호의 법률에 따른 기부금품의 모집에 대하여는 이 법을 적용하지 아니한다. <개정 2010. 6. 8., 2016. 2. 3., 2021. 10. 19.>
1. 「정치자금법」
2. 「결핵예방법」
3. 「보훈기금법」
4. 「문화예술진흥법」
5. 「한국국제교류재단법」

6. 「사회복지공동모금회법」
7. 「재해구호법」
8. 「문화유산과 자연환경자산에 관한 국민신탁법」
9. 「식품등 기부 활성화에 관한 법률」
10. 「한국장학재단 설립 등에 관한 법률」
11. 「고향사랑 기부금에 관한 법률」

제3조의2(국가와 지방자치단체의 책무) 국가와 지방자치단체는 건전한 기부문화 및 기부자의 명예가 존중받는 사회 분위기를 조성하는 데 필요한 지원방안을 마련하도록 노력하여야 한다.
[본조신설 2024. 1. 30.]

제3조의3(기부의 날·기부주간 및 포상 등) ① 기부에 대한 인식을 높이고 건전한 기부를 장려하기 위하여 매년 12월 중 두 번째 월요일을 기부의 날로 정하고, 그 날부터 1주일까지를 기부주간으로 한다.
② 국가와 지방자치단체는 기부문화 활성화에 현저한 공로가 있는 기부자, 모집자, 모집종사자 등에 대하여 포상을 하는 등의 조치를 할 수 있다.
③ 기부의 날, 기부주간 행사, 포상 등에 필요한 사항은 대통령령으로 정한다.
[본조신설 2024. 1. 30.]

제4조(기부금품의 모집등록) ①1천만원 이상의 금액으로서 대통령령으로 정하는 금액 이상의 기부금품을 모집하려는 자는 다음의 사항을 적은 모집·사용계획서를 작성하여 대통령령으로 정하는 바에 따라 행정안전부장관 또는 특별시장·광역시장·특별자치시장·도지사·특별자치도지사(이하 "등록청"이라 한다)에게 등록하여야 한다. 모집·사용계획서의 내용을 변경하려는 경우에도 또한 같다. <개정 2008. 2. 29., 2013. 3. 23., 2014. 11. 19., 2017. 7. 26., 2024. 1. 30.>

1. 모집자의 성명, 주소, 주민등록번호 및 연락처(모집자가 법인 또는 단체인 경우

에는 그 명칭, 주된 사무소의 소재지와 대표자의 성명, 주소, 주민등록번호 및 연락처)

2. 모집목적, 모집금품의 종류와 모집목표액, 모집지역, 모집방법, 모집기간, 모집금품의 보관방법 등을 구체적으로 밝힌 모집계획. 이 경우 모집기간은 1년 이내로 하여야 한다.

3. 모집비용의 예정액 명세와 조달방법, 모집금품의 사용방법 및 사용기한 등을 구체적으로 밝힌 모집금품 사용계획

3의2. 기부금품의 모집 및 사용을 위한 하나 또는 복수의 전용계좌

4. 모집사무소를 두는 경우에는 그 소재지

5. 그 밖에 대통령령으로 정하는 기부금품의 모집에 필요한 사항

② 제1항에 따라 등록청에 등록하여야 하는 자는 같은 사업을 위하여 둘 이상의 등록청에 등록하여서는 아니 된다. <개정 2024. 1. 30.>

③ 다음 각 호의 어느 하나에 해당하는 자는 제1항에 따른 등록을 할 수 없다. <개정 2024. 1. 30.>

1. 미성년자, 피성년후견인 또는 피한정후견인

2. 파산선고를 받은 자로서 복권되지 아니한 자

3. 금고 이상의 실형을 선고받고 그 집행이 끝나거나(집행이 끝난 것으로 보는 경우를 포함한다) 그 집행을 받지 아니하기로 확정된 날부터 2년이 지나지 아니한 자

4. 집행유예를 선고받고 그 유예기간 중에 있는 자

5. 제10조제1항에 따라 등록말소가 된 후 1년이 지나지 아니한 자(법인이나 단체가 등록말소된 경우에는 등록말소사유가 발생한 당시의 대표자나 임원을 포함한다)

6. 대표자나 임원이 제1호부터 제5호까지의 어느 하나에 해당하는 법인이나 단체

④ 등록청은 제1항에 따른 등록신청을 받은 경우에는 모집·사용계획서의 내용이 제2조제1호 각 목에 따른 공익에 적합한지와 신청인이 제3항에 따라 등록을 할 수 없는 자가 아닌지를 확인한 후 신청인에게 등록증을 내주어야 한다. <개정 2024. 1. 30.>

⑤ 특별시장·광역시장·특별자치시장·도지사 또는 특별자치도지사는 제4항에 따라 등록증을 내준 경우에는 그 사실을 지체 없이 행정안전부장관에게 알려야

한다. 다만, 제10조의2에 따른 기부통합관리시스템을 통하여 모집등록이 이루어진 경우에는 그러하지 아니하다. <개정 2008. 2. 29., 2013. 3. 23., 2014. 11. 19., 2017. 7. 26., 2024. 1. 30.>

⑥ 모집자 또는 모집종사자는 기부금품을 기부하고자 하는 자가 다음 각 호에서 정하는 사항을 쉽게 알 수 있도록 모집장소 등에 게시하거나 제공하여야 한다. <신설 2024. 1. 30.>

1. 모집자 및 모집종사자에 관한 다음 각 목의 정보

가. 모집자가 직접 모집을 하는 경우: 모집자의 성명 및 연락처(법인 또는 단체인 경우에 그 명칭, 연락처 및 대표자의 성명을 말한다)

나. 모집종사자가 모집하는 경우: 가목의 정보 및 모집종사자의 성명, 연락처

2. 제1항 각 호 외의 부분에 따라 모집등록을 한 등록청 및 등록번호

3. 제1항제2호에 따른 모집목적

4. 기부에 대하여 「법인세법」, 「소득세법」 등 관련 법령에 따른 세금혜택이 부여되는지의 여부

5. 기부금품 중 모집비용으로 충당하는 비율

6. 기부금품의 모집 및 사용 결과를 확인할 수 있는 방법

7. 그 밖에 기부에 필요한 사항으로 대통령령으로 정하는 사항

제5조(국가 등 기부금품 모집·접수 제한 등) ① 국가나 지방자치단체 및 그 소속 기관·공무원과 국가 또는 지방자치단체에서 출자·출연하여 설립된 법인·단체는 기부금품을 모집할 수 없다. 다만, 대통령령으로 정하는 국가 또는 지방자치단체에서 출자·출연하여 설립된 법인·단체는 기부금품을 모집할 수 있다.

② 국가 또는 지방자치단체 및 그 소속 기관·공무원과 국가 또는 지방자치단체에서 출자·출연하여 설립된 법인·단체는 자발적으로 기탁하는 금품이라도 법령에 다른 규정이 있는 경우 외에는 이를 접수할 수 없다. 다만, 다음 각 호의 어느 하나에 해당하면 이를 접수할 수 있다. <개정 2023. 8. 16.>

1. 대통령령으로 정하는 바에 따라 사용용도와 목적을 지정하여 자발적으로 기탁하는 경우로서 제3항에 따른 기부심사위원회의 심의를 거친 경우

2. 모집자의 의뢰에 의하여 단순히 기부금품을 접수하여 모집자에게 전달하는 경우
3. 제1항 단서에 따른 대통령령으로 정하는 국가 또는 지방자치단체에서 출자·출연하여 설립한 법인·단체가 기부금품을 접수하는 경우
③ 다음 각 호의 기관이나 지방자치단체의 장은 제2항에 따라 자발적으로 기탁하는 금품의 접수 여부를 심사하기 위하여 필요한 경우 기부심사위원회(이하 이 조에서 "위원회"라 한다)를 구성·운영할 수 있다. <개정 2008. 2. 29., 2013. 3. 23., 2014. 11. 19., 2017. 7. 26., 2023. 8. 16.>
1. 국회, 대법원, 헌법재판소 및 중앙선거관리위원회
2. 행정안전부 및 대통령령으로 정하는 기관
④ 위원회의 위원에는 민간인 위원이 포함되어야 한다. <개정 2023. 8. 16.>
⑤ 제3항 각 호의 기관이나 지방자치단체의 장은 위원회의 구성 목적을 달성하였다고 인정하는 경우에는 위원회를 해산할 수 있다. <신설 2023. 8. 16.>
⑥ 제3항부터 제5항까지에서 규정한 사항 외에 위원회의 구성·운영 등에 필요한 사항은 국회규칙, 대법원규칙, 헌법재판소규칙, 중앙선거관리위원회규칙, 대통령령 또는 그 지방자치단체의 조례로 정한다. <개정 2023. 8. 16.>

제6조(기부금품 출연 강요의 금지 등) ① 모집자나 모집종사자는 다른 사람에게 기부금품을 낼 것을 강요하여서는 아니 된다.
② 모집종사자는 자신의 모집행위가 모집자를 위한 것임을 표시하여야 한다.

제7조(기부금품의 접수방법 등) ① 기부금품은 국가기관, 지방자치단체, 언론기관, 금융기관, 그 밖의 공개된 장소에서 접수하여야 한다. 다만, 다음 각 호의 어느 하나에 해당하는 접수로서 기부금품의 접수사실을 확인할 수 있는 경우에는 그러하지 아니하다. <개정 2024. 1. 30.>
1. 제4조제1항제3호의2에 따른 전용계좌로의 접수
2. 정보통신망을 통한 접수
3. 그 밖에 대통령령으로 정하는 접수
② 모집자나 모집종사자는 기부금품의 접수사실(현장모집에 관한 사실을 포함한

다)을 장부에 적고, 기부자에게 영수증을 내주어야 하며, 제14조제2항에 따라 기부금품의 모집 및 사용 결과가 공개되는 사실을 알려야 한다. 다만, 다음 각 호의 어느 하나에 해당하는 경우에는 영수증을 교부하지 아니할 수 있다. <개정 2010. 6. 8., 2024. 1. 30.>

1. 익명기부 등 기부자를 알 수 없는 경우
2. 기부자가 영수증 발급을 원하지 아니한 경우
③ 모집종사자는 기부금품의 모집을 중단하거나 끝낸 후 5일 이내에 모집자에게 접수명세와 접수금품을 인계하여야 한다.
[제목개정 2024. 1. 30.]

제8조(기부금품의 모집에 관한 정보의 공개) 등록청은 「공공기관의 정보공개에 관한 법률」 제7조에 따라 기부금품의 모집과 사용에 관한 정보를 공개하여야 한다. 이 경우 모집자가 제10조의2에 따른 기부통합관리시스템에 기부금품의 모집과 사용에 관한 정보를 입력한 경우에는 그 정보를 공개한 것으로 본다. <개정 2024. 1. 30.>

제9조(검사 등) ① 등록청은 기부금품의 모집 또는 접수행위가 이 법 또는 이 법에 따른 명령에 위반하는지를 확인하기 위하여 필요하다고 인정하면 모집자나 모집종사자에게 관계 서류, 장부, 그 밖의 사업보고서를 제출하게 하거나 소속 공무원에게 모집자의 사무소나 모금장소 등에 출입하여 장부 등을 검사하도록 할 수 있다. 다만, 모집자의 모집목표액이 대통령령으로 정하는 금액 이상인 경우에는 모집기간 중 1회 이상 검사하도록 하여야 한다. <개정 2010. 6. 8.>
② 제1항에 따라 검사를 행하는 공무원은 그 권한을 표시하는 증표를 지니고 이를 관계인에게 내보여야 한다.

제10조(등록의 말소 등) ① 등록청은 모집자나 모집종사자가 다음 각 호의 어느 하나에 해당하면 제4조제1항에 따른 등록을 말소할 수 있으며, 등록을 말소하면 모집된 금품을 기부자에게 반환할 것을 명령하여야 한다. <개정 2024. 1. 30.>

1. 모집자가 속임수나 그 밖의 부정한 방법으로 제4조제1항에 따른 등록을 한 경우
2. 제4조제2항을 위반하여 같은 사업을 위한 기부금품의 모집을 둘 이상의 등록청에 등록한 경우
3. 모집자가 제4조제1항에 따른 모집·사용계획서와 달리 기부금품을 모집한 경우
4. 모집자가 제4조제3항 각 호의 어느 하나의 결격사유에 해당하는 경우. 다만, 법인 또는 단체의 대표자 또는 임원 중 제4조제3항제6호에 해당하는 자가 있는 경우에는 해당 등록을 말소할 사유가 발생한 날부터 3개월 이내에 그 대표자나 임원을 개임(改任)한 경우에는 그러하지 아니하다.
5. 모집자나 모집종사자가 제6조제1항을 위반하여 기부금품을 낼 것을 강요한 경우
6. 모집자나 모집종사자가 제7조제1항을 위반하여 공개된 장소가 아닌 장소에서 기부금품을 접수한 경우
7. 모집자나 모집종사자가 제9조제1항에 따른 관계 서류 등의 제출명령을 따르지 아니하거나 관계 공무원의 출입·검사를 거부·기피 또는 방해한 경우
8. 모집자가 제12조제1항을 위반하여 기부금품을 모집목적 외의 용도로 사용하거나, 승인을 받지 아니하고 기부금품을 모집목적과 유사한 용도로 사용한 경우
9. 모집자나 모집종사자가 제14조제1항에 따른 장부·서류 등을 갖추어두지 아니한 경우
10. 모집자가 제14조제2항에 따른 공개의무를 이행하지 아니하거나 거짓으로 공개한 경우
② 제1항에 따라 반환명령을 받은 모집자가 모집금품을 기부한 자를 알 수 없는 경우에는 대통령령으로 정하는 바에 따라 등록청의 승인을 받아 모집목적과 유사한 용도에 처분하여야 한다. 이 경우 등록청은 모집금품을 처분하려는 용도가 당초의 모집 목적과 같은 사업에 해당되면 승인을 하여야 한다. <개정 2024. 1. 30.>

제10조의2(기부통합관리시스템의 구축 등) ① 행정안전부장관은 기부금품의 모집 및 사용 등에 관한 정보를 전자적으로 처리하고 등록 및 관리할 수 있는 기부통합관리시스템을 구축·운영하여야 한다.
② 행정안전부장관은 제1항에 따른 기부통합관리시스템을 구축·운영하기 위하여

필요한 자료를 관련 기관·단체 등에 요청할 수 있다. 이 경우 기관·단체 등은 특별한 사유가 없으면 그 요청에 적극 협력하여야 한다.

③ 기부통합관리시스템의 구축·운영 등에 관하여 필요한 사항은 대통령령으로 정한다.

[본조신설 2024. 1. 30.]

제11조(청문) 등록청은 제10조에 따라 모집자의 등록을 말소하려면 청문을 하여야 한다.

제12조(기부금품의 사용) ① 모집된 기부금품은 제13조에 따라 모집비용에 충당하는 경우 외에는 모집목적 외의 용도로 사용할 수 없다. 다만, 다음 각 호의 어느 하나에 해당하면 대통령령으로 정하는 바에 따라 등록청의 승인을 받아 등록한 모집목적과 유사한 용도로 사용할 수 있다.

1. 기부금품의 모집목적을 달성할 수 없는 경우

2. 모집된 기부금품을 그 목적에 사용하고 남은 금액이 있는 경우

② 등록청은 제1항 단서에 따라 모집금품을 사용하려는 용도가 당초의 모집목적과 같은 사업에 해당되면 승인을 하여야 한다. <개정 2024. 1. 30.>

③ 기부금품의 사용기간은 모집기간의 기산일부터 2년 이내로 하되, 필요한 경우에 2년 이내의 범위에서 연장할 수 있다. 다만, 기부금품의 유형과 성질, 사업의 목적 등을 고려하여 대통령령으로 정하는 바에 따라 사용기간을 추가로 연장할 수 있다. <신설 2024. 1. 30.>

④ 제3항에 따른 사용기간에는 천재지변이나 그 밖의 불가항력적인 사유로 인한 기간은 포함하지 아니한다. <신설 2024. 1. 30.>

제13조(모집비용 충당비율) 모집자는 모집된 기부금품의 규모에 따라 100분의 15 이내의 범위에서 대통령령으로 정하는 비율을 초과하지 아니하는 기부금품의 일부를 기부금품의 모집, 관리, 운영, 사용, 결과보고 등에 필요한 비용에 충당할 수 있다.

제14조(공개의무와 회계감사 등) ① 모집자와 모집종사자는 대통령령으로 정하는 바에 따라 기부금품의 모집상황과 사용명세를 나타내는 장부·서류 등을 작성하고 갖추어 두어야 한다.

② 모집자가 기부금품의 모집을 중단하거나 끝낸 때, 모집된 기부금품을 사용하거나 제12조제1항 단서에 따라 다른 목적에 사용한 때에는 대통령령으로 정하는 바에 따라 그 결과를 공개하여야 한다.

③ 모집자가 기부금품의 사용을 끝낸 때에는 대통령령으로 정하는 바에 따라 모집상황과 사용명세 등에 대한 보고서에 「공인회계사법」 제7조에 따라 등록한 공인회계사나 「주식회사의 외부감사에 관한 법률」 제2조제7호에 따른 감사인이 작성한 감사보고서를 첨부하여 등록청에 제출하거나 기부통합관리시스템에 입력하여야 한다. 다만, 모집된 기부금품이 대통령령으로 정하는 금액 이하이면 감사보고서의 첨부를 생략할 수 있다. <개정 2024. 1. 30.>

④ 특별시장·광역시장·특별자치시장·도지사 또는 특별자치도지사는 제3항에 따른 보고서를 제출받은 경우에는 이를 행정안전부장관에게 통보하여야 한다. 이 경우 모집자가 제3항에 따라 기부통합관리시스템에 입력한 때에는 그 사실을 통보한 것으로 본다. <개정 2008. 2. 29., 2013. 3. 23., 2014. 11. 19., 2017. 7. 26., 2024. 1. 30.>

제15조(권한의 위임) ① 행정안전부장관은 이 법에 따른 권한의 일부를 대통령령으로 정하는 바에 따라 특별시장·광역시장·특별자치시장·도지사 또는 특별자치도지사에게 위임할 수 있다. <개정 2008. 2. 29., 2013. 3. 23., 2014. 11. 19., 2017. 7. 26., 2024. 1. 30.>

② 제1항에 따라 권한을 위임받은 특별시장·광역시장·도지사 또는 특별자치도지사는 행정안전부장관의 승인을 받아 위임받은 권한의 일부를 해당 지방자치단체의 규칙으로 정하는 바에 따라 시장·군수 또는 구청장에게 재위임(再委任)할 수 있다. <개정 2008. 2. 29., 2013. 3. 23., 2014. 11. 19., 2017. 7. 26., 2024. 1. 30.>

제16조(벌칙) ① 다음 각 호의 어느 하나에 해당하는 자는 3년 이하의 징역이나 3천만원 이하의 벌금에 처한다. <개정 2010. 6. 8.>

1. 제4조제1항에 따른 등록을 하지 아니하였거나, 속임수나 그 밖의 부정한 방법으로 등록을 하고 기부금품을 모집한 자

2. 제6조제1항을 위반하여 기부금품을 낼 것을 강요한 자

3. 제10조제1항에 따른 반환명령에 따르지 아니한 자

4. 제10조제2항에 따른 승인을 받지 아니하고 기부금품을 등록한 모집목적과 유사한 용도로 처분하거나 승인을 받은 내용과 달리 기부금품을 처분한 자

5. 제12조제1항을 위반하여 기부금품을 모집목적 외의 용도로 사용하거나 등록청의 승인을 받지 아니하고 기부금품을 등록한 모집목적과 유사한 용도로 사용한 자

6. 제13조에 따른 비율을 초과하여 모집금품을 모집비용에 충당한 자

6의2. 제14조제2항에 따른 공개의무를 이행하지 아니하거나 거짓으로 공개한 자

7. 제14조제3항에 따른 감사보고서와 모집상황이나 사용명세 등에 대한 보고서를 제출하지 아니한 자

② 다음 각 호의 어느 하나에 해당하는 자는 1년 이하의 징역이나 1천만원 이하의 벌금에 처한다. <개정 2024. 1. 30.>

1. 제5조제1항을 위반하여 기부금품을 모집한 자

2. 제7조제2항 각 호 외의 부분 본문에 따른 장부에 기부금품의 접수사실을 거짓으로 적은 자

3. 제14조제1항에 따른 장부나 서류 등을 갖추어 두지 아니한 자

4. 삭제 <2010. 6. 8.>

제17조(양벌규정) 법인의 대표자나 법인 또는 개인의 대리인, 사용인, 그 밖의 종업원이 그 법인 또는 개인의 업무에 관하여 제16조의 위반행위를 하면 그 행위자를 벌하는 외에 그 법인 또는 개인에게도 해당 조문의 벌금형을 과(科)한다. 다만, 법인 또는 개인이 그 위반행위를 방지하기 위하여 해당 업무에 관하여 상당한 주의와 감독을 게을리하지 아니한 경우에는 그러하지 아니하다.

[전문개정 2008. 12. 26.]

제18조(과태료) ① 다음 각 호의 어느 하나에 해당하는 자에게는 500만원 이하의 과태료를 부과한다.

1. 제6조제2항을 위반하여 모집행위가 모집자를 위한 것임을 표시하지 아니한 모집종사자

2. 제7조제1항을 위반하여 공개된 장소가 아닌 장소에서 기부금품을 접수한 자

3. 제9조제1항에 따른 관계 서류 등의 제출명령에 따르지 아니하거나 관계공무원의 출입·검사를 거부·기피 또는 방해한 자

② 제1항에 따른 과태료는 대통령령으로 정하는 바에 따라 등록청이 부과·징수한다.

③ 삭제 <2009. 4. 1.>

④ 삭제 <2009. 4. 1.>

⑤ 삭제 <2009. 4. 1.>

부칙 <법률 제8419호, 2007. 5. 11.>

제1조 (시행일) 이 법은 공포한 날부터 시행한다. 다만, 제3조제7호 및 제4조제2항제2호의 개정규정은 2007년 9월 30일부터 시행한다.

제2조 (종전 법률의 개정에 따른 기부금품의 모집허가를 받은 자에 관한 경과조치) ① 법률 제7908호 기부금품모집규제법 일부개정법률 시행 당시 종전의 규정에 따라 기부금품의 모집허가를 받은 자는 같은 법 제4조제1항의 개정규정에 따라 등록한 것으로 본다.

② 제1항에 따라 기부금품의 모집을 등록한 것으로 보는 자에 관하여 법률 제7908호 기부금품모집규제법 일부개정법률에 따른 제4조제3항제5호 및 제11조제1항제4호의 개정규정을 적용할 때에는 같은 법 시행 후 발생하는 결격사유부터 적용한다.

제3조 (종전 법률의 개정에 따른 기부금품모집허가 신청에 관한 경과조치) 법률

제7908호 기부금품모집규제법 일부개정법률 시행 당시 종전의 규정에 따른 기부금품모집허가의 신청은 같은 법 제4조제1항의 개정규정에 따른 등록의 신청으로 본다. 이 경우 기부금품모집허가신청서는 같은 법 제4조제1항의 개정규정에 따른 모집·사용계획서로 본다.

제4조 (종전 법률의 개정에 따른 기부금품의 모집 적용규정에 관한 경과조치) 법률 제7979호 기부금품모집규제법 일부개정법률에 따라 신설된 법률 제7908호 기부금품모집규제법 일부개정법률 부칙 제1조 단서에 따라 제3조제7호 및 제4조제2항제2호의 개정규정이 시행되기 전까지 「재난 및 안전 관리기본법」 제3조제1호 가목에 따른 재해의 구호를 위한 기부금품의 모집에 관하여는 종전의 「기부금품모집규제법」(법률 제7908호 기부금품모집규제법 일부개정법률로 개정되기 전의 것)을 적용한다.

제5조 (처분 등에 관한 일반적 경과조치) 이 법 시행 당시 종전의 규정에 따른 행정기관의 행위나 행정기관에 대한 행위는 그에 해당하는 이 법에 따른 행정기관의 행위나 행정기관에 대한 행위로 본다.

제6조 (벌칙이나 과태료에 관한 경과조치) 이 법 시행 전의 행위에 대하여 벌칙이나 과태료 규정을 적용할 때에는 종전의 규정에 따른다.

제7조 (다른 법령과의 관계) 이 법 시행 당시 다른 법령에서 종전의 「기부금품의 모집 및 사용에 관한 법률」 또는 그 규정을 인용한 경우에 이 법 가운데 그에 해당하는 규정이 있으면 종전의 규정을 갈음하여 이 법 또는 이 법의 해당 규정을 인용한 것으로 본다.

부칙 <법률 제8852호, 2008. 2. 29.>(정부조직법)

제1조(시행일) 이 법은 공포한 날부터 시행한다. 다만, ···<생략>···, 부칙

제6조에 따라 개정되는 법률 중 이 법의 시행 전에 공포되었으나 시행일이 도래하지 아니한 법률을 개정한 부분은 각각 해당 법률의 시행일부터 시행한다.

제2조부터 제5조까지 생략

제6조(다른 법률의 개정) ① 부터 <195> 까지 생략
<196> 기부금품의 모집 및 사용에 관한 법률 일부를 다음과 같이 개정한다.
제4조제1항 각 호외의 부분 전단, 같은 조 제5항, 제14조제4항 및 제15조제1항·제2항 중 "행정자치부장관"을 각각 "행정안전부장관"으로 한다.
제5조제3항제2호 중 "행정자치부"를 "행정안전부"로 한다.
<197> 부터 <760> 까지 생략

제7조 생략

부칙<법률 제9194호, 2008. 12. 26.>
이 법은 공포한 날부터 시행한다.

부칙<법률 제9567호, 2009. 4. 1.>
이 법은 공포한 날부터 시행한다.

부칙<법률 제10346호, 2010. 6. 8.>
①(시행일) 이 법은 공포한 날부터 시행한다. 다만, 제9조제1항 단서의 개정규정은 공포 후 3개월이 경과한 날부터 시행한다.

②(검사에 관한 적용례) 제9조제1항 단서의 개정규정은 같은 개정규정 시행 후 최초로 등록한 모집자부터 적용한다.

부칙 <법률 제11690호, 2013. 3. 23.> (정부조직법)

제1조(시행일) ① 이 법은 공포한 날부터 시행한다.
② 생략

제2조 부터 제5조까지 생략

제6조(다른 법률의 개정) ①부터 <159>까지 생략
<160> 기부금품의 모집 및 사용에 관한 법률 일부를 다음과 같이 개정한다.
제4조제1항 각 호 외의 부분 전단, 같은 조 제5항, 제14조제4항 및 제15조제1항
ㆍ제2항 중 "행정안전부장관"을 각각 "안전행정부장관"으로 한다.
제5조제3항제2호 중 "행정안전부"를 "안전행정부"로 한다.
<161>부터 <710>까지 생략

제7조 생략

부칙 <법률 제12844호, 2014. 11. 19.> (정부조직법)

제1조(시행일) 이 법은 공포한 날부터 시행한다. 다만, 부칙 제6조에 따라 개정되
는 법률 중 이 법 시행 전에 공포되었으나 시행일이 도래하지 아니한 법률을 개
정한 부분은 각각 해당 법률의 시행일부터 시행한다.

제2조부터 제5조까지 생략

제6조(다른 법률의 개정) ①부터 <67>까지 생략
<68> 기부금품의 모집 및 사용에 관한 법률 일부를 다음과 같이 개정한다.
제4조제1항 각 호 외의 부분 전단, 같은 조 제5항, 제14조제4항 및 제15조제1항
ㆍ제2항 중 "안전행정부장관"을 각각 "행정자치부장관"으로 한다.
제5조제3항제2호 중 "안전행정부"를 "행정자치부"로 한다.
<69>부터 <258>까지 생략

제7조 생략

부칙 <법률 제13999호, 2016. 2. 3.> (식품등 기부 활성화에 관한 법률)

제1조(시행일) 이 법은 공포 후 1년이 경과한 날부터 시행한다.

제2조 생략

제3조(다른 법률의 개정) ① 기부금품의 모집 및 사용에 관한 법률 일부를 다음과 같이 개정한다
제3조제9호 중 「식품기부 활성화에 관한 법률」을 「식품등 기부 활성화에 관한 법률」로 한다.
② 생략

부칙 <법률 제14839호, 2017. 7. 26.> (정부조직법)

제1조(시행일) ① 이 법은 공포한 날부터 시행한다. 다만, 부칙 제5조에 따라 개정되는 법률 중 이 법 시행 전에 공포되었으나 시행일이 도래하지 아니한 법률을 개정한 부분은 각각 해당 법률의 시행일부터 시행한다.

제2조부터 제4조까지 생략

제5조(다른 법률의 개정) ①부터 <55>까지 생략
<56> 기부금품의 모집 및 사용에 관한 법률 일부를 다음과 같이 개정한다.
제4조제1항 각 호 외의 부분 전단, 같은 조 제5항, 제14조제4항 및 제15조제1항·제2항 중 "행정자치부장관"을 각각 "행정안전부장관"으로 한다.
제5조제3항제2호 중 "행정자치부"를 "행정안전부"로 한다.
<57>부터 <382>까지 생략

제6조 생략

부칙<법률 제18490호, 2021. 10. 19.>
이 법은 2023년 1월 1일부터 시행한다.

부칙 <법률 제19634호, 2023. 8. 16.> (행정기관 소속 위원회 정비를 위한 기부금품의 모집 및 사용에 관한 법률 등 6개 법률의 일부개정에 관한 법률)

제1조(시행일) 이 법은 공포 후 6개월이 경과한 날부터 시행한다.

제2조부터 제7조까지 생략

부칙 <법률 제20154호, 2024. 1. 30.>

제1조(시행일) 이 법은 공포 후 6개월이 경과한 날부터 시행한다.

제2조(다른 법령과의 관계) 이 법 시행 당시 다른 법령에서 종전의 「기부금품의 모집 및 사용에 관한 법률」 또는 그 규정을 인용한 경우 이 법 중 그에 해당하는 규정이 있는 때에는 종전의 「기부금품의 모집 및 사용에 관한 법률」 또는 그 규정을 갈음하여 이 법 또는 이 법의 해당 조항을 인용한 것으로 본다.

제3조(다른 법률의 개정) 공익신고자 보호법 일부를 다음과 같이 개정한다.
별표 제96호를 다음과 같이 한다.
96. 「기부금품의 모집·사용 및 기부문화 활성화에 관한 법률」
[본조신설 2024. 2. 27.]

부칙 <법률 제20369호, 2024. 2. 27.> (공익신고자 보호법)

제1조(시행일) 이 법은 공포한 날부터 시행한다. 다만, 부칙 · · · <생략> · · · 같은 조 제2항은 2024년 7월 31일부터 · · · <생략> · · · 시행한다.

제2조(다른 법률의 개정) ① 생략
② 법률 제20154호 기부금품의 모집 및 사용에 관한 법률 일부개정법률 일부를 다음과 같이 개정한다.
부칙 제3조를 다음과 같이 신설한다.
제3조(다른 법률의 개정) 공익신고자 보호법 일부를 다음과 같이 개정한다.
별표 제96호를 다음과 같이 한다.
96.「기부금품의 모집·사용 및 기부문화 활성화에 관한 법률」
③부터 ⑥까지 생략

기타 기부금 관련 법령

법인세법 제24조(기부금의 손금불산입)

제24조(기부금의 손금불산입)

① 이 조에서 "기부금"이란 내국법인이 사업과 직접적인 관계없이 무상으로 지출하는 금액(대통령령으로 정하는 거래를 통하여 실질적으로 증여한 것으로 인정되는 금액을 포함한다)을 말한다. <개정 2018. 12. 24.>

② 내국법인이 각 사업연도에 지출한 기부금 및 제5항에 따라 이월된 기부금 중 제1호에 따른 특례기부금은 제2호에 따라 산출한 손금산입한도액 내에서 해당 사업연도의 소득금액을 계산할 때 손금에 산입하되, 손금산입한도액을 초과하는 금액은 손금에 산입하지 아니한다. <개정 2020. 12. 22., 2021. 8. 17., 2021. 12. 21., 2022. 12. 31.>

1. 특례기부금: 다음 각 목의 어느 하나에 해당하는 기부금

가. 국가나 지방자치단체에 무상으로 기증하는 금품의 가액. 다만, 「기부금품의 모집 및 사용에 관한 법률」의 적용을 받는 기부금품은 같은 법 제5조제2항에 따라 접수하는 것만 해당한다.

나. 국방헌금과 국군장병 위문금품의 가액

다. 천재지변으로 생기는 이재민을 위한 구호금품의 가액

라. 다음의 기관(병원은 제외한다)에 시설비·교육비·장학금 또는 연구비로 지출하는 기부금

1) 「사립학교법」에 따른 사립학교

2) 비영리 교육재단(국립·공립·사립학교의 시설비, 교육비, 장학금 또는 연구비 지급을 목적으로 설립된 비영리 재단법인으로 한정한다)

3) 「국민 평생 직업능력 개발법」에 따른 기능대학

4) 「평생교육법」에 따른 전공대학의 명칭을 사용할 수 있는 평생교육시설 및 원격대학 형태의 평생교육시설

5) 「경제자유구역 및 제주국제자유도시의 외국교육기관 설립·운영에 관한 특별

법」에 따라 설립된 외국교육기관 및 「제주특별자치도 설치 및 국제자유도시 조성을 위한 특별법」에 따라 설립된 비영리법인이 운영하는 국제학교

6) 「산업교육진흥 및 산학연협력촉진에 관한 법률」에 따른 산학협력단

7) 「한국과학기술원법」에 따른 한국과학기술원, 「광주과학기술원법」에 따른 광주과학기술원, 「대구경북과학기술원법」에 따른 대구경북과학기술원, 「울산과학기술원법」에 따른 울산과학기술원 및 「한국에너지공과대학교법」에 따른 한국에너지공과대학교

8) 「국립대학법인 서울대학교 설립·운영에 관한 법률」에 따른 국립대학법인 서울대학교, 「국립대학법인 인천대학교 설립·운영에 관한 법률」에 따른 국립대학법인 인천대학교 및 이와 유사한 학교로서 대통령령으로 정하는 학교

9) 「재외국민의 교육지원 등에 관한 법률」에 따른 한국학교(대통령령으로 정하는 요건을 충족하는 학교만 해당한다)로서 대통령령으로 정하는 바에 따라 기획재정부장관이 지정·고시하는 학교

10) 「한국장학재단 설립 등에 관한 법률」에 따른 한국장학재단

마. 다음의 병원에 시설비·교육비 또는 연구비로 지출하는 기부금

1) 「국립대학병원 설치법」에 따른 국립대학병원

2) 「국립대학치과병원 설치법」에 따른 국립대학치과병원

3) 「서울대학교병원 설치법」에 따른 서울대학교병원

4) 「서울대학교치과병원 설치법」에 따른 서울대학교치과병원

5) 「사립학교법」에 따른 사립학교가 운영하는 병원

6) 「암관리법」에 따른 국립암센터

7) 「지방의료원의 설립 및 운영에 관한 법률」에 따른 지방의료원

8) 「국립중앙의료원의 설립 및 운영에 관한 법률」에 따른 국립중앙의료원

9) 「대한적십자사 조직법」에 따른 대한적십자사가 운영하는 병원

10) 「한국보훈복지의료공단법」에 따른 한국보훈복지의료공단이 운영하는 병원

11) 「방사선 및 방사성동위원소 이용진흥법」에 따른 한국원자력의학원

12) 「국민건강보험법」에 따른 국민건강보험공단이 운영하는 병원

13) 「산업재해보상보험법」 제43조제1항제1호에 따른 의료기관

바. 사회복지사업, 그 밖의 사회복지활동의 지원에 필요한 재원을 모집·배분하는 것을 주된 목적으로 하는 비영리법인(대통령령으로 정하는 요건을 충족하는 법인만 해당한다)으로서 대통령령으로 정하는 바에 따라 기획재정부장관이 지정·고시하는 법인에 지출하는 기부금

2. 손금산입한도액: 다음 계산식에 따라 산출한 금액

[기준소득금액(제44조, 제46조 및 제46조의5에 따른 양도손익은 제외하고 제1호에 따른 특례기부금과 제3항제1호에 따른 일반기부금을 손금에 산입하기 전의 해당 사업연도의 소득금액을 말한다. 이하 이 조에서 같다) − 제13조제1항제1호에 따른 결손금(제13조제1항 각 호 외의 부분 단서에 따라 각 사업연도 소득의 80퍼센트를 한도로 이월결손금 공제를 적용받는 법인은 기준소득금액의 80퍼센트를 한도로 한다)] × 50퍼센트

③ 내국법인이 각 사업연도에 지출한 기부금 및 제5항에 따라 이월된 기부금 중 제1호에 따른 일반기부금은 제2호에 따라 산출한 손금산입한도액 내에서 해당 사업연도의 소득금액을 계산할 때 손금에 산입하되, 손금산입한도액을 초과하는 금액은 손금에 산입하지 아니한다. <개정 2020. 12. 22., 2022. 12. 31.>

1. 일반기부금: 사회복지·문화·예술·교육·종교·자선·학술 등 공익성을 고려하여 대통령령으로 정하는 기부금(제2항제1호에 따른 기부금은 제외한다. 이하 이 조에서 같다)

2. 손금산입한도액: 다음 계산식에 따라 산출한 금액

[기준소득금액 − 제13조제1항제1호에 따른 결손금(제13조제1항 각 호 외의 부분 단서에 따라 각 사업연도 소득의 80퍼센트를 한도로 이월결손금 공제를 적용받는 법인은 기준소득금액의 80퍼센트를 한도로 한다) − 제2항에 따른 손금산입액(제5항에 따라 이월하여 손금에 산입한 금액을 포함한다)] x 10퍼센트(사업연도 종료일 현재 「사회적기업육성법」 제2조

제1호에 따른 사회적기업은 20퍼센트로 한다)

④ 제2항제1호 및 제3항제1호 외의 기부금은 해당 사업연도의 소득금액을 계산할 때 손금에 산입하지 아니한다. <개정 2020. 12. 22.>

⑤ 내국법인이 각 사업연도에 지출하는 기부금 중 제2항 및 제3항에 따라 기부금

의 손금산입한도액을 초과하여 손금에 산입하지 아니한 금액은 해당 사업연도의 다음 사업연도 개시일부터 10년 이내에 끝나는 각 사업연도로 이월하여 그 이월된 사업연도의 소득금액을 계산할 때 제2항제2호 및 제3항제2호에 따른 기부금 각각의 손금산입한도액의 범위에서 손금에 산입한다. <개정 2018. 12. 24., 2019. 12. 31., 2020. 12. 22.>

⑥ 제2항 및 제3항에 따라 손금에 산입하는 경우에는 제5항에 따라 이월된 금액을 해당 사업연도에 지출한 기부금보다 먼저 손금에 산입한다. 이 경우 이월된 금액은 먼저 발생한 이월금액부터 손금에 산입한다. <신설 2019. 12. 31., 2020. 12. 22.>

[전문개정 2010. 12. 30.]

부칙(법률 제19930호, 2023.12.31.)

제1조(시행일)

이 법은 2024년 1월1일부터 시행한다.

법인세법 시행령 제39조(공익성을 고려하여 정하는 기부금의 범위 등)

① 법 제24조제3항제1호에서 "대통령령으로 정하는 기부금"이란 다음 각 호의 어느 하나에 해당하는 것을 말한다. <개정 2000. 12. 29., 2001. 12. 31., 2005. 2. 19., 2006. 2. 9., 2007. 2. 28., 2008. 2. 22., 2008. 2. 29., 2009. 2. 4., 2010. 2. 18., 2010. 8. 25., 2010. 12. 30., 2011. 3. 31., 2012. 2. 2., 2012. 8. 3., 2013. 2. 15., 2014. 2. 21., 2016. 2. 12., 2017. 2. 3., 2017. 5. 29., 2018. 2. 13., 2019. 2. 12., 2020. 2. 11., 2021. 2. 17., 2022. 2. 17.>

1. 다음 각 목의 비영리법인(단체 및 비영리외국법인을 포함하며, 이하 이 조에서 "공익법인등"이라 한다)에 대하여 해당 공익법인등의 고유목적사업비로 지출하는 기부금. 다만, 바목에 따라 지정·고시된 법인에 지출하는 기부금은 지정일이 속하는 연도의 1월 1일부터 3년간(지정받은 기간이 끝난 후 2년 이내에 재지정되는 경우에는 재지정일이 속하는 사업연도의 1월 1일부터 6년간으로 한다. 이하 이 조에서 "지정기간"이라 한다) 지출하는 기부금으로 한정한다.

가. 「사회복지사업법」에 따른 사회복지법인

나. 「영유아보육법」에 따른 어린이집

다. 「유아교육법」에 따른 유치원, 「초·중등교육법」 및 「고등교육법」에 따른 학교, 「근로자직업능력 개발법」에 따른 기능대학, 「평생교육법」 제31조제4항에 따른 전공대학 형태의 평생교육시설 및 같은 법 제33조제3항에 따른 원격대학 형태의 평생교육시설

라. 「의료법」에 따른 의료법인

마. 종교의 보급, 그 밖에 교화를 목적으로 「민법」 제32조에 따라 문화체육관광부장관 또는 지방자치단체의 장의 허가를 받아 설립한 비영리법인(그 소속 단체를 포함한다)

바. 「민법」 제32조에 따라 주무관청의 허가를 받아 설립된 비영리법인(이하 이 조에서 "「민법」상 비영리법인"이라 한다), 비영리외국법인, 「협동조합 기본법」 제85조에 따라 설립된 사회적협동조합(이하 이 조에서 "사회적협동조합"이라 한다), 「공공기관의 운영에 관한 법률」 제4조에 따른 공공기관(같은 법 제5조제4항제1호

에 따른 공기업은 제외한다. 이하 이 조에서 "공공기관"이라 한다) 또는 법률에 따라 직접 설립 또는 등록 기관 중 다음의 요건을 모두 충족한 것으로서 국세청장(주사무소 및 본점소재지 관할 세무서장을 포함한다. 이하 이 조에서 같다)의 추천을 받아 기획재정부장관이 지정하여 고시한 법인. 이 경우 국세청장은 해당 법인의 신청을 받아 기획재정부장관에게 추천해야 한다.

1) 다음의 구분에 따른 요건

가) 「민법」상 비영리법인 또는 비영리외국법인의 경우: 정관의 내용상 수입을 회원의 이익이 아닌 공익을 위하여 사용하고 사업의 직접 수혜자가 불특정 다수일 것(비영리외국법인의 경우 추가적으로 「재외동포의 출입국과 법적 지위에 관한 법률」 제2조에 따른 재외동포의 협력·지원, 한국의 홍보 또는 국제교류·협력을 목적으로 하는 것일 것). 다만, 「상속세 및 증여세법 시행령」 제38조제8항제2호 각 목 외의 부분 단서에 해당하는 경우에는 해당 요건을 갖춘 것으로 본다.

나) 사회적협동조합의 경우: 정관의 내용상 「협동조합 기본법」 제93조제1항제1호부터 제3호까지의 사업 중 어느 하나의 사업을 수행하는 것일 것

다) 공공기관 또는 법률에 따라 직접 설립 또는 등록된 기관의 경우: 설립목적이 사회복지·자선·문화·예술·교육·학술·장학 등 공익목적 활동을 수행하는 것일 것

2) 해산하는 경우 잔여재산을 국가·지방자치단체 또는 유사한 목적을 가진 다른 비영리법인에 귀속하도록 한다는 내용이 정관에 포함되어 있을 것

3) 인터넷 홈페이지가 개설되어 있고, 인터넷 홈페이지를 통해 연간 기부금 모금액 및 활용실적을 공개한다는 내용이 정관에 포함되어 있으며, 법인의 공익위반사항을 국민권익위원회, 국세청 또는 주무관청 등 공익위반사항을 관리·감독할 수 있는 기관(이하 "공익위반사항 관리·감독 기관"이라 한다) 중 1개 이상의 곳에 제보가 가능하도록 공익위반사항 관리·감독기관이 개설한 인터넷 홈페이지와 해당 법인이 개설한 홈페이지가 연결되어 있을 것

4) 비영리법인으로 지정·고시된 날이 속하는 연도와 그 직전 연도에 해당 비영리법인의 명의 또는 그 대표자의 명의로 특정 정당 또는 특정인에 대한 「공직선거법」 제58조제1항에 따른 선거운동을 한 것으로 권한 있는 기관이 확인한 사실이 없을 것

5) 제12항에 따라 지정이 취소된 경우에는 그 취소된 날부터 3년, 제9항에 따라 추천을 받지 않은 경우에는 그 지정기간의

종료일부터 3년이 지났을 것. 다만, 제5항제1호에 따른 의무를 위반한 사유만으로 지정이 취소되거나 추천을 받지 못한 경우에는 그렇지 않다.

2. 다음 각 목의 기부금

가. 「유아교육법」에 따른 유치원의 장·「초·중등교육법」 및 「고등교육법」에 의한 학교의 장, 「근로자직업능력 개발법」에 의한 기능대학의 장, 「평생교육법」 제31조제4항에 따른 전공대학 형태의 평생교육시설 및 같은 법 제33조제3항에 따른 원격대학 형태의 평생교육시설의 장이 추천하는 개인에게 교육비·연구비 또는 장학금으로 지출하는 기부금

나. 「상속세 및 증여세법 시행령」 제14조제1항 각 호의 요건을 갖춘 공익신탁으로 신탁하는 기부금

다. 사회복지·문화·예술·교육·종교·자선·학술 등 공익목적으로 지출하는 기부금으로서 기획재정부장관이 지정하여 고시하는 기부금

3. 삭제 <2018. 2. 13.>

4. 다음 각 목의 어느 하나에 해당하는 사회복지시설 또는 기관 중 무료 또는 실비로 이용할 수 있는 시설 또는 기관에 기부하

는 금품의 가액. 다만, 나목1)에 따른 노인주거복지시설 중 양로시설을 설치한 자가 해당 시설의 설치·운영에 필요한 비용을 부담하는 경우 그 부담금 중 해당 시설의 운영으로 발생한 손실금(기업회계기준에 따라 계산한 해당 과세기간의 결손금을 말한다)이 있는 경우에는 그 금액을 포함한다.

가. 「아동복지법」 제52조제1항에 따른 아동복지시설

나. 「노인복지법」 제31조에 따른 노인복지시설 중 다음의 시설을 제외한 시설

1) 「노인복지법」 제32조제1항에 따른 노인주거복지시설 중 입소자 본인이 입소비용의 전부를 부담하는 양로시설·노인공동생활가정 및 노인복지주택

2) 「노인복지법」 제34조제1항에 따른 노인의료복지시설 중 입소자 본인이 입소비용의 전부를 부담하는 노인요양시설·노인요양공동생활가정 및 노인전문병원

3) 「노인복지법」 제38조에 따른 재가노인복지시설 중 이용자 본인이 재가복지서

비스에 대한 이용대가를 전부 부담하는 시설

다. 「장애인복지법」 제58조제1항에 따른 장애인복지시설. 다만, 다음 각 목의 시설은 제외한다.

1) 비영리법인(「사회복지사업법」 제16조제1항에 따라 설립된 사회복지법인을 포함한다) 외의 자가 운영하는 장애인 공동생활가정

2) 「장애인복지법 시행령」 제36조에 따른 장애인생산품 판매시설

3) 장애인 유료복지시설

라. 「한부모가족지원법」 제19조제1항에 따른 한부모가족복지시설

마. 「정신건강증진 및 정신질환자 복지서비스 지원에 관한 법률」 제3조제6호 및 제7호에 따른 정신요양시설 및 정신재활시설

바. 「성매매방지 및 피해자보호 등에 관한 법률」 제6조제2항 및 제10조제2항에 따른 지원시설 및 성매매피해상담소

사. 「가정폭력방지 및 피해자보호 등에 관한 법률」 제5조제2항 및 제7조제2항에 따른 가정폭력 관련 상담소 및 보호시설

아. 「성폭력방지 및 피해자보호 등에 관한 법률」 제10조제2항 및 제12조제2항에 따른 성폭력피해상담소 및 성폭력피해자보호시설

자. 「사회복지사업법」 제34조에 따른 사회복지시설 중 사회복지관과 부랑인·노숙인 시설

차. 「노인장기요양보험법」 제32조에 따른 재가장기요양기관

카. 「다문화가족지원법」 제12조에 따른 다문화가족지원센터

타. 「건강가정기본법」 제35조제1항에 따른 건강가정지원센터

5. 삭제 <2018. 2. 13.>

6. 다음 각 목의 요건을 모두 갖춘 국제기구로서 기획재정부장관이 지정하여 고시하는 국제기구에 지출하는 기부금

가. 사회복지, 문화, 예술, 교육, 종교, 자선, 학술 등 공익을 위한 사업을 수행할 것

나. 우리나라가 회원국으로 가입하였을 것

② 법인으로 보는 단체 중 제56조제1항 각 호에 따른 단체를 제외한 단체의 수익사업에서 발생한 소득을 고유목적사업비로 지출하는 금액은 법 제24조제3항제1

호에 따른 기부금으로 본다. <개정 2001. 12. 31., 2003. 12. 30., 2005. 2. 19., 20 19. 2. 12., 2021. 2. 17.>

③ 제1항제1호 본문 및 제2항에서 "고유목적사업비"란 해당 비영리법인 또는 단체에 관한 법령 또는 정관에 규정된 설립목적을 수행하는 사업으로서 제3조제1항에 해당하는 수익사업(보건업 및 사회복지 서비스업 중 보건업은 제외한다)외의 사업에 사용하기 위한 금액을 말한다. <개정 2001. 12. 31., 2018. 2. 13., 2019. 2. 12.>

④ 법 제24조의 규정에 의하여 기부금을 지출한 법인이 손금산입을 하고자 하는 경우에는 기획재정부령이 정하는 기부금영수증을 받아서 보관하여야 한다. <신설 2003. 12. 30., 2008. 2. 29.>

⑤ 제1항제1호 각 목(마목은 제외한다)의 공익법인 등은 다음 각 호의 의무를 이행해야 한다. 이 경우 같은 호 바목의 공익법인등은 지정기간(제4호의 경우에는 지정일이 속하는 연도의 직전 연도를 포함한다) 동안 해당 의무를 이행해야 한다. <신설 2014. 2. 21., 2016. 2. 12., 2018. 2. 13., 2018. 10. 30., 2020. 2. 11., 202 1. 2. 17., 2022. 2. 15., 2023. 2. 28.>

1. 제1항제1호바목1)부터 3)까지의 요건을 모두 충족할 것(제1항제1호바목에 따른 법인만 해당한다)

2. 다음 각 목의 구분에 따른 의무를 이행할 것

가. 「민법」상 비영리법인 또는 비영리외국법인의 경우: 수입을 회원의 이익이 아닌 공익을 위하여 사용하고 사업의 직접 수혜자가 불특정 다수일 것(비영리외국법인의 경우 추가적으로 「재외동포의 출입국과 법적 지위에 관한 법률」 제2조에 따른 재외동포의 협력·지원, 한국의 홍보 또는 국제교류·협력을 목적으로 하는 사업을 수행할 것). 다만, 「상속세 및 증여세법 시행령」 제38조제8항제2호 각 목 외의 부분 단서에 해당하는 경우에는 해당 의무를 이행한 것으로 본다.

나. 사회적협동조합의 경우: 「협동조합 기본법」 제93조제1항제1호부터 제3호까지의 사업 중 어느 하나의 사업을 수행할 것

다. 공공기관 또는 법률에 따라 직접 설립 또는 등록된 기관의 경우: 사회복지·자선·문화·예술·교육·학술·장학 등 공익목적 활동을 수행할 것

3. 기부금 모금액 및 활용실적을 매년 사업연도 종료일부터 4개월 이내에 다음 각 목에 따라 공개할 것. 다만, 「상속세 및 증여세법」 제50조의3제1항제2호에 따른 사항을 같은 법 시행령 제43조의3제4항에 따른 표준서식에 따라 공시하는 경우에는 다음 각 목의 공개를 모두 한 것으로 본다.

가. 해당 공익법인등의 인터넷 홈페이지에 공개할 것

나. 국세청의 인터넷 홈페이지에 공개할 것. 이 경우 기획재정부령으로 정하는 기부금 모금액 및 활용실적 명세서에 따라 공개해야 한다.

4. 해당 공익법인등의 명의 또는 그 대표자의 명의로 특정 정당 또는 특정인에 대한 「공직선거법」 제58조제1항에 따른 선거운동을 한 것으로 권한 있는 기관이 확인한 사실이 없을 것

5. 각 사업연도의 수익사업의 지출을 제외한 지출액의 100분의 80 이상을 직접 고유목적사업에 지출할 것

5의2. 사업연도 종료일을 기준으로 최근 2년 동안 고유목적사업의 지출내역이 있을 것

6. 「상속세 및 증여세법」 제50조의2제1항에 따른 전용계좌를 개설하여 사용할 것

7. 「상속세 및 증여세법」 제50조의3제1항제1호부터 제4호까지의 서류 등을 사업연도 종료일부터 4개월 이내에 해당 공익법인등과 국세청의 인터넷 홈페이지를 통하여 공시할 것. 다만, 「상속세 및 증여세법 시행령」 제43조의3제2항에 따른 공익법인 등은 제외한다.

8. 「상속세 및 증여세법」 제50조의4에 따른 공익법인등에 적용되는 회계기준에 따라 「주식회사 등의 외부감사에 관한 법률」 제2조제7호에 따른 감사인에게 회계감사를 받을 것. 다만, 「상속세 및 증여세법 시행령」 제43조제3항 및 제4항에 따른 공익법인등은 제외한다.

⑥ 제1항제1호 각 목에 따른 공익법인등(다음 각 호에 해당하는 공익법인등은 제외한다)은 각 사업연도의 제5항에 따른 의무의 이행 여부(이하 이 조에서 "의무이행 여부"라 한다)를 기획재정부령으로 정하는 바에 따라 국세청장에게 보고해야 한다. 이 경우 해당 공익법인등이 의무이행 여부를 보고하지 않으면 국세청장은 기획재정부령으로 정하는 바에 따라 보고하도록 요구해야 한다. <신설 2010. 2.

18., 2011. 3. 31., 2014. 2. 21., 2018. 2. 13., 2020. 2. 11., 2021. 2. 17., 2023. 2. 28.>

1. 제1항제1호나목 및 다목(유치원만 해당한다)에 따른 공익법인등(해당 사업연도에 기부금 모금액이 없는 경우로 한정한다)

2. 제1항제1호마목에 따른 공익법인등

⑦ 국세청장은 제6항에 따라 보고받은 내용을 점검해야 하며, 그 점검결과 제5항제3호에 따른 기부금 모금액 및 활용실적을

공개하지 않거나 그 공개 내용에 오류가 있는 경우에는 기부금 지출 내역에 대한 세부내용을 제출할 것을 해당 공익법인등에 요구할 수 있다. 이 경우 공익법인등은 해당 요구를 받은 날부터 1개월 이내에 기부금 지출 내역에 대한 세부내용을 제출해야 한다. <개정 2020. 2. 11., 2021. 2. 17.>

⑧ 국세청장은 제1항제1호바목에 따른 법인이 다음 각 호의 어느 하나에 해당하는 경우에는 그 지정의 취소를 기획재정부장관에게 요청해야 한다. <신설 2007. 2. 28., 2008. 2. 22., 2008. 2. 29., 2010. 2. 18., 2011. 3. 31., 2012. 2. 2., 2014. 2. 21., 2017. 2. 3., 2018. 2. 13., 2019. 2. 12., 2021. 2. 17.>

1. 법인이 「상속세 및 증여세법」 제48조 제2항, 제3항, 제8항부터 제11항까지, 제78조제5항제3호, 같은 조 제10항 및 제11항에 따라 기획재정부령으로 정하는 금액 이상의 상속세(그 가산세를 포함한다) 또는 증여세(그 가산세를 포함한다)를 추징당한 경우

2. 공익법인등이 목적 외 사업을 하거나 설립허가의 조건에 위반하는 등 공익목적을 위반한 사실, 제5항 제1호부터 제5호까지 및 제5호의2의 의무를 위반한 사실 또는 제6항 후단에 따른 요구에도 불구하고 의무이행 여부를 보고하지 않은 사실이 있는 경우

3. 「국세기본법」 제85조의5에 따라 불성실기부금수령단체로 명단이 공개된 경우

4. 공익법인등의 대표자, 임원, 대리인, 직원 또는 그 밖의 종업원이 「기부금품의 모집 및 사용에 관한 법률」을 위반하여 같은 법 제16조에 따라 공익법인등 또는 개인에게 징역 또는 벌금형이 확정된 경우

5. 공익법인등이 해산한 경우

⑨ 국세청장은 제1항제1호바목에 따른 공익법인 등의 지정기간이 끝난 후에 그

공익법인등의 지정기간 중 제8항 각 호의 어느 하나에 해당하는 사실이 있었음을 알게 된 경우에는 지정기간 종료 후 3년간 공익법인등에 대한 추천을 하지 않아야 하며, 이미 재지정된 경우에는 그 지정을 취소할 것을 기획재정부장관에게 요청해야 한다. <신설 2010. 2. 18., 2014. 2. 21., 2017. 2. 3., 2018. 2. 13., 2020. 2. 11., 2021. 2. 17.>

⑩ 국세청장은 제8항 및 제9항에 따라 기획재정부장관에게 취소를 요청하기 전에 해당 공익법인등에 지정취소 대상에 해당한다는 사실, 그 사유 및 법적근거 등을 통지해야 한다. <신설 2016. 2. 12., 2018. 2. 13., 2020. 2. 11., 2021. 2. 17.>

⑪ 제10항에 따른 통지를 받은 공익법인등은 그 통지 내용에 이의가 있는 경우 통지를 받은 날부터 1개월 이내에 국세청장에게 의견을 제출할 수 있다. <신설 2020. 2. 11., 2021. 2. 17.>

⑫ 제8항 및 제9항에 따른 요청을 받은 기획재정부장관은 해당 공익법인등의 지정을 취소할 수 있다. <개정 2020. 2. 11., 2021. 2. 17.>

⑬ 국세청장은 제1항제1호바목에 따른 공익법인등이 지정되거나 지정이 취소된 경우에는 주무관청에 그 사실을 통지해야 하며, 주무관청은 같은 목에 따른 공익법인등이 목적 외 사업을 하거나 설립허가의 조건을 위반하는 등 제8항 각 호의 어느 하나에 해당하는 사실이 있는 경우에는 그 사실을 국세청장에게 통지해야 한다. <개정 2020. 2. 11., 2021. 2. 17.>

⑭ 기획재정부장관은 제16항에도 불구하고 종전의 「법인세법 시행령」(대통령령 제28640호로 개정되기 전의 것을 말한다) 제36조제1항제1호다목·라목 또는 아목에 따른 지정기부금단체등이 2021년 1월 1일부터 10월 12일까지 제1항제1호바목 후단에 따른 신청을 하지 않은 경우에도 기획재정부장관이 정하여 고시하는 바에 따라 해당 지정기부금단체등의 추천 신청을 받아 2023년 12월 31일까지 제1항제1호바목에 따른 지정·고시를 할 수 있다. <신설 2022. 2. 15., 2023. 9. 26.>

⑮ 제1항제1호 각 목 외의 부분 단서에도 불구하고 제14항에 따라 지정·고시된 지정기부금단체등에 2021년 1월 1일부터 3년간(지정받은 기간이 끝난 후 2년 이내에 재지정되는 경우에는 재지정일이 속하는 사업연도의 1월 1일부터 5년간) 지출했거나 지출하는 기부금은 법 제24조제3항제1호에 따른 기부금으로 본다. <신

설 2022. 2. 15.>

⑯ 제1항제1호바목에 따른 공익법인등의 신청 및 추천방법, 지정절차, 지정요건의 확인방법 및 제출서류와 지정 취소 절차 등에 필요한 사항은 기획재정부령으로 정한다. <신설 2007. 2. 28., 2008. 2. 29., 2010. 2. 18., 2010. 12. 30., 2013. 2. 15., 2014. 2. 21., 2016. 2. 12., 2018. 2. 13., 2020. 2. 11., 2021. 2. 17., 2022. 2. 15.>

부칙(대통령령 제33764호, 2023,.9.26)
제1조(시행일) 이 영은 2023년 9월29일부터 시행한다.

소득세법 시행령 제80조(공익성을 고려하여 정하는 기부금의 범위)

① 법 제34조제3항제1호에서 "대통령령으로 정하는 기부금"이란 다음 각 호의 어느 하나에 해당하는 것을 말한다. <개정 2000. 12. 29., 2001. 12. 31., 2005. 2. 19., 2008. 2. 22., 2008. 2. 29., 2010. 2. 18., 2010. 12. 30., 2012. 2. 2., 2013. 3. 23., 2014. 2. 21., 2014. 11. 19., 2017. 7. 26., 2019. 2. 12., 2020. 2. 11., 2021. 2. 17., 2022. 2. 15., 2023. 9. 26.>

1. 「법인세법 시행령」 제39조제1항 각 호의 것

2. 다음 각 목의 어느 하나에 해당하는 회비

가. 「노동조합 및 노동관계조정법」, 「교원의 노동조합 설립 및 운영 등에 관한 법률」 또는 「공무원의 노동조합 설립 및 운영 등에 관한 법률」에 따라 설립된 단위노동조합 또는 해당 단위노동조합의 규약에서 정하고 있는 산하조직(이하 이 조에서 "단위노동조합등"이라 한다)으로서 다음의 요건을 모두 갖춘 단위노동조합등에 가입한 사람(이하 이 조에서 "조합원"이라 한다)이 해당 단위노동조합등에 납부한 조합비

1) 해당 과세기간에 단위노동조합등의 회계연도 결산결과가 「노동조합 및 노동관계조정법 시행령」 제11조의9제2항부터 제5항까지의 규정 또는 대통령령 제33758호 노동조합 및 노동관계조정법 시행령 일부개정령 부칙 제2조에 따라 공표되었을 것. 이 경우 단위노동조합등의 직전 과세기간 종료일 현재 조합원 수가 1천명 미만인 경우에는 전단의 요건을 갖춘 것으로 본다.

2) 1)에 따른 단위노동조합등으로부터 해당 단위노동조합등의 조합비를 재원으로 하여 노동조합의 규약에 따라 일정 금액을

교부받은 연합단체인 노동조합이나 다른 단위노동조합등이 있는 경우에는 해당 과세기간에 그 연합단체인 노동조합과 다른 단위노동조합등의 회계연도 결산결과도 「노동조합 및 노동관계조정법 시행령」 제11조의9제2항부터 제5항까지의 규정 또는 대통령령 제33758호 노동조합 및 노동관계조정법 시행령 일부개정령 부칙 제2조에 따라 공표되었을 것. 이 경우 그 교부받은 다른 단위노동조합등의 직전 과세기간 종료일 현재 조합원 수가 1천명 미만인 경우에는 전단의 요건을 갖춘

것으로 본다.

나. 「교육기본법」 제15조에 따른 교원단체에 가입한 사람이 납부한 회비

다. 「공무원직장협의회의 설립·운영에 관한 법률」에 따라 설립된 공무원 직장협의회에 가입한 사람이 납부한 회비

라. 삭제 <2023. 9. 26.>

3. 위탁자의 신탁재산이 위탁자의 사망 또는 약정한 신탁계약 기간의 종료로 인하여 「상속세 및 증여세법」 제16조제1항에 따른 공익법인 등에 기부될 것을 조건으로 거주자가 설정한 신탁으로서 다음 각 목의 요건을 모두 갖춘 신탁에 신탁한 금액

가. 위탁자가 사망하거나 약정한 신탁계약기간이 위탁자의 사망 전에 종료하는 경우 신탁재산이 「상속세 및 증여세법」 제16조제1항에 따른 공익법인 등에 기부될 것을 조건으로 거주자가 설정할 것

나. 신탁설정 후에는 계약을 해지하거나 원금 일부를 반환할 수 없음을 약관에 명시할 것

다. 위탁자와 가목의 공익법인 등 사이에 「국세기본법 시행령」 제20조제13호에 해당하는 특수관계가 없을 것

라. 금전으로 신탁할 것

4. 삭제 <2010. 2. 18.>

5. 「비영리민간단체 지원법」에 따라 등록된 단체 중 다음 각 목의 요건을 모두 충족한 것으로서 행정안전부장관의 추천을 받아 기획재정부장관이 지정한 단체(이하 이 조에서 "공익단체"라 한다)에 지출하는 기부금. 다만, 공익단체에 지출하는 기부금은 지정일이 속하는 과세기간의 1월 1일부터 3년간(지정받은 기간이 끝난 후 2년 이내에 재지정되는 경우에는 재지정일이 속하는 과세기간의 1월 1일부터 6년간) 지출하는 기부금만 해당한다

가. 해산시 잔여재산을 국가·지방자치단체 또는 유사한 목적을 가진 비영리단체에 귀속하도록 한다는 내용이 정관에 포함되어 있을 것

나. 수입 중 개인의 회비·후원금이 차지하는 비율이 기획재정부령으로 정하는 비율을 초과할 것. 이 경우 다음의 수입은 그 비율을 계산할 때 수입에서 제외한다.

1) 국가 또는 지방자치단체로부터 받는 보조금

2) 「상속세 및 증여세법」 제16조제1항에 따른 공익법인등으로부터 지원받는 금액

다. 정관의 내용상 수입을 친목 등 회원의 이익이 아닌 공익을 위하여 사용하고 사업의 직접 수혜자가 불특정 다수일 것. 다만, 「상속세 및 증여세법 시행령」 제38조제8항제2호 단서에 해당하는 경우에는 해당 요건을 갖춘 것으로 본다.

라. 지정을 받으려는 과세기간의 직전 과세기간 종료일부터 소급하여 1년 이상 비영리민간단체 명의의 통장으로 회비 및 후원금 등의 수입을 관리할 것

마. 삭제 <2021. 2. 17.>

바. 기부금 모금액 및 활용실적 공개 등과 관련하여 다음의 요건을 모두 갖추고 있을 것. 다만, 「상속세 및 증여세법」 제50조의3제1항제2호에 따른 사항을 같은 법 시행령 제43조의3제4항에 따른 표준서식에 따라 공시하는 경우에는 기부금 모금액 및 활용실적을 공개한 것으로 본다.

1) 행정안전부장관의 추천일 현재 인터넷 홈페이지가 개설되어 있을 것

2) 1)에 따라 개설된 인터넷 홈페이지와 국세청의 인터넷 홈페이지를 통하여 연간 기부금 모금액 및 활용실적을 매년 4월 30일까지 공개한다는 내용이 정관에 포함되어 있을 것

3) 재지정의 경우에는 매년 4월 30일까지 1)에 따라 개설된 인터넷 홈페이지와 국세청의 인터넷 홈페이지에 연간 기부금 모금액 및 활용실적을 공개했을 것

사. 지정을 받으려는 과세기간 또는 그 직전 과세기간에 공익단체 또는 그 대표자의 명의로 특정 정당 또는 특정인에 대한 「공직선거법」 제58조제1항에 따른 선거운동을 한 사실이 없을 것

6. 삭제 <2010. 2. 18.>

② 국세청장은 공익단체가 다음 각 호의 어느 하나에 해당하는 경우에는 해당 공익단체에 미리 의견을 제출할 기회를 준 후 기획재정부장관에게 그 지정의 취소를 요청할 수 있다. 이 경우 그 요청을 받은 기획재정부장관은 해당 공익단체의 지정을 취소할 수 있다. <신설 2007. 2. 28., 2008. 2. 22., 2008. 2. 29., 2008. 12. 31., 2010. 2. 18., 2013. 3. 23., 2014. 2. 21., 2014. 11. 19., 2017. 7. 26., 2018. 2. 13., 2021. 2. 17., 2022. 2. 15.>

1. 공익단체가 「상속세 및 증여세법」 제48조제2항, 제3항, 제8항부터 제11항까지, 제78조제5항제3호, 같은 조 제10항 및 제11항에 따라 1천만원 이상의 상속세(그 가산세를 포함한다) 또는 증여세(그 가산세를 포함한다)를 추징당한 경우

2. 공익단체가 목적 외 사업을 하거나 설립허가의 조건에 위반하는 등 공익목적에 위반한 사실을 주무관청의 장(행정안전부장관을 포함한다)이 국세청장에게 통보한 경우

3. 「국세기본법」 제85조의5에 따른 불성실기부금수령단체에 해당되어 명단이 공개되는 경우

4. 제1항제5호 각 목의 요건을 위반하거나 실제 경영하는 사업이 해당 요건과 다른 경우

5. 공익단체가 해산한 경우

6. 공익단체의 대표자, 임원, 대리인 또는 그 밖의 종업원이 「기부금품의 모집 및 사용에 관한 법률」을 위반하여 같은 법 제16조에 따라 공익단체 또는 개인에게 징역 또는 벌금형이 확정된 경우

7. 공익단체가 제3항 후단 및 제5항 후단에 따른 요구에도 불구하고 해당 과세기간의 결산보고서 또는 수입명세서를 제출하지 않은 경우

③ 공익단체는 해당 과세기간의 결산보고서를 해당 과세기간의 종료일부터 3개월 이내에 행정안전부장관에게 제출해야 한다. 이 경우 공익단체가 그 기한까지 제출하지 않으면 행정안전부장관은 그 공익단체에 기획재정부령으로 정하는 바에 따라 결산보고서를 제출하도록 요구해야 한다. <개정 2008. 2. 22., 2008. 12. 31., 2013. 3. 23., 2014. 11. 19., 2017. 7. 26., 2021. 2. 17., 2022. 2. 15.>

④ 행정안전부장관은 제3항에 따라 결산보고서를 제출받은 때에는 다음 각 호의 사항을 공개할 수 있다. <신설 2008. 2. 22., 2008. 12. 31., 2013. 3. 23., 2014. 11. 19., 2017. 7. 26.>

참고문헌

〈단행본〉

국회예산정책처, 『2023년도 예산안 총괄 분석 Ⅲ』, 국회예산정책처, 2022.

기 소르망 저, 안선희 옮김, 『세상을 바꾸는 착한 돈 – 그들은 왜 기부하는가』, 문학세계사, 2014.

김경욱, 『문화정책과 재원조성』, 논형, 2011.

김명숙, 『사립미술관 공공성 확보』, 미술세계, 2005.

김민주 외, 『컬덕 시대의 문화마케팅』, 미래의 창, 2005.

김용성 · 조숙진 · 이석원 · 심우찬, 『사회복지 프로그램 패널자료 구축에 관한 타당성 연구』, 한국개발연구원, 2007.

김진각, 『문화예술지원론 – 체계와 쟁점』, 박영사, 2021.

김진각, 『문화예술산업 총론 – 창조예술과 편집예술의 이해』, 박영사, 2022.

나주리 · 신정환 외, 『메세나와 상상력』, 서울대학교 출판문화원, 2017.

문화체육관광부, 『순수예술 육성을 위한 토론회』 자료집, 문화체육관광부, 2008.

문화체육관광부 · 예술경영지원센터, 『해외공연의 국세조세 해설집』, 2012.

문화체육관광부 · 예술경영지원센터, 『2023 공연예술조사』, 2023.

문화체육관광부, 『전국문화기반시설총람』, 문화체육관광부, 2022

박소현, 『2012 문화예술의 새로운 흐름 트렌드 분석 및 전망』, 한국문화관광연구원, 2012.

손원익 · 박태규, 『민간비영리조직을 통한 재정지출의 효율성 제고방안 – 문화예술 분야를 중심으로』, 한국조세연구원, 2012.

양현미 외, 『문화의 사회적 가치 – 행복연구의 정책적 함의를 중심으로』, 한국문화관광연구원, 2008.

양혜원 외, 『예술의 가치와 영향 연구: 국내외 담론과 주요 연구결과 분석』, 한국문화관광연구원, 2019.

용호성, 『예술경영』, 김영사, 2014.

엠브레인퍼블릭, 『2020년 기부금사업 고객 인식도 조사』, 한국문화예술위원회, 2020.

예술경영지원센터, 『2018 전문예술법인 · 단체 백서』, 예술경영지원센터, 2018.

이병철, 『호암자전』, 나남, 1986.

이종한·박순찬·최종일·임현철, 『문화비 소득공제 제도 확대방안 연구』, 한국문화정보원, 2020.

이지영, 『BTS 예술혁명-방탄소년단과 들뢰즈가 만나다』, 파레시아, 2018.

이흥재, 『공연예술 창작산실육성지원사업 진단 연구』, 한국문화예술위원회, 2015.

정광렬, 『예술분야 사후지원 방식 평가·관리방안 연구』, 한국문화관광연구원, 2008.

정보통신정책연구원, 『소셜플랫폼의 사회적 영향력 분석 및 발전방향 연구』, 정보통신정책연구원, 2011.

정헌일·박영정·안종범·최현주, 『문화예술 부문 세제 개선 방안 연구』, 문화관광부. 2007.

조대호, 『형이상학』, 길, 2017.

주식회사 플랜엠, 『문화예술 기부 브랜드 전략 수립연구』, 한국문화예술위원회, 2011.

제임스 헤일브런·찰스 M. 그레이 저, 이흥재 옮김, 『문화예술경제학』, 살림출판사, 2000.

한국문화예술위원회, 『2023 예술나무 연말자료집』, 한국문화예술위원회, 2023.

한국메세나협회, 『문화예술 기부금세액공제제도 도입방안 2차 연구』, 한국메세나협회, 2011.

한국예술인복지재단, 『한국예술인복지재단 10년: 2012-2022』, 한국예술인복지재단, 2022.

한미회계법인, 『문화접대비 사용현황 조사』, 한국메세나협회, 2021.

한미회계법인, 『한국문화예술위원회 문화예술가치확산 사업진단 및 개선방안 연구』 보고서, 한국문화예술위원회, 2023.

한정원, 『문화예술 스폰서십 마케팅의 뉴트렌드』, 커뮤니케이션북스, 2005.

허은영, 『예술에 대한 민간 기부 확대를 위한 기초연구』, 한국문화관광연구원, 2004.

헨드릭 빌럼 판론 저, 이철범 옮김, 『예술의 역사』, 동서문화사, 2017.

〈논문〉

강동훈, '공공극장의 전속단체 운영방안 연구 – 세종문화회관 서울시극단을 중심
으로', 고려대학교 대학원 박사학위논문, 2022.

강철희 · 김유나, '온라인 기부에 관한 연구 – 기부행동과 기부노력에 대한 분석',
한국비영리연구 제2권 제1호, 한국비영리학회, 2003.

고상현, '기업재단에 관한 법정책적 고찰', 법학논총 제47집, 숭실대학교 법학연구
소, 2020.

권해수 · 한인섭 · 박석희, '정부기금의 수익사업 타당성 분석과 재원 대책 : 문화예
술진흥기금을 중심으로', 한국행정학회 하계학술발표논문집, 2010.

권혁인 · 주희엽 · 나윤빈, '국내 펀드레이징 확산을 위한 주요 고려요인과 전략과
제', 대한경영학회지 제25권 제8호, 대한경영학회, 2012.

김노창 · 배형남, '문화예술분야 조세지원제도의 문제점과 개선방안', 조세연구 14
권2집, 한국조세연구포럼, 2014.

김수환, 'ESG와 문화예술의 관계 및 이슈 분석: 뉴스 데이터를 활용한 LDA 토픽
모델링 분석을 중심으로', 문화예술경영학연구 15권2호, 한국예술경영학회,
2022.

김정은. '한국과 일본 기업 문화재단의 메세나 활동 비교 연구', 고려대학교 대학
원 석사학위논문, 2013.

김정홍, '조세조약상 연예인 · 체육인 소득의 과제', 조세학술논집 31권 1호, 한국
국제조세협회, 2015.

김주호, '기업의 메세나 활동이 기업의 제품광고와 가격프리미엄에 미치는 영향:
미스터피자 사례를 중심으로', 경영학연구 제40권 6호, 한국경영학회, 2011.

김지현, '국공립 문화예술기관의 법적 주체에 따른 운영형태 분석연구', 한세대학
교 대학원 박사학위논문, 2010.

김진각, '국립 문화예술기관의 전속 · 상주 예술단체 운영적 특성 연구: 국립극장
과 예술의 전당을 중심으로', 한국동북아논총 제28권 제3호, 한국동북아학회,
2023.

김진각 · 김형수, '문화예술분야 공공지원금의 재정 안정성 및 정책적 개선 방안에
관한 탐색적 연구 – 문화예술진흥기금을 중심으로', 한국동북아논총 제25권 제
1호, 한국동북아학회, 2020.

김진아 · 김인설, '사회자본을 통해 본 현대적 개념의 후원가 연구: 내러티브 질적연
구 방법론을 중심으로', 문화정책논총 제34집 2호, 한국문화관광연구원, 2020.

김치곤, '문화예술과 기업 메세나 운동은 창의력의 보고', 월간 금호문화, 금호문화재단, 2000.

김학실, '문화예술부문의 공적지원 정당성에 관한 연구', 사회과학연구 제17권2호, 충북대학교 사회과학연구소, 2001.

김휘정, '문화예술 분야 크라우드 펀딩의 쟁점과 활성화 방향', 예술경영연구 제23집, 한국예술경영학회, 2012.

김혜민, '국내·외 기업 문화재단에 관한 비교연구', 경희대학교 경영대학원 석사학위논문, 2009.

나은, '예술인의 법적지위와 사회보장제도- 국내외 예술인 정책 사례를 중심으로', 서울대학교 대학원 석사학위 논문, 2012.

박경래·이민창, '비영리 조직에 대한 정부보조금 효과의 실증적 분석', 지방행정연구 제5권 제3호, 2001.

박신의, '정부 문화예술 예산의 지원 유형 분류와 간접 지원의 개념·양상 분석', 문화정책논총 제20집, 한국문화관광연구원, 2008.

박신의, '예술기업가 정신, 개념과 실천영역', 문화예술경영학연구, 제9권 1호, 한국예술경영학회, 2016.

박지영, '르네상스 음악 발달에 미친 이탈리아 메디치가의 영향 연구', 계명대학교 대학원 박사학위 논문, 2018.

박태양, 'ESG경영 공시전환에 대응하는 중대토픽 공시방법 연구- 석유와 가스산업 중심으로', 한국산업경영시스템학회지, 2022.

배도, '나눔문화 활성화를 위한 법제정비방안', 한국비영리연구, 제10권 1호, 2011.

서영진, '미술관과 연계한 기업문화복지 운영과 활용방안 연구', 박물관학보 제20호, 한국박물관학회, 2011.

송남실, '19세기 미술에 있어서 후원자에 관한 도상학적 이미지: 쿠르베의 작품을 중심으로', 서양미술사학회 논문집 제6집, 서양미술사학회, 1994.

송지연, '한국·일본·영국·프랑스 기업 메세나 운영사례 비교연구: 크라운해태, 시세이도, 채널4, 에르메스 사례를 중심으로', 중앙대학교 대학원 박사학위 논문, 2018.

송호영, '문화재단의 법적고찰- 지역문화재단을 중심으로', 법학논총 제47집, 숭실대학교 법학연구소, 2020.

신현재·이석원, '비영리단체의 행정효율성이 기부금 모금에 미치는 영향 분석', 한국정책과학학회보 제12권 제3호, 한국정책과학학회, 2008.

안지은, '미국 비영리 공연예술조직의 운영사례분석', 추계예술대학교 문화예술경영대학원 석사학위 논문, 2020.

안호상, '전속 단체의 레퍼토리 공연을 통한 공공 극장의 경제적 효과분석: 국립무용단과 국립극장을 중심으로', 우리춤과 우리기술 제31집, 한양대학교 우리춤 연구소, 2015.

오지현·류승완, '공공문화예술기관의 ESG경영에 대한 인식과 태도 연구', 문화정책논총 제37집 1호, 한국문화관광연구원, 2023.

옥동석, '부담금의 유형별 분류와 심사기준', 예산정책연구 제9권 제2호, 국회예산정책처, 2020.

용호성·이진아, '한국에서의 전문예술법인·단체 제도의 성과와 과제', 한국비영리학회 학술대회 발표자료, 2004.

윤정국, '문화예술단체의 모금활동을 위한 예술기부 활성화 전략－ 매개기관의 역할을 중심으로', 문화정책논총 제26집 2호, 한국문화관광연구원, 2012.

이병일·한상연, '지방자치단체 공연문화시설의 운영성과에 관한 고찰'. 한국지방자치학회보 23권 4호, 한국지방자치학회, 2011.

이수완, '기업의 문화예술지원에 관한 연구－ 사회공헌을 중심으로', 사회과학연구 제24권 3호, 강원대학교 사회과학연구원, 2013.

이충관, '공익법인으로서의 기업문화재단 활성화 및 사업 개선 과제에 관한 연구', 한국예술종합학교 예술전문사 학위논문, 2020.

임훈, '공공문화예술기관의 조직문화유형 분석: 문화체육관광부 산하 기타공공기관 및 단체를 중심으로', 지방정부연구 24권 3호, 한국지방정부학회, 2020.

장명재, '공공문화예술기관의 ESG 경영전략 도입 필요성 연구', 경영과 정보연구 41권 1호, 대한경영정보학회, 2022.

장봉진·명성준, '문화체육관광부 산하 기타공공기관 및 단체 경영평가 제도 개선 연구', 한국정책학회 동계학술대회 자료집, 2019.

정광호, '외부의 재정지원이 조직운영에 미치는 영향: 문화예술단체에 대한 정부보조금·민간기부금을 중심으로', 한국행정학보 38권 4호, 한국행정학회, 2004.

정영숙, '찰스 사치의 현대미술 콜렉션 특성에 관한 연구', 예술경영연구 제12집, 한국예술경영학회, 2007.

정용성·장웅조, '공공 문화예술 조직의 기부금 모금에 대한 제도적 브리콜라주 실행연구－ 국립극단 사례를 중심으로', 문화예술경영학연구, 제16권 1호, 한국문화예술경영학회, 2023.

조은정, '개인 후원 제도 연구— 미국 7대 오케스트라의 경우를 중심으로', 한국예
술종합학교 예술전문사학위논문, 2011.

최상희, '문화분야 기부에 대한 세제 혜택— 영국', KOFIC 통신원 리포트 35권,
영화진흥위원회, 2018.

채경진, '공공기금 지원사업의 효과 분석— 문화예술진흥기금을 중심으로', 문화
정책논총 제30집 2호, 한국문화관광연구원, 2016.

하은선, '문화 분야 기부에 대한 세제 혜택— 미국', KOFIC 통신원 리포트, 영화
진흥위원회, 2018.

황창순, '문화적 양극화 해소를 위한 기부문화 활성화 정책', 문화정책논총 제23
집, 한국문화관광연구원, 2010.

⟨외국문헌⟩

Abrams, B. A., & Schitz, M. D., 'The crowding—out effect of governmental
transfers on private charitable contributions', Public Choice, 33(1), 1978.

Aaker, David A. and Alexander Biel, 『Brand Equity & Advertising:
Advertising's Role in Building Strong Brands』, Psychology Press, 2013.

Americans for the Arts, 『Source of Revenue for Nonprofit Arts Organizations』,
2016.

Anderson, James C. and David W. Gerbing, 'Structural Equation Modeling in
Practice: A Review and Recommended Two—Step Approach', Psychological
Bulletin, 103(3), 1988.

Andreoni, J., & Payne, A. A., 'Do government grants to private charities crowd
out giving or fund—raising?', American Economic Review, 93(3), 2003.

Austin, P. C., 'Using the standardized difference to compare the pre— valence
of a binary variable between two groups in observational research',
Communications in Statistics—Simulation and Computation, 38(6), 2009.

Bekkers, R., & Wiepking, P., 'A literature review of empirical studies of phi—
lanthropy: Eight mechanisms that drive charitable giving', Nonprofit and
Voluntary Sector Quarterly, 40(5), 2011.

Boerner, S. et al., 'Leadership and co—operation in orchestras', Human
Resource Development International, 7(4), 2004.

Borgonovi, F., 'Do public grants to American theatres crowd−out private donations?', Public Choice, 126, 2006.

Brooks, A. C., 'Public subsidies and charitable giving: Crowding out, crowding in, or both?', Journal of Policy Analysis and Management, 19(3), 2000.

Bruce, W. C., 'Surveying the four R's of major gift solicitation literature: Observations and reflections', Nonprofit Management & Leadership, 7(3), 1997.

C. Mollard, "L'Ingénierie Culturelle", Paris, Puf, 2016.

Campbell, Margaret C. and Amna Kirmani, 'Consumers' Use of Persuasion Knowledge: The Effects of Accessibility and Cognitive Capacity on Perceptions of an Influence Agent', Journal of Consumer Research, 27(1), 2000.

Carnwath, J. D.,& Brown, A. S., 『Understanding the value and impacts of cultural experiences: A literature review』, UK: Arts Council England, 2014.

Castañer, X. & Campos, L., 'The Determinants of Artistic Innovation: Bringing in the Role of Organization', Journal of Cultural Economics, 26, 2002.

Chaudhuri, Arjun and Morris B. Holbrook, 'The Chain of Effects from Brand Trust and Brand Affect to Brand Performance: The Role of Brand Loyalty', Journal of Marketing, 65(2), 2001.

Crompton, J, L., 'Conceptualization and alternate operationalizations of the measurement of Sponsorship effectiveness in sport', Leisure Studies, 23(3), 2004.

De Wit, A., & Bekkers, R., 'Government support and charitable donations: A meta−Analysis of the crowding−out hypothesis', Journal of Public Administration Research and Theory, 27(2), 2017.

Escalas, Jennifer Edson, 'Narrative Processing: Building Consumer Connections to Brands', Journal of Consumer Psychology, 14(1), 2004.

Fang, K., & Zhou, Y., & Wang, S., & Ye, R., & Guo, S., 'Assessing national renewable energy competitiveness of the G20: A revised Porter's Diamond Model', Renewable and Sustainable Energy Reviews, 93, 2018.

Feder, T., & Katz−Gerro, T., 'Who benefits from public funding of the per−forming arts? Comparing the art provision and the hegemony− instinction approaches', Poetics, 40(4), 2012.

Fiske, J., 'The Cultural Economy of Fandom', Lisa A. Lewis(Eds.), 『The Adoring Audience－Fan Culture and Popular Media』, Routledge, 1992.

Frey, Bruno S. and Werner W.Pommerehne, 『Muses and Markets. Exploration in the Economics of the Arts』, Oxford:Basil Blackwell, 1989.

Fredric Jameson, 『The Cultural Turn: Selected Writings on the Postmodern. 1983－1998』, Routledge, 2009.

Getz, D., 『Event Management & Event Tourism』, Cognizant Communication Corporation, 1997.

Giddens, A.,『The constitution of society outline of the theory of structuration』, California: University of California Press, 1984.

Grohs, R, Wagner, U., & Vsetecka, S., 'Assesing the effectiveness of sport sponsorship－an empirical examination', Schmalenbach Business Review(SBR), 56(2), 2004.

Hafeez, K., Zhang, Y., & Malak, N., 'Core competence for sustainable com－petitive advantage: A structured methodology for identifying core com－petence', IEEE Transactions on Engineering Management, 49(1), 2002.

Heckman, J. J., Ichimura, H., & Todd, P. E., 'Matching as an econometric evaluation estimator: Evidence from evaluating a job training pro－gramme', The Review of Economic Studies, 64(4), 1997.

Holzer, M. & Kloby, K., 'Public performance measurement: An assessment of the state－of－the－art and models for citizen participation', International Journal of Productivity, 54(7), 2005.

Huggins, R., & Izushi, H., & Thompson, P., 'Regional competitiveness: theo－ries and methodologies for empirical analysis', The Business and Economics Research Journal, 6(2), 2013.

Hung, C., & Hager, M. A., 'The impact of revenue diversification on nonprofit financial health: A meta－analysis', Nonprofit and Voluntary Sector Quarterly, 48(1), 2019.

Jefri, Joan and Robert Greenbaltt, 'Between Extremities: The Artist Described', Journal of Arts Management and Law, 1989.

Jeremy Thornton., 'Nonprofit Fund－Raising in Competitive Donor Markets',

Nonprofit and Voluntary Sector Quarterly, 35(2), 2006.

Joshua Guelkowl, 『How the arts impact communities: An introduction to the literature on arts impact studies』, Princeton University, 2002,

Keller, K. L., 『Building Customer−based brand equity: a blueprint for creating strong brands』, Massachusetts: Marketing Science Institute, 2001.

Koivunen, N. & Wennes, G., 'Show us the sound! Aesthetic leadership of symphony orchestra conductors', Leadership, 7(1), 2011.

Khanna, J., & Sandler, T., 'Partners in giving: The crowding−in effects of UK government grants', European Economic Review, 44(8), 2000.

Krawczyk, K., Wooddell, M., & Dias, A., 'Charitable Giving in Arts and Culture Nonprofits: The Impact of Organizational Characteristics'. Nonprofit and Voluntary Sector Quarterly, 46(4), 2017.

Lu, J., 'The philanthropic consequence of government grants to nonprofit or−ganizations: A meta-analysis', Nonprofit Management and Leadership, 26(4), 2016.

Mark W. Rectanus, 『Culture Incoporated: Museums, Artistis, and Corporate Sponsorship』, University of Minnesota Press, 2002.

McCarthy, K. F., Ondaatje, E. H., Zakaras, L. & Brooks, A., 『Gifts of the Muse; Reframing the Debate about the Benefits of the Arts』, RAND Corporation, 2004.

Meenaghan, J. A., 'Commercial sponsorship', European Journal of Marketing, 17(7), 1983.

Meyer, J. W., & Rowan, B., 'Institutionalized organizations: Formal structure as myth and ceremony', The American Journal of Sociology, 83, 1977.

Meryl Pauls Gardner and Philip Joe Shuman, 'Sponsorship: An Important Component of The Promotion Mix', Journal of Advertising, 16(1), 1987.

Neto, A. B. F., 'Charity and public libraries: Does government funding crowd out donations?', Journal of Cultural Economics, 42(4), 2018.

Nikolova, M., 'Government funding of private voluntary organizations: Is there a crowding−out effect?', Nonprofit Voluntary Sector Quarterly, 44(3), 2015.

Okten, Cagla and Weisbrod, Burton. A., 'Determinants of donations in private nonprofit markets', Journal of Public Economics, 75(2), 2000.

Payne, A. A., 'Does government funding change behavior? An empirical analysis of crowd—out', Tax Policy and the Economy, 23(1), 2009.

Preece, S. B., 'Acquiring start-up funding for new arts organizations', Nonprofit Management and Leadership, 25(4), 2015.

Prewitt, Kenneth., 'Foundations as Mirrors of Public Culture', American Behavioral Scientist, 42(6), 1999.

Radbourne, J. & Johanson, K. & Glow, H. & White, T., 'The Audience Experience: Measuring Quality in the Performing Arts', International Journal of Arts Management, 11(3), 2009.

Ra, Julie, 'Mécénat in the 17th Century Rome- Focused on Urbanus VIII's and Barberini Family's Patronage of Operas', Journal of The Science and Practice of Music, 31, 2014.

Schatteman, A. M., & Bingle, B., 'Government funding of arts organizations: Impact and implications', Journal of Arts Management Law and Society, 47(1), 2017.

Salamon, L. M., 'Of market failure, voluntary failure, and third—party gov—ernment: Toward a theory of government—nonprofit relations in the mod—ern welfare state', Journal of voluntary action research, 16(1—2), 1987.

Salamon, L. M., & Toepler, S., 'Government-nonprofit cooperation: Anomaly or necessity?', Voluntas: International Journal of Voluntary and Nonprofit Organizations, 26(6), 2015.

Shimp, Terence A., 'Attitude Toward The Ad As A Mediator of Consumer Brand Choice', Journal of Advertising, 10(2), 1981.

Sirgy, M. Joseph, et al., 'Assessing The Predictive Validity of Two Methods of Measuring Self—Image Congruence', Journal of the Academy of Marketing Science, 25(3), 1997.

Siudek, T., & Zawojska, A., 'Competitiveness in the economic concepts', Theories and Empirical Research. Oeconomia, 13(1), 2014.

Speed, Richard and Peter Thompson, 'Determinants of Sports Sponsorship Response', Journal of the Academy of Marketing Science, 28(2), 2000.

Stuart, E. A., 'Matching methods for causal inference: A review and a look forward. Statistical science: A review', Journal of the Institute of

Mathematical Statistics, 25(1), 2010.

Swaminathan, Vanitha, Karen L. Page., 'My Brand or Our Brand: The Effects of Brand Relationship Dimensions and Self-Construal on Brand Evaluations', Journal of Consumer Research, 34(2), 2007.

Throsby, David., 『Economics and Culture』, Cambridge: Cambridge University Press, 2001.

Tinkelman, D., 『Revenue interactions: Crowding out, crowding in, or neither』, In B. A. Seaman & D. R. Young(Eds.), 『Handbook of Research on Nonprofit Economics and Management』, UK: Edward Elgar Publishing, 2010.

Towse, Ruth., 'Creativity, Copyright and the Creative Industries Paradigm', KYKLOS, 63(3), 2010.

Trussel, John, 'Assessing Potential Accounting Manipulation: The Financial Characteristics of Charitable Organizations With Higher Then Expected Program-Spending Ratios', Nonprofit and Voluntary Sector Quarterly, 32(4), 2003.

Turbide, J. & Laurin, C., 'Measurement in the Arts Sector: The Case of the Performing Arts', International Journal of Arts Management, 11(2), 2009.

Walker, Catherine, et al, 『A Lot of Give-Trends in Charitable Giving for the 21st Century』, London:Hodder & Stoughton, 2002.

Warr, P. G., 'The private provision of a public good is independent of the distribution of income', Economics Letters, 13(2-3), 1983.

Weisbrod, B. A., & Dominguez, N. D., 'Demand for collective goods in pri-vate nonprofit markets: Can fund-raising expenditures help overcome free-rider behavior?', Journal of Public Economics, 30, 1986.

Werfel, S. H., 'Does charitable giving crowd out support for government spending?', Economics Letters, 171, 2018.

〈기타〉

국립심포니오케스트라 홈페이지(www.knso.or.kr).

국세청 홈페이지(www.nts.go.kr).

뉴욕현대미술관 홈페이지(https://www.moma.org/support).

뉴스핌, '문화비 소득공제 효과 찔끔, 국민 평균 2만원도 못 받았다', 2021년 10월 1일자(https://www.newspim.com/news/view/20211001000375)

링컨센터 홈페이지(https://www.lincolncenter.org/i/support).

아름다운재단 기부문화연구소 홈페이지(https://research.beautifulfund/org/13866).

LDP무용단 홈페이지(http://www.ldp2001.com).

영국 왕립미술아카데미 홈페이지(https://www.royalacademy.org.uk/page/pa-trons).

예술의 전당, 경영공시, www.alio.go.kr

웰페어뉴스, '메세나법 제정, 기업의 문화예술 후원활동 지원한다', 2014년 2월6일자(https://www.welfarenews.net/news/articleView.html?idxno=42585)

카네기홀 홈페이지(https://www.carnegiehall.org/Support/Membership/Patrons).

프랑스 국세청 홈페이지(www.impots.gouv.fr).

한국조세재정연구원 홈페이지(www.kipf.re.kr).

한겨례, '생색내기에 그친 도서구입비 소득공제', 2018년 6월 18일자(https://www.hani.co.kr/arti/culture/book/851141.html).

현대차정몽구재단 홈페이지(https://www.hyundai-cmkfoundation.org/usr/com/plCulture).

찾아보기

저자 약력

김진각

성신여자대학교 문화예술경영학과 교수로 재직하고 있다. 고려대학교를 졸업하고 서강대학교 대학원을 거쳐 단국대학교 대학원에서 문화예술학 박사학위를 받았다. 미국 아메리칸대학교(AU) 아시아연구소 visiting scholar를 지냈으며, 현재 한국문화예술위원회 비상임 위원을 맡고 있다. 한국동북아학회 문화예술분과위원장, 한국지역문화학회 편집위원 등으로 활동하면서 정부와 공공기관, 기업 등의 문화예술정책 자문도 하고 있다.

중점적으로 연구하는 분야는 문화예술정책, 문화예술재정, 문화예술과 정치, 문화예술경영, 문화예술콘텐츠, 기업 및 지역 문화재단, 문화예술홍보 등이며, 순수예술과 대중예술의 융합 관련 연구를 병행하고 있다. 문화행사 등 문화예술 콘텐츠 관련 기획도 직접 하고 있다.

주요 저서로는 『문화예술지원론: 체계와 쟁점』, 『문화예술산업 총론: 창조예술과 편집예술의 이해』, 『문화예술정치』 등이 있다. 주요 연구논문으로는 <문화콘텐츠 기업 문화재단의 예술지원 차별적 특성 연구: CJ문화재단을 중심으로>, <문화예술지원기관의 역할 정립 방안 연구: 합의제 기구 전환 15년, 한국문화예술위원회를 중심으로>, <문화예술분야 공공지원금의 재정 안정성 및 정책적 개선 방안에 관한 탐색적 연구: 문화예술진흥기금을 중심으로>, <문화예술 지원체계 개선을 위한 연구> 등이 있다

문화예술후원론: 메디치에서 아미까지

초판발행	2024년 11월 19일
지은이	김진각
펴낸이	안종만 · 안상준
편 집	배근하
기획/마케팅	김한유
표지디자인	BEN STORY
제 작	고철민 · 김원표
펴낸곳	(주)**박영사**
	서울특별시 금천구 가산디지털2로 53, 210호(가산동, 한라시그마밸리)
	등록 1959. 3. 11. 제300-1959-1호(倫)
전 화	02)733-6771
f a x	02)736-4818
e-mail	pys@pybook.co.kr
homepage	www.pybook.co.kr
ISBN	979-11-303-2106-6 93680

* 이 저서는 2024년 성신여자대학교 학술연구비 지원으로 이루어졌습니다.

정 가   21,000원